L 20/9
406

HISTOIRE

DU

102ᴱ RÉGIMENT

D'INFANTERIE

(1792-1896)

LIEUTENANT LACOLLE

MAYENNE
IMPRIMERIE POIRIER-BEALU
Grande-Rue, 90 et 92, et Rue Neuve-de-la-Halle, 19

1896

Rédigée d'après les ordres et conformément aux instructions de MM. les Colonels ROULIN et AMBROSINI.

PRÉFACE

Le Régiment dont nous retraçons l'histoire, fut toujours une arme de combat, surgissant aux jours de danger, rentrant ensuite dans l'ombre.

Pour la première fois, il subsiste, toute lutte éteinte.

C'est que, de Sedan, aux Iénas de l'Avenir, il ne saurait être question que de « *trêve* », de solennel recueillement précédant un suprême effort.

Avant que de marcher à l'ennemi, nos pères avaient coutume de rêver aux heures de gloire, vécues jadis, par les Ancêtres, afin d'y puiser exemple et réconfort. Puisse le présent récit évoquer de ces héroïsmes où se retrempent les énergies et s'exaltent les courages.

Noël LACOLLE.

PREMIÈRE PARTIE

PREMIÈRE PÉRIODE D'EXISTENCE

LE 102ᵉ RÉGIMENT D'INFANTERIE DE LIGNE

LE 102ᵉ RÉGIMENT D'INFANTERIE DE LIGNE

FORMATION

Le 24 janvier 1792, le 102ᵉ Régiment d'Infanterie de Ligne virtuellement existant depuis le 6 Septembre 1791, conformément à la Loi du 28 Août 1791, est définitivement constitué à 2 Bataillons de 9 Compagnies dont une de Grenadiers.

Les éléments composants sont :

1° Les 1ᵉʳ et 2ᵉ Bataillons des anciennes *Gardes françaises* incorporées après leur licenciement, en 1789, dans la *Garde Nationale soldée de Paris*.

2° Le 1ᵉʳ Bataillon du Haut-Rhin.

Le Colonel Charton [1] prend le commandement du Régiment.

L'Assemblée, en fusionnant les troupes de Ligne et les Gardes Nationales, espérait obtenir une homogénéité dont à cette époque, on était fort éloigné.

CAMPAGNE A L'ARMÉE DU CENTRE

Depuis sa formation, le 102ᵉ tenait garnison à Paris.

Le 25 Juillet 1792, il part pour L'ARMÉE DU CENTRE, commandée par Luckner.

Le 2ᵉ Bataillon sous les ordres du lieutenant-colonel de Château-Thierry, demeure à Nancy.

Le 1ᵉʳ Bataillon avec le colonel Charton [2], constitue avec les 5ᵉ, 44ᵉ et 90ᵉ Régiments, la seconde brigade de la Division cantonnée à Richemont (entre Metz et Thionville), aux ordres du Maréchal de Camp Lynch.

---

[1] Voir aux Etats de Services des Colonels, le folio du Colonel Charton.

[2] Voir le folio du Colonel Charton qui très probablement, à cette époque, était déjà remplacé par le Colonel Villot de Latour (Michel).

SITUATION GÉNÉRALE

Le 20 Avril 1792, lors de la déclaration de guerre de l'Autriche, la France avait sous les armes 170.000 hommes dont 80.000 volontaires, en quatre armées :
Rochambeau, au Nord.
Lafayette, sur la Moselle.
Luckner, sur le Rhin.
Montesquiou, aux Alpes.

D'après les instructions de Dumouriez, Ministre de la guerre, Rochambeau, au début de la campagne, envahit la Belgique, tandis que Lafayette, de Metz se porte sur la vallée de la Meuse, ayant Namur pour objectif.

Ce hardi mouvement offensif est malheureusement arrêté, par suite du manque de cohésion de nos jeunes troupes, inaptes encore à tenir la campagne.

Le 30 Juillet l'armée Prussienne, forte de 70.000 hommes commandés par le roi Frédéric-Guillaume et le duc de Brunswick, part de Coblentz, décidée à ne s'arrêter qu'à Paris, sur lequel elle marchera par Trèves, Luxembourg, Longwy, Verdun, Châlons, pendant qu'à sa droite 40.000 Austro-Hessois aux ordres de Clerfayt et Hohenlohe, s'empareront de Thionville, Montmédy et Stenay.

20.000 Autrichiens tiennent les Pays-Bas. Une réserve de même force demeure derrière le Rhin.

Enfin 12.000 émigrés dont l'ascendant sur les populations et la connaissance du théâtre d'opérations doivent être de grand secours, sont répartis dans les divers corps.

A cette invasion, si menaçante, la France n'avait que 100.000 hommes à opposer. Encore étaient-ce troupes bien peu homogènes sur lesquelles on n'osait guère compter.

Au Nord, entre Lille et Sedan, 50.000 hommes commandés par Dumouriez successeur de Lafayette qui, lui-même, avait remplacé Rochambeau.

Au Centre, Luckner avec 20.000 hommes autour de Metz.

Enfin, l'Armée du Rhin : 15.000 hommes, sous Custine, à Landau et 20.000 avec Biron à Strasbourg.

Le 12 Août, Brunswick franchit à Sierk la frontière française. Le 20, il opère sa jonction avec Clerfayt.

Le 24, Luckner évacue les camps de Richemont et Fontoy et vient s'établir en avant de Frescaty, près de Metz, à droite de la route de Pont-à-Mousson, derrière la Moselle. Le 1er Bataillon du 102 participe à ce mouvement.

Le 25, Longwy ouvre ses portes aux alliés. Ce même jour Kellermann recevait le commandement en chef en remplacement de Luckner.

Il lève le camp le 4 Septembre, se renforce le 5 à Pont-à-Mousson de 8.000 hommes tirés de l'Armée du Rhin, et, après plusieurs marches et contre-marches, se dirige enfin sur Sainte-Menehoulde.

La situation était devenue très critique. La capitulation de Verdun avait douloureusement retenti dans la France entière, et Dumouriez, qui dirigeait l'ensemble des opérations, se voyait très vivement pressé par ses généraux, autant que par l'Assemblée, de reculer derrière la Marne et d'y rallier toutes les troupes, pour faire tête.

Il s'y refuse nettement. Pour lui la véritable ligne de résistance, c'est la forêt d'Argonne, avec ses cinq défilés qu'il appelle les Thermopyles de la France. Il fait un effort désespéré pour les occuper avant l'ennemi. Grâce à une habile démonstration sur Stenay où il culbute les avant-postes de Clerfayt, le mouvement réussit et le 10 Septembre, lorsque les alliés se présentent, ils sont vigoureusement repoussés. Malheureusement, un des passages, la Croix-aux-Bois, insuffisamment gardé est enlevé le 13, repris, puis définitivement perdu le 15.

Ceci met les troupes défendant les autres défilés dans la plus fâcheuse posture ; elles vont être enveloppées et successivement écrasées par des forces très supérieures, si, à force de vitesse et d'audace, elles ne réussissent pas à se dégager.

Dumouriez, au début des opérations, avait appelé à lui Beurnonville avec 16.000 hommes tirés des frontières des Pays-bas, et fait donner l'ordre à Kellermann de se porter sur Sainte-Menehoulde, Bar-le-Duc et Vitry, pour opérer sur le flanc gauche de l'ennemi. Avec une remarquable rapidité de décision, voyant sa ligne percée, il ordonne à tous ses corps de se concentrer à Sainte-Menehoulde où il compte retrouver Kellermann ; il laissera aux alliés la route de Châlons et, fortement établi sur leurs derrières, les coupera de leur base d'opérations. Un seul défilé : les Islettes, demeure en notre pouvoir, solidement occupé par Dillon, pivot de ce vaste mouvement de conversion.

Nous avons laissé Kellermann marchant sur Sainte-Menehoulde. Le 19, l'Armée du Centre prend position sur les hauteurs en avant de Dammartin-la-Planchette, la droite à celle du Nord arrivée le 17, la gauche au Moulin de Valmy. Le 1er Bataillon du 102e se forme avec sa brigade sur le plateau de Valmy.

Le 20, tous les corps sur lesquels compte Dumouriez sont là, exacts au rendez-vous.

BATAILLE DE VALMY (20 Septembre 1792)

Dumouriez a son quartier général à Sainte-Menehould.

Ses troupes couronnent les hauteurs à une lieue en avant et à l'ouest de la ville, la droite à l'Aisne, la gauche à la route de Châlons. Son avant-garde, derrière la Bionne, près de Valmy, le lie à Kellermann. Ce dernier a son quartier général à Dampierre, sa droite sur les hauteurs de Valmy, sa gauche à Voilemont (entre Auve et Yèvre). Il pousse son avant-garde aux ordres de Després-Crassier, à Hans, sur la Bionne, au nord de Valmy.

C'est cette avant-garde que les têtes de colonnes prussiennes, débouchant par Somme-Bionne, viennent heurter le 20 septembre à six heures du matin.

Malgré une vive résistance, il lui faut céder au nombre.

Kellermann aussitôt envoie Valence avec la réserve, pour la soutenir.

Nos troupes réussissent à se maintenir sur les hauteurs en avant du chemin Gizaucourt-Valmy, ce dont Kellermann profite pour porter sa deuxième ligne, la droite, au village de Valmy, sur les collines, la gauche à l'Auve, occupant Gizaucourt. Une batterie est établie au Moulin ; forte de 18 pièces au début elle sera doublée lorsqu'apparaîtra l'importance de ce point. Le mouvement à peine terminé, les Prussiens, par Somme-Tourbe, débouchent sur les hauteurs de la Lune. C'est donc Kellermann avec l'Armée du Centre qui va recevoir le choc. Dumouriez, en hâte, le fait appuyer et prolonger.

Cependant, les Prussiens ayant occupé le mouvement de terrain de la Lune y portent 58 bouches à feu en quatre batteries dont une d'obusiers. Un épais brouillard couvre le champ de bataille. Vers sept heures il commence à se lever et à sept heures et demie une vive canonnade s'engage. A neuf heures une nouvelle batterie entre en action au centre prussien ; les obusiers mieux placés envoient leurs projectiles au milieu de nos caissons dont deux sautent, tuant ou blessant tout ce qui les entoure.

Un certain désordre se produit ; Kellermann s'élance pour raffermir ses troupes ; un boulet vient frapper son cheval et le général roule dans la poussière : on le croit tué, la confusion s'accroît ; mais il remonte aussitôt, fait avancer au Moulin sa réserve d'artillerie à cheval et galopant lui-même devant sa première ligne, la rétablit ferme sous le feu.

Brunswick alors, désespérant de réduire à distance ces braves gens, rassemble trois colonnes d'attaque soutenues par de la cavalerie. Les deux premières marchent sur le Moulin, celle de droite demeure en réserve. Les vieux soldats de Frédéric s'avancent comme à la parade, sous un épouvantable feu d'artillerie. Il semble que rien ne tiendra devant leurs masses rigides.

Kellermann forme son armée en colonne par bataillons, se porte devant le front, et d'une voix qui retentit jusqu'aux derniers rangs : « Camarades, le moment de la victoire est arrivé ; laissons avancer l'ennemi sans tirer un seul coup et chargeons-le à la baïonnette ! » Mettant son chapeau au bout de son épée, il l'agite en criant « Vive la Nation ! Allons vaincre pour elle ! » D'un bout à l'autre de la ligne une clameur s'élève : « Vive la Nation ! » Une confiance, une allégresse, un enthousiasme extraordinaires agitent d'un grand frisson cette multitude, et pendant que les Prussiens stupéfaits, s'arrêtent, hésitent et enfin ploient sous la mitraille.

Clerfayt, dudant cette attaque de front, avait passé la Bionne à Hans, pour tourner la droite. Il s'était heurté à Beurnouville et Stengel envoyés sur l'Hyron par Dumouriez et n'avait pu exécuter son mouvement.

Vers quatre heures du soir, Brunswick revenu de sa surprise, tente une nouvelle attaque.

Le même feu d'artillerie, la même contenance intrépide arrêtent ses troupes plus loin encore. 24 pièces de position, placées au moulin les foudroient. Elles redescendent en désordre.

A sept heures la canonnade cesse complètement.

En première ligne tout le jour, au moulin de Valmy où se porta l'effort des Prussiens, le 102ᵉ avait vaillamment reçu le baptême du feu et c'est justice que le nom de notre première victoire soit inscrit sur son drapeau.

Cette bataille de Valmy est dans l'histoire du monde, un fait considérable, non par les effectifs engagés, non par le nombre des tués ou blessés, mais par son universel retentissement.

Les alliés avaient envahi notre territoire, aux termes mêmes du Manifeste de Brunswick (25 juillet 1792), pour « venir au secours de la partie saine de la Nation abhorrant les excès d'une faction qui la subjugue ». En cas de résistance, la ville de Paris devait être « livrée à une exécution militaire et à une subversion totale » — le « pardon des torts et des erreurs » ne se pouvant racheter que par une « prompte soumission ». D'après les dires des émigrés, l'armée austro-prussienne devait être reçue en libératrice et si les troupes de l'Assemblée avaient l'insolence de s'opposer à sa marche, quelques coups de canon auraient vite raison de ces « courtauds de boutique » armés et équipés de ridicule sorte, nullement exercés, à peine encadrés.

Et voici que toute une journée, ces bandes sans cohésion étaient demeurées sous ce feu épouvantable ; voici que par deux fois, elles avaient repoussé les assauts !

Cela confondait l'esprit et bouleversait toutes les prévisions.

Il existait donc une France, fort peu disposée à laisser l'étranger s'immiscer dans ses affaires, consciente de sa volonté, assez forte pour la faire respecter ?

Le soir de la bataille, au bivouac, parmi ceux qui discutaient l'extraordinaire événement, un homme demeurait silencieux. Ses compagnons, habitués déjà à tenir en haute estime ses jugements et ses prévisions et quelque peu étonnés de son mutisme, lui demandèrent que lui semblait de l'aventure :

« En ce lieu, en ce jour — répondit-il — une ère nouvelle vient de s'ouvrir. »

Gœthe avait vu juste et le verdict de son génie demeure celui de l'Histoire.

RETRAITE DES ALLIÉS

Les Prussiens, après la bataille, avaient repris leurs positions du matin. Kellermann met à profit la nuit, pour passer l'Auve qui couvrira son front et s'établir sur les hauteurs de Voilemont, la droite liée à Dumouriez, la gauche appuyée à l'Yèvre.

Le 21 au matin, Brunswick découragé, n'ose pas renouveler l'attaque, et se contente de commencer des travaux de fortification, sur les hauteurs de l'Hyron-Valmy-Gizaucourt et la Lune. Pendant dix jours, il demeure indécis, laissant son armée fondre et se désorganiser sous des pluies incessantes, manquant de vivres, d'eau potable, en proie à la dyssenterie et aux fièvres.

Le 30 enfin, il se décide à la retraite par la trouée de Grand-Pré, lamentable retraite que jalonnent les malades abandonnés sans secours, les cadavres sans sépulture.

Le 12 octobre, en arrivant à Verdun, son effectif était réduit de moitié.

REPRISE DE VERDUN

Dumouriez suit Brunswick sans trop le presser et Kellermann prend position sous la ville. Par Somme-Suippe et Somme-Tourbe, l'Armée du Centre a gagné la Dormoise le 4, rétrogradé le 6 sur Sainte-Menehould, et occupé à Braux, le camp de celle du Nord. Le 8 elle est passée à Dombasle et le 11 elle a pris position sur les hauteurs devant Verdun. Le 12 la place capitule et le 14 les troupes en reprennent possession au nom de la République.

Le 16 l'Armée du Centre campe en avant d'Etain, sur la route de Metz.

REPRISE DE LONGWY

Le 20 elle couronne les hauteurs de Rouvray et Longuyon, devant Longwy.

Le lendemain, les Prussiens évacuent cette place dont la prise avait causé en France tant d'émotion.

Le dernier ennemi repasse la frontière, l'invasion est repoussée ; l'armée alliée se dissout : les Prussiens se retirent sur Trèves, les Autrichiens sur Arlon et les émigrés se dispersent.

Les troupes de Kellermann avaient grand besoin de se refaire. Le départ de la division Valence pour les Ardennes, le 25 octobre les réduit à 15.000 hommes qui cantonnent : la première ligne, le long de la route de Montmédy, de Gravelotte à Eix — la deuxième ligne, le long de celle de Verdun, de Groze à Haudiomont — la Cavalerie, sur celles de Sarrelouis et Thionville — la Réserve, sur les routes de Longwy et Montmédy — *le 1er Bataillon du 102* (brigade la Grange, Division Lynch) à *Warcq-sur-Ornes* au-dessous d'Etain.

Le 5 novembre le Lieutenant-Général Beurnonville est investi du commandement en chef, en remplacement de Kellermann. Un décret de la Convention (1er octobre), divisait les forces de la République en huit armées.

ARMÉE DE LA MOSELLE

Pendant l'absence de Beurnonville (le 6 Novembre il commande à Jemmapes, l'aile droite de Dumouriez), le lieutenant-général Desprès-Crassier fait l'intérim.

EXPÉDITION SUR TRÈVES (Novembre-Décembre)

Le 5 Novembre, le Conseil exécutif donne à l'Armée de la Moselle l'ordre de se rassembler le long de la Sarre, pour marcher sur Trèves, que tient le prince de Hohenlohe-Kirchberg.

Toutefois, vu l'extrême fatigue des troupes, et sur le conseil de Kellermann, le mouvement général ne s'exécute que le 16.

Le 1er Bataillon du 102e fait partie de cette expédition. Depuis le 6 Novembre le Colonel de Château-Thierry commande le Régiment.

Le 4 Décembre l'armée forte de 17.000 hommes arrive sous Trèves. 12.000 Autrichiens occupent la Montagne-Verte — 2.000 les hauteurs de Pellingen — 1.500 Consaarbrück.

L'avant-garde (la Barolière et Delaage) attaque vigoureusement la 1re de ces positions, et s'en fût emparée sans l'arrivée de renforts considérables.

Les 6 et 7, Beurnonville se heurte aux formidables retranchements de Pellingen. La rigueur de la saison, la fatigue des troupes opérant dans un pays dévasté accroissent encore les difficultés de l'entreprise.

Cependant, le 13, Pellingen est emporté ; mais le feu de l'artillerie autrichienne ne permet pas de s'y maintenir.

Les 14 et 15 les généraux Delaage, Pully et Laudremont, après un premier combat à la baïonnette, enlèvent les hauteurs de Wavren et Hamm hérissées de défenses, à pentes très raides, couvertes de trois pieds de neige durcie par le verglas, et occupées par un ennemi supérieur en nombre.

Le 102e envoyé le 14, renforcer les troupes opérant entre *Sarre et Moselle* ne prend pas part à cette dernière action, mais il contribue à refouler l'ennemi au-delà du pont de *Cons*.

L'impossibilité de s'emparer de cette position et de tourner Pellingen détermine enfin Beurnonville à battre en retraite le 18 Décembre et à prendre ses quartiers d'hiver entre Thionville et Sarrelouis, avec avant-postes à Sierck et Fremesdorf.

RÉUNION DES BATAILLONS (Décembre)

Le 2ᵉ Bataillon du 102ᵉ, resté à Nancy pendant les opérations de l'Argonne, était venu ensuite à Thionville où il demeure jusqu'à l'issue de l'expédition de Trèves, époque à laquelle il rejoint le 1ᵉʳ Bataillon.

Le Régiment fait alors partie de la 2ᵉ Brigade de la 4ᵉ Division, cantonnée autour d'Antilly (1ᵉʳ janvier 1793).

D'après les ordres du Conseil exécutif qui voulait empêcher les Autrichiens de se porter de Trèves, sur le flanc de l'Armée du Rhin, établie le long de la Nahe, divers changements sont faits en février dans les cantonnements. Le 1ᵉʳ Mars le 102ᵉ est à Listroff et Bourg-Dauphin. En Avril il vient tenir garnison à Metz, où il demeure jusqu'à la fin de Juin.

SÉPARATION DES BATAILLONS (Juillet 1793)

Au commencement de Juillet le 1ᵉʳ Bataillon est envoyé au camp formé près de Thionville.

Le 29 il en part pour l'Armée du Nord.

Le 2ᵉ Bataillon à son tour, quitte Metz au mois d'Août, pour aller camper près de Bitche. Il fait partie de la Division Pully.

ARMÉE DE LA MOSELLE (Août-Octobre 93)

2ᵐᵉ BATAILLON

L'Armée de la Moselle, comprenait alors 37.000 hommes et 5.000 chevaux en trois Divisions sous les ordres du général Schauenburg successeur de Houchard.

Le 13 Août 1793 les avant-postes prussiens sont forcés à Neunkirchen. Néanmoins, devant la supériorité numérique de l'ennemi, l'Armée française se retire sur Saint-Imbert.

Le 17 nos avant-postes sont à leur tour bousculés ; le 2ᵉ Bataillon du 102 occupant *Mœderich*, se replie en désordre.

Le 20 août, l'avant-garde ennemie est à Saint-Imbert. l'armée de la Moselle occupe les hauteurs en arrière de Saarbrück ; la division Pully tient le camp de Hornbach.

ÉCHEC DE RŒDERICH (20 Août)

Schauenburg, frappé de l'importance de *Rœderich*, sur la droite de ce camp, envoie, le 20, une colonne de 4.000 hommes, dont le 102e, pour en chasser les trois escadrons et les 400 hommes qui s'y sont établis. Le chef de brigade Lagoublaye dirige l'expédition. Le village est enlevé presque sans coup férir.
Mais 22.000 hommes et 20 pièces de canon s'avancent aussitôt pour le reprendre. Devant ces forces énormes, il faut battre vivement en retraite. Nos troupes poursuivies avec acharnement n'échappent qu'avec peine à une complète destruction et laissent six bouches à feu aux mains des ennemis. Le 102 se réfugie à *Schorbach* sous Bitche et s'y établit.

ÉCHEC DE PIRMASENS (12-13 Septembre)

Le 12 septembre, la division des Vosges part de Hornbach, bouscule tout ce qui se trouve devant elle et perce jusqu'au camp de Pirmasens. Le général Moreau (successeur de Pully) après une rapide reconnaissance, constate que, de ce côté, les lignes ennemies sont presque inexpugnables, et ramène sa division à son point de départ.
Le 13, il repart de Hornbach et par la route de Deux-Ponts, pousse de nouveau sur Pirmasens. Mais Brunswick était prêt à le recevoir. Il avait rassemblé 18.000 hommes et 40 pièces que nos 10.000 hommes appuyés par 28 canons ne peuvent, malgré des prodiges de valeur débusquer des solides positions qu'ils occupent. Ce sanglant échec nous coûte plus de 2.000 hommes et la division exténuée, regagne Hornbach en laissant les deux tiers de son artillerie aux mains de l'ennemi. Le 2e Bataillon du 102e, toujours à Bitche n'assiste pas à cette malheureuse affaire. Les troupes de Hornbach sont du reste, le 27, après la prise de Bliescastel obligées, elles aussi de se retirer sous Bitche, pendant que Schauenburg devant le mouvement général offensif, prononcé par les Austro-Prussiens, abandonne son camp de Saint-Imbert. Toute l'armée, se porte le 29 derrière Saarbrück, que l'ennemi vient aussitôt canonner.
Le 30 la Division des Vosges, sauf le 102, quitte Bitche pour Sarreguemines.
Le départ du roi de Prusse, appelé en Pologne par des troubles, ayant ralenti la marche des opérations, elle s'y établit, à la droite de l'Armée de la Moselle, qui prend position derrière la Sarre. Le 1er octobre cette armée campe sur la rive gauche et prend la garde de vingt-cinq lieues de frontières.

AFFAIRE DE LA MAIN DU PRINCE (12 Octobre)

Le 2ᵉ Bataillon posté à la *Main du Prince* pour assurer les communications entre Wissembourg et le fort de Bitche, est attaqué le 12 octobre par les Prussiens et devant une supériorité numérique écrasante, obligé de se replier sur Dambach.

Là, il est incorporé dans la 2ᵉ Brigade (Saint-Cyr) de la 5ᵉ Division (Ferrey) de l'Armée du Rhin qui, ayant perdu les lignes de Wissembourg, et battant en retraite sur Strasbourg, est, à cette époque renforcée de plusieurs Corps de la Moselle.

ARMÉE DU RHIN (Octobre 93-Janvier 94)

2ᵉ BATAILLON *(suite)*

Le général Carlène commande en chef.
Le 13 octobre, la Brigade Saint-Cyr établie à *Dannebrück*, repousse vigoureusement une attaque, pendant que Desaix (2ᵉ Brigade) lutte au camp de Nothweiler contre des forces supérieures. Le soir, néanmoins, la Division se retire sur Worth pour se conformer au mouvement général de l'armée qui abandonne les lignes de la Lauter, puis la Moder, la Zorn, la Souffel.
Le 19 octobre, elle est en position entre Strasbourg et Saverne, partie campée, partie cantonnée. La 5ᵉ Division bivouaque à Kochersberg. A ce moment, le 102ᵉ passe de la 5ᵉ à la 6ᵉ Division (général Sautéo) établie à Saverne.
L'armée compte alors 25.000 fantassins et 6.000 cavaliers dont 4.000 seulement équipés de façon complète. Les Autrichiens, forts de 50.000 hommes postés derrière la Zorn, poussent leurs avant-postes sur la rive droite de cette rivière.

AFFAIRE DE SAVERNE (22-23 Octobre)

Les 22 et 23 octobre la Division Sautéo perd les hauteurs de *Saverne*. Heureusement Burcy arrive avec une Division de la Moselle ; le mouvement offensif de l'ennemi est arrêté et après un sanglant combat, il se retire, laissant 1.200 hommes sur la place.
Burcy prend le commandement de la 6ᵉ Division (102ᵉ, 2ᵉ Bataillon) à laquelle ses troupes sont amalgamées.

Le 12 novembre, vingt-trois Bataillons étant partis pour la Moselle, quatre Divisions seulement demeurent, commandées par Desaix, Michaud, Ferino et Burcy (102e).

Le 18 novembre cependant, Pichegru, successeur de Carlène (28 octobre) reprend l'offensive.

ECHEC DE GUNDERSHOFFEN (Novembre)

De cette date, au déblocus de Landau, pas un jour ne se passe sans combat. Burcy d'abord, chasse l'ennemi de Bouxviller mais vient échouer contre la redoute de *Gundershoffen*. La cavalerie autrichienne, tombe sur sa Division ébranlée par la mitraille et le sabre. Le général entouré de toutes parts, n'accepte point de quartier et se fait tuer après une défense héroïque. Les débris de cette malheureuse troupe passent aux ordres du général Hatry.

AFFAIRE DE MIETERSHEIM (1er Décembre)

Le 1er décembre, pendant que Desaix et Michaud attaquent sur la droite, le 102 et quelques bataillons de la 1re Brigade de la Division Hatry, débusquent l'ennemi du bois de *Mietersheim*.

Le 2e Bataillon, est détaché à la Division Jacob qui occupe *Oberbronn*, pour agir sur Reichshoffen.

Rentré à sa Division, il vient après un succès de Jacob, le 9 décembre, prendre position à Oberack, en avant de Neubourg.

Devant l'énergique ténacité de nos attaques, les Autrichiens avaient reculé jusqu'à Haguenau, derrière la Moder. Trente-deux redoutes et de nombreux abattis, préparés d'avance, rendaient leur front à peu près inexpugnable.

L'armée de la Moselle, reçoit mission de les attaquer sur leur flanc droit et de s'emparer des redoutes de Wœrth et Freshwiller.

Le 22 décembre, Taponier et Lefebvre enlèvent ces ouvrages, rendant ainsi intenable la position que l'ennemi se hâte d'abandonner.

Le 24 décembre, les deux armées du Rhin et de la Moselle sont réunies sous le commandement de Hoche.

Le 25, elles se trouvent en présence des alliés, placés, la droite à Hott, la gauche à Ober-Lauterbach (le corps prussien garde les gorges).

Hatry et Ferino, venus par Saultz et les hauteurs de Steinseltz, campent en avant d'*Ingelsheim* vis-à-vis Ober-Lauterbach ; les deux autres Divisions, entre Steinseltz et Ingelsheim. L'action s'engage sur toute la ligne, le 26, à onze heures du matin.

BATAILLE DE GEISBERG (26 Décembre)

Le 102ᵉ lancé *en tirailleurs* précède la Division Hatry. La première ligne autrichienne établie à mi-côte, est attaquée à la baïonnette et culbutée. Pendant ce temps Ferino ayant tourné la gauche, la rejette en désordre sur les hauteurs du Geisberg. Rien ne peut résister à l'élan de nos soldats. La seconde ligne, sur la crête, soutenue par une forte artillerie et de nombreux escadrons, est rompue à son tour, et se replie en désordre sur Wissembourg et Altstadt, après quatre heures de combat acharné. Elle laisse entre nos mains, deux drapeaux et seize canons.

DÉBLOCUS DE LANDAU

Le 27 décembre, la Division Hatry franchit la Sarre et le 28, toute l'armée marche sur Landau, dont l'ennemi se hâte d'abandonner le blocus, en repassant le Rhin à Philipsbourg et Manheim le 30. Son arrière-garde atteinte le lendemain par Desaix qui, ayant trouvé Germersheim évacué, poussait droit devant lui, est fortement bousculée.

Hatry (102ᵉ) traverse la Lauter et vient, par Hoschbach et Edesteim prendre position devant *Neustadt*, la droite à Speyerdorf. Suivant la retraite des Prussiens qui abandonnent la ville, il franchit le Speyerbach et occupe Muschbach.

PRISE DE FORT-LOUIS (18 Janvier 94)

Le 1ᵉʳ janvier 1794 la Division Hatry est envoyée assiéger Fort-Louis. Le 3 elle s'établit devant la place, le 102 à *Kauffenheim*.

Dans la nuit du 17 au 18 les Autrichiens évacuent le fort en en faisant sauter les remparts.

Le 30 janvier, conformément aux ordres du Comité du Salut public, l'Armée de la Moselle, se sépare de celle du Rhin et quitte le Palatinat, pour revenir sur la frontière. La Division Lefebvre, à laquelle le 102 est attaché, comme appartenant en principe à la première de ces deux armées, forme l'avant-garde, se dirigeant sur Thionville.

ARMÉE DE LA MOSELLE (Février-Novembre 1794)

2e BATAILLON (suite)

Au commencement de Février, l'armée de la Moselle est établie dans les environs de la Sarre et de la Blies.

Le 19, la Division Lefebvre (102e) cantonne autour de Metzerwise (entre Metz et Thionville).

Au commencement de mars et pendant la plus grande partie du mois, le 102e demeure à Freymaker et à Kedange.

Hoche avait été remplacé à la tête de l'armée par Jourdan, dont le premier soin est de faire occuper Kayserslautern, confié d'abord à l'armée du Rhin. Il porte ensuite 20.000 hommes en avant de Longwy sur Arlon.

Le 2e Bataillon du 102, désigné pour entrer dans la Division Morlot, qui, avec Lefebvre et Championnet, doit, sous les ordres du général Hatry, faire partie de cette expédition, se rend le 30 mars à Longwy, point de concentration indiqué.

Les trois autres Divisions (Ambert, Desbureaux, Moreaux) venaient de prendre position à Kayserslautern, Schrerberg et Neunkirchen.

Quelques Bataillons seulement demeurent entre Sarre et Moselle, sous les ordres du général Vincent.

10.000 Autrichiens, aux ordres de Beaulieu, retranchés sur les hauteurs d'Arlon, gardent la place.

PRISE ET PERTE D'ARLON (Avril 1794)

Hatry divise ses troupes en deux colonnes et se met en marche le 15 avril.

Son avant-garde (Lefebvre), rencontre l'ennemi au pont d'Aubange, le culbute et le poursuit jusqu'au corps de Beaulieu.

Le 17, il attaque ce dernier à *Sessling* et *Weyler*, et appuyé par Morlot (102e) et Championnet, le force à la retraite. La gauche de l'armée s'installe à Arlon.

Mais le 29 avril, Beaulieu, ayant rassemblé 30.000 hommes à Luxembourg, part de cette ville, surprend Hatry dans Arlon et l'en chasse.

Le 102e revient à Longwy, où il tient garnison jusqu'en septembre.

En mai, aucune opération de quelque importance n'a lieu. Jourdan exécute un très habile mouvement de jonction sur la Sambre avec le corps Desjardins. Grossi de renforts venus du Rhin, il part avec 50.000 hommes rassemblés sur le Chiers, bouscule l'arrière-garde de Beaulieu, à Dinant et constitue à Charleroi une masse de 100.000 hommes (Armée de Sambre-et-Meuse), qui, menaçant les communications de l'armée impériale, décidera du succès de la campagne suivante.

Les troupes, demeurées sur la Moselle, sont aux ordres de Moreaux.

Vers le milieu de septembre, l'armée de Sambre-et-Meuse ayant battu les Autrichiens près de Liège, le Comité du Salut Public ordonne d'appuyer le mouvement de sa droite, par quelques divisions de la Moselle, afin de s'emparer définitivement du pays de Trèves et Luxembourg. Le 102 quitte alors Longwy et prend rang dans la Division Vincent (6e) qui s'avance à Grevenmachern pour observer Luxembourg. Le 6 Octobre elle parvient à Nider-Rodt.

Le 21, devenue 5e Division, elle occupe Castellonne, menaçant Coblentz et Rhinfels.

La première de ces places, évacuée par Mélas, est occupée par la Division Marceau de Sambre-et-Meuse. Vincent reçoit l'ordre de s'emparer de la deuxième.

A ce moment, les armées du Rhin (Michaud) et de la Moselle (Moreaux) sont réunies pour une action commune sur Mayence.

De nombreuses affaires avaient eu lieu pendant que le 2e Bataillon demeurait à Longwy ; les lignes de Kayserslautern avaient été disputées avec acharnement, prises et reprises plusieurs fois. Finalement l'avantage était demeuré à nos armes et les alliés battaient en retraite sur toute la ligne.

PRISE DE RHEINFELS (2 novembre 1794)

Ce poste de Rhinfels ou *Rheinfels*, dont la Division Vincent devait s'emparer, était alors très fort. A cheval sur le Rhin, près de Saint-Goar, entre Bingen et Coblentz, il était défendu par une série de redoutes et on n'avait rien négligé pour rendre presqu'imprenable une position que la nature seule, faisait déjà excellente. Le général ne veut s'en remettre à personne, du soin de faire la reconnaissance de la forteresse. Il endosse un uniforme de simple soldat et, en sentinelle perdue, se lance dans la campagne. Il essuie de nombreux coups de fusil, mais voit tout ce qui lui importait de connaitre et rentré au camp, donne les ordres les plus précis pour l'installation des premières batteries.

Le lendemain matin, le travail était si avancé que les boulets des Hessois qui ouvrent immédiatement un feu violent, ne peuvent l'arrêter. Saisie alors d'un profond découragement et comprenant que lorsque les batteries françaises très bien placées, entreront en action, il sera fort difficile de tenir, la garnison abandonne les redoutes, puis la place elle-même.

En deux jours, cette forteresse de si haute importance pour les opérations ultérieures, avait été réduite.

Le 2 novembre la Division Vincent y fait son entrée et se hâte d'éteindre les mèches préparées pour faire sauter les magasins.

39 canons, nombre de mortiers, quantité d'armes et de munitions, tombent entre nos mains.

ARMÉES DE LA MOSELLE ET DU RHIN (Fin 1794-1795)

2ᵐᵉ BATAILLON *(suite)*

Après la prise de Rheinfels, il ne restait plus sur la rive gauche du Rhin que Luxembourg et Mayence au pouvoir de l'ennemi, cette dernière place, à cheval sur le fleuve.

Pendant que Michaud marche sur la première, Moreaux détache contre la seconde une Division, bientôt suivie de deux autres.

Les souffrances de nos troupes à ces sièges dépassent toute imagination. Privés des choses les plus nécessaires, à peine vêtus, ne subsistant souvent que par la maraude dont les ressources, dans un pays dévasté par la guerre, diminuaient de jour en jour, nos soldats réduits à creuser le sol profondément gelé, pour déterrer les semences, endurèrent avec un courage héroïque toutes les tortures du froid et de la faim.

Cependant au commencement de mars, aucune des deux places ne semblait disposée à se rendre. Les trois divisions sous Luxembourg sont alors envoyées renforcer les troupes du siège de Mayence et deux autres divisions (Chapsal et Desjardins) sous le commandement du général Hartry, les remplacent (20 mars 1795). Malgré les efforts de ce dernier, Luxembourg ne devait capituler que le 7 juin 1795.

Quant au siège de Mayence, il menaçait de s'éterniser; ce qui na pas lieu de surprendre, si l'on veut se souvenir de la résistance opposée par nos troupes en 1793 dans cette même place, que depuis, les Autrichiens avaient grandement renforcée, construisant de nouveaux ouvrages, améliorant les anciens et garnissant le tout d'une artillerie formidable. 20.000 soldats de bonnes troupes largement approvisionnées, soutenues par deux armées de 150.000 hommes, devaient y tenir indéfiniment surtout que l'on considère qu'il avait été impossible de faire l'investissement, faute de pouvoir passer sur la rive droite, ce qui laissait aux assiégés toute facilité pour se ravitailler.

Trois divisions (Desaix, Saint-Cyr et Desbureaux) formaient avons-nous dit le corps de siège, au début. Elles avaient vers le milieu de novembre, commencé d'énormes travaux devant la tête de pont de Manheim. Kléber, dans le courant du mois avait pris le commandement en chef.

La Division Vincent (5ᵉ) que nous avons laissée à *Rheinfels*, demeure pendant le reste du mois de novembre et une partie de décembre 1794 le long du Rhin de *Bacharach* à *Bopart*, protégeant la gauche des corps sous Mayence, mais toujours rattachée à l'*Armée de la Moselle* aux ordres de Moreaux. Le 1ᵉʳ décembre la Division prend le nº 4. Le 10 décembre, elle est envoyée devant Manheim.

Le 14 janvier 1795, elle bivouaque *sous Mayence*, le 2ᵉ Bataillon du 102ᵉ à *Weinsheim*.

A la fin du mois, le Bataillon revenu *sous Coblentz*, occupe cette ville même. Il est détaché à une Division de l'*Armée de Sambre-et-Meuse* sous les ordres de Marceau.

Cette armée, lors du commencement des opérations de Pichegru en Hollande, avait abandonné Coblentz à celle de Rhin et Moselle, avec laquelle, elle demeurait en liaison par le corps de Marceau, posté d'Andernach à Bonn, le long du fleuve.

A la fin de janvier, elle reprend possession de cette place où le 2ᵉ Bataillon du 102ᵉ vient la joindre.

La *Paix de Bâle* (avril 1795) rendant l'armée de Sambre-et-Meuse disponible, Jourdan son chef reçoit l'ordre de se rapprocher de Mayence, en même temps que Pichegru, le vainqueur de la Hollande est envoyé prendre le commandement des corps de siège, commandement que Kléber, désolé de voir ses troupes décimées par le froid, les privations et les maladies, sous les murs d'une place imprenable avec les moyens mis à sa disposition, avait refusé de conserver.

Au printemps, en effet, les effectifs étaient réduits de moitié et on s'attendait à voir les Autrichiens se porter en masse au secours de Luxembourg et déboucher par Mayence en écrasant les assiégeants.

Quant au 102ᵉ, après son court détachement à la Division Marceau, il rentre définitivement à l'*Armée du Rhin*.

En garnison à Coblentz en mars, aux ordres du général Cavrois commandant la Division de Reetz-Audernach, il passe en avril sous le général Renauld et revient bivouaquer sous Mayence, en avant de *Guntzenheim*. Il y demeure tout le mois à la brigade Paillart (*attaque de gauche*) entre *Monbach et Heidesheim*, prenant part aux rudes travaux et aux combats incessants du siège.

On sait comment la mauvaise volonté de Pichegru, ses négociations personnelles avec l'ennemi, sa jalousie à l'égard de Jourdan, firent traîner les opérations. Il nous a paru de médiocre intérêt de continuer à suivre le Bataillon dans cette période terne et sans gloire. Aussi bien entre-t-il alors dans la 180ᵉ *demi-Brigade*, avec laquelle il doit bientôt partir pour l'Armée des Alpes (vallée de Queyras, 8 octobre 1795) pour, en janvier 1796, disparaître dans la 19ᵉ demi-Brigade (amalgame de la 180ᵉ et d'une partie de la 45ᵉ).

Et puis une 102ᵉ *demi-Brigade* existe depuis le 20 novembre 1793 et porte dignement notre Numéro à l'Armée d'Italie.

ARMÉE DU NORD (1793-1794)

1ᵉʳ BATAILLON

Nous avons laissé le 1ᵉʳ Bataillon au moment où, le 29 juillet 1793, il quittait l'Armée de la Moselle, pour passer à celle du Nord.

SITUATION GÉNÉRALE

La situation, sur cette frontière, était à cette époque fort mauvaise. Valenciennes, après une défense héroïque et un bombardement ininterrompu de quarante-trois jours, venait d'être prise par le duc d'Yorck (28 juillet). Condé, le 12, ayant épuisé tous les moyens de défense, avait dû ouvrir ses portes. Le prince de Cobourg ayant toutes ses forces disponibles, avait alors tenté un coup de main sur l'armée française, que Kilmaine n'avait pu sauver, qu'en évacuant rapidement le Camp de César (7 août). Des partisans ennemis se montraient jusqu'aux portes de Saint-Quentin.

La Convention lance un suprême appel à la France envahie ; la levée en masse est décrétée et un « gouvernement révolutionnaire » institué jusqu'à délivrance entière du sol national.

Kilmaine, remet le 10 août 1793, à Houchard, désigné pour succéder à Custine, le commandement en chef qu'il exerçait par intérim.

L'armée du Nord, à cette date, est établie au camp de Gavarelle, entre Arras et Douai.

Le 23, les alliés somment Dunkerque pour le siège de laquelle ils ont fait d'immenses préparatifs.

Cependant, les renforts venus de la Moselle, d'après les ordres de Carnot, avaient accru la force de Houchard. Le 1ᵉʳ Bataillon du 102, arrivé avec la première colonne, était sous *Lille* le 16 août. Le 23, il fait partie de la 1ʳᵉ Division, aux ordres du général Béru, au *camp de droite* (Lille). Le 6 septembre, après plusieurs opérations de détail contre divers corps, toute l'armée s'ébranle pour secourir Dunkerque, dont la prise eût été un véritable désastre.

Le 8, elle se heurte à Walmoden solidement établi à Hondschoote. Après une lutte acharnée, celui-ci est obligé de battre en retraite, et le lendemain, Yorck découvert, abandonne le siège, si soigneusement préparé, dans l'espoir de donner à l'Angleterre un port de débarquement sur le territoire français. Pendant ces opérations, le 102 était demeuré sous Lille.

VICTOIRE DE MENIN (13 Septembre 1793)

Le 12 septembre, Houchard combine une attaque d'une partie de ses troupes victorieuses et de celles du camp de Lille (dont le 102), aux ordres du général Béru, contre le corps hollandais du prince d'Orange, isolé à *Menin*.

Au lieu de se replier en hâte, celui-ci, enhardi par la nouvelle de la chute de Quesnoy et l'approche de Beaulieu, détache contre Béru, la Division Wartensleben, et, avec le reste de ses troupes, fait face à la colonne Hédouville.

Le 13, Béru, en trois fractions, attaque les redoutes d'Halluin, en tourne une, culbute Wartensleben, et, pêle-mêle avec l'ennemi, entre dans Menin.

Dans le même temps, Hédouville infligeait au prince Frédéric, un sanglant échec à Werwick et le forçait à battre en retraite, laissant sur la place 2.000 hommes et 40 canons. Malheureusement, cette division le surlendemain à Courtray, saisie d'une panique inexplicable devant quelques escadrons autrichiens, s'enfuit sans combattre et ne peut être ralliée que sous la protection de l'artillerie du corps Béru, rentrant à Lille. Cette fâcheuse aventure, dont les détails sont assez mal connus, imputée à crime au général Houchard, encore qu'il y fût complètement étranger, décida de son sort. Lorsque la nouvelle en parvint à Paris, il était déjà fort attaqué pour n'avoir pas su profiter de sa victoire d'Hondschoote; la panique de Courtray lui porta le dernier coup et peu après, il montait sur l'échafaud. Pendant qu'il se défendait à la Convention, son armée était revenue au camp de Gavarelle.

Le 1er octobre le 102e fait partie des *flanqueurs de gauche* établis en arrière de ce camp sous les ordres du général Ransonnet.

L'Armée du Nord et celle des Ardennes, comptent à cette époque 130.000 hommes dont Jourdan, chef de bataillon au commencement de la campagne, général de division six mois après, vient prendre le commandement.

Le 29 septembre les Impériaux avaient passé la Sambre, refoulé les troupes des camps de Baschamps et Jeumont et investi Maubeuge, au commencement d'octobre.

La place ne paraissant pas disposée à une vigoureuse résistance, Jourdan, avec une partie de son monde, se porte à son secours. Les 15 et 16 octobre une furieuse lutte s'engage autour de Dourlers et Wattignies.

La valeur de nos jeunes troupes, enlevées par Jourdan et Carnot, triomphent de tous les obstacles; Clerfayt est complètement battu et le prince de Cobourg ordonne la levée du siège de Maubeuge.

LE BATAILLON ÉCRASÉ DANS MARCHIENNES (31 Octobre 93)

Le 102e ne prend pas part à cette belle victoire. Le 21 octobre la Division Ransonnet dont il fait partie, s'empare de *Marchiennes*. Le général Davaisnes, avec quatre Divisions, avait été chargé de prononcer contre la droite ennemie un mouvement offensif, par Ypres et Menin ou Tournay.

La marche de ces divers corps trop disséminés et manquant d'ordres précis s'effectue sans aucun ensemble. Des colonnes s'arrêtent, craignant de se trouver trop en flèche, d'autres sont repoussées et Ransonnet demeure fort compromis autour de Marchiennes.

Le 31 octobre la Brigade Maisonneuve (102), est surprise dans la ville par Kray et 3.000 Autrichiens que secondent deux Bataillons, attaquant par Saint-Amand et la Brigade Otto, coupant toute retraite à Varling et Hornage. C'est dans l'obscurité, un épouvantable massacre. En vain quelques braves, réfugiés dans un couvent, s'y barricadent et font une résistance désespérée. Mitraillés par l'artillerie, fusillés de toutes parts ils sont contraints de se rendre. Le 1ᵉʳ *Bataillon du 102 est complètement détruit*.

Les documents précis manquent, mais un rapport du chef de Bataillon Jourdeuil annonce une perte de 549 hommes tués, blessés ou pris. Si on se reporte à une situation du 1ᵉʳ octobre accusant 616 présents, on en conclut qu'une soixantaine d'hommes ont dû se faire jour, et en effet, une situation du 3 décembre, datée de Douai où ces malheureux débris s'étaient réfugiés, donne un effectif de 67 hommes au 1ᵉʳ Bataillon du 102ᵉ !

A cette époque, la 102ᵉ demi-brigade de bataille, formée le 20 novembre existe déjà. Aussi a-t-il semblé inutile de suivre le bataillon reconstitué à Douai avec des réquisitionnaires, demeuré dans cette place et aux environs pendant le reste de l'année, et disparu enfin dans « l'amalgame », le 18 janvier 1795.

Constatons cependant, que le nouveau Bataillon avait gardé les traditions de l'ancien. Un document officiel nous le montre, en effet, enlevant d'assaut sous Valenciennes la redoute de la « Fosse au Pied ».

Toutefois, il ne prend part à aucune des affaires marquantes de cette période, pas plus à l'Armée du Nord qu'à celle de Sambre-et-Meuse, à laquelle il passe en décembre, pour venir précisément tenir garnison à Valenciennes, sous les ordres des généraux Jacob puis Mayer (Voir en appendice, l'épisode du drapeau du 102ᵉ sauvé à Marchiennes par le sergent-major Richard et rapporté après vingt-deux mois de captivité).

DEUXIÈME PARTIE

SECONDE PÉRIODE D'EXISTENCE

102ᴱ DEMI-BRIGADE DE BATAILLE

Novembre 1793 — Février 1796

102ᵉ DEMI-BRIGADE DE BATAILLE

(Novembre 1793-Février 1796)

FORMATION

En vertu de la *Loi du 26 février* 1793, la 102ᵉ *Demi-Brigade de Bataille* est formée le 27 brumaire an II (17 novembre 1793)[1], des éléments suivants :

2ᵉ *Bataillon du* 51ᵉ (ex. la Sarre) — 1ᵉʳ Bataillon de la 102ᵉ.
3ᵉ *Bataillon du Var* (volontaires) — 2ᵒ Bataillon de la 102ᵉ.
6ᵒ *Bataillon du Var* (volontaires) — 3ᵉ Bataillon de la 102ᵉ.

Chaque Bataillon a neuf Compagnies, dont une de Grenadiers. Le colonel Le Brun prend le commandement de la 102ᵉ.

ARMÉE D'ITALIE

La 102ᵉ fait, dès le début, partie de l'armée d'Italie, à laquelle elle demeure pendant les deux ans et quelques mois de son existence. Dumerbion, en l'absence de Dugommier, occupé au siège de Toulon, commande cette armée établie dans les *Alpes* dont elle défend la *partie maritime*, pendant que celle dite « des Alpes » opère au milieu des massifs centraux.

SITUATION DE L'ARMÉE

En face des *Piémontais*, maîtres des sommets et des passages, l'armée d'Italie appuie sa gauche à *Entrevaux*, sa droite à *Breglio*, couverte de ce côté par la

---

[1] Certains documents portent 30 brumaire, on a choisi la date donnée par les matricules *(Archives administratives)*.

neutralité du territoire de Gênes. Elle a également la surveillance de la côte jusqu'aux îles de Lérins, où elle se lie à la Division du « *Port-la-Montagne* », c'est-à-dire de « *Toulon*. »

Cette place, d'une si considérable importance, notre grand port militaire sur la Méditerrannée, avait été livrée aux Anglais par les habitants, révoltés contre la Convention.

Quantité de navires et d'énormes richesses en approvisionnements de toute espèce étaient ainsi tombés, sans coup férir, aux mains de l'ennemi, et il importait, au plus haut point, de les reprendre.

Le siège, entrepris aussitôt après répression d'une insurrection à Marseille, se poursuivait lors de la formation de la 102e et occupait sur cette frontière toute la force vive des armées.

La place ne devait être reprise que le 19 décembre.

MOUVEMENTS DIVERS (Décembre 1793 - Avril 1794)

La 102e, pendant ce temps, était établie au nord du col de Braus, au camp de Baolet. Au commencement de décembre, le 1er et le 2e Bataillon sont portés à Sospello.

Dans les premiers jours de janvier 1794, le 3e Bataillon quitte le camp et remplace à Sospello le 2e qui va cantonner au col de Brouis.

La rigueur de la température et d'abondantes chutes de neige ayant complètement interrompu les opérations, Dumerbion en profite pour réorganiser l'armée et embrigader les Bataillons qui ne l'étaient pas encore. Les mouvements résultant de ce travail, amènent le 3e Bataillon, à la fin de janvier, au camp de Brouis où il rejoint le 2e.

En février et mars, la Demi-Brigade conserve les mêmes emplacements.

Le colonel Barthélemy en prend le commandement, le 7 ventôse an II (25 février 1794).

LE CAMP DE SAORGIO

Le général Macquard a sous ses ordres les divers camps et postes opposés aux Piémontais de *Saorgio*, commandés par Colli, et en particulier, le camp du col de Brouis (2e et 3e Bataillons). La position ennemie de Saorgio, renforcée de tout ce qu'on a pu accumuler de défenses, flanquée à droite par Provera, gardant les avenues du col du Fenestre et le cours de la Tinée, à gauche, par Argenteau, aux sources du Tanaro, est formidable et on ne peut songer à la heurter de front. Les camps du col Ardente, de Saccarello et Tanarello, couvrent la route de la Briga, et des détachements de flanqueurs, poussent jusqu'à Ponte-di-Nava et dans la vallée d'Oneille.

Au commencement d'avril, le Comité de Salut Public ordonne de chasser l'ennemi d'*Oneille* (Oneglia), petit port d'où les corsaires s'élançaient sur nos caboteurs et sur les transports amenant de Gênes les subsistances de l'armée. Ce mouvement devait, du reste, rendre possible l'exécution d'un projet conçu par le commandant de l'artillerie, Bonaparte, dont les avis, depuis le siège de Toulon, étaient fort écoutés, projet consistant à *tourner* par la gauche l'inexpugnable Saorgio. Dumerbion, les représentants et enfin le Gouvernement, s'étaient ralliés à ce plan.

EXPÉDITION DE MASSÉNA

Pendant que Masséna (1er avril) avec 20.000 hommes en 3 colonnes, s'avance de Menton sur l'Alpet, la Piève et Oneille, le reste de l'Armée exécute sur toute la ligne une série d'attaques partielles destinées à donner le change à l'ennemi. Plusieurs détachements de la 102e prennent part à ces rencontres dont l'une amène la prise du poste de la *Ghiandola*, que les Sardes cherchent vainement à reconquérir, les 13, 14 et 15 avril.

Le 18 cependant, ils réussissent à s'emparer du premier retranchement du poste de *Maugiabo;* mais vivement pressés par une contre-attaque énergique, ils se retirent, laissant nombre des leurs sur la place. Le 1er Bataillon de la 102e, prend suivant toute apparence part à cette brillante affaire.

Cependant Masséna avait pleinement réussi. Non seulement il s'était emparé d'Oneilles (8 avril), mais il avait encore chassé l'ennemi de Ponte-di-Nava, Ormea (17 avril) et Garessio [1].

Il voulait, pour exécuter le plan de Bonaparte, tourner Saorgio et le prendre à revers, pendant que les Divisions du centre et de gauche l'attaqueraient de face.

ENLÈVEMENT DE LA MAILLE ET DU CAMP DE MARTHE (26-28 Avril 1794)

Dumerbion, prévenu par le général Bonaparte et le représentant Robespierre jeune qui, après avoir suivi Masséna, venaient lui rendre compte de ses succès, appelle à Breglio les troupes de Brouis, afin de commencer son mouvement.

Le 26 avril, Dallemagne (Division Macquard) commandant le camp de Baolet, se porte dès le matin sur les hauteurs de la *Maille*, avec une forte avant-garde. (Le 1er *Bataillon du* 102e en fait très probablement partie.

---

(1) Certains documents peu sûrs, font assister un détachement de la 102e qui serait entré dans la colonne Mouret aux prises d'Oneille et Ormea. La chose est possible mais peu probable. Aucune situation de l'Armée d'Italie n'existant à cette date, le fait n'a pu être vérifié. Ces opérations n'ont du reste qu'une importance médiocre. (Voir Appendice VII).

Onze cents hommes, massés dans la vallée du Reglio, sur le chemin du Pigeonnier attendent les attaques combinées de Masséna et Lebrun sur Saorgio, pour s'élancer à l'assaut du *Camp de Marthe.*

Ces deux genéraux, n'avaient pas encore opéré leur jonction quand Dallemagne s'ébranle. Néanmoins, les Piémontais sont chassés de la Maille et poursuivis jusqu'à leur camp.

Le 27 Bonaparte et Robespierre, ne sachant que penser du retard de Masséna, partent pour rejoindre Lebrun au Mont Jove.

Le 28, Dumerbion et Macquard, apprenant enfin que la colonne Masséna progresse et vient de s'emparer de la redoute de Fetz, donnent l'ordre d'attaquer.

A trois heures tout s'ébranle. Les abords du *Camp de Marthe* tombent en notre pouvoir après une lutte de deux heures. Le Camp, défendu par des forces considérables, flanqué par une redoute armée de six pièces, entouré d'un fossé profond bordé de chevaux de frise, semblait devoir opposer une vigoureuse résistance.

Rien n'arrête l'élan de nos braves. Pendant qu'une partie se porte directement à l'assaut, une autre fait un mouvement tournant sur la droite. La redoute, malgré un feu épouvantable est enlevée à la baïonnette. Tout cède, se rend ou fuit en hâte.

CHUTE DU CAMP DE SAORGIO (29 Avril 1794)

Le soir, deux colonnes dont l'une aux ordres du chef de la 102e Demi-Brigade, Barthélemy, marchent sur *Saorgio* (les 2e et 3e Bataillons s'y trouvent sans doute réunis).

Le général Lebrun, par le Mont Jove, y parvenait vers le même temps. Sans attendre Masséna qui, peu après, ayant rencontré des difficultés inouïes et franchi des passages réputés inaccessibles, débouchait par les hauteurs de la Briga, les Piémontais abandonnent leur camp et battent vivement en retraite sur le col de Tende abandonnant leur artillerie encloué.

Le 29 avril, Dallemagne occupe les positions de l'ennemi.

L'avant-garde de Macquard (2e et 3e Bataillons de la 102e), pousse jusqu'à Fontan.

Au commencement de mai, toute la Demi-Brigade est rassemblée en ce point, toujours sous les ordres du général Macquard, commandant alors la *Division du Centre.*

PRISE DU COL DE TENDE (7-8 Mai 1794)

Le 7, avec 3.000 hommes, dont la 102e, il attaque vigoureusement les Piémontais retranchés au nombre de 6.000 sur les hauteurs en avant de Tende.

Masséna, descendant de la Briga, appuie le mouvement. Bousculé tout d'abord, l'ennemi cherche à reprendre pied dans le village et a y faire tête.

Il en est aussitôt chassé et fuit jusqu'au col lui-même.

Le 8 mai, les troupes n'ayant pris que quelques heures heures de repos, marchent sur trois colonnes contre la position.

Honteux de leurs défaites successives, s'étant juré de ne plus reculer, les Sardes se défendent en désespérés. Mais voyant soudain nos soldats escalader des rochers presque à pic et se jeter sur eux, baïonnettes en avant, ils sont saisis de terreur panique et se laissent glisser ou tomber dans les précipices. Ceux qui réussissent à ne pas s'y briser s'enfuient par des gorges et des sentiers affreux.

Pendant que Masséna revient sur Orméa, Macquard conserve les positions acquises.

Le reste de mai, la 102e est cantonnée à Tende, la clef de toute cette partie des Alpes, à la prise de laquelle elle vient de coopérer.

Le 18 mai, elle y reçoit 894 réquisitionnaires venus de Nice.

TEMPS D'ARRÊT DANS L'OFFENSIVE (Juin-Juillet)

L'armée d'Italie avait pris position, la gauche, à Saint-Etienne, aux sources de la Tinée, le centre, au col de Tende, la droite, devant Loano, attendant pour pénétrer en Piémont, et marcher sur Céva et Coni, conjointement avec l'armée des Alpes, que le Comité de Salut Public eût approuvé le plan de campagne dressé par Dumerbion (très probablement inspiré par Bonaparte) qui voulait réunir les deux corps dans la vallée de la Stura. Il fallait d'ailleurs que les renforts et les munitions demandés fussent arrivés. Les mois de juin et juillet se passent ainsi.

La 102e, à la fin de juin, campe aux cols Couture et Rossa, sous les ordres du général Barquier. Les Piémontais, revenus de leur première frayeur, s'étaient rapprochés et presque journellement on se fusillait aux avant-postes.

Le 14 juillet, les ordres de Paris n'étant point encore parvenus, Dumerbion, sous prétexte de fourrage indispensable à sa cavalerie, s'empare de Vernante (Général Lebrun). Le 24 Lebrun enlève Roccavione et s'y établit (2e Bataillon de la 102e).

A cette époque les 1er et 3e Bataillons de la 102e viennent à Vernante.

Enfin, le comité s'étant décidé à approuver le mouvement offensif, Lebrun et Dallemagne de Roccavione et Robillante, s'avancent sur Doves et en chassent l'ennemi.

RETRAITE

Malheureusement, la nouvelle du 9 thermidor (27 juillet), parvient à l'armée, avec ordre de rester sur la défensive, puis injonction de battre en retraite. Les troupes abandonnent en frémissant, ces belles plaines qu'elles atteignaient avec quelle joie ! et vers lesquelles depuis tant de mois, guerroyant sans trêve, au milieu des neiges et des rochers, privées des choses les plus nécessaires à l'existence, elles tendaient les bras comme vers une terre promise.

Depuis le commencement de la campagne, une admirable armée s'était formée peu à peu, dans les plus rudes travaux, au milieu de dangers de toute nature, de combats incessants, supportant des fatigues inouïes. Vienne le chef capable d'en tirer ce qu'elle peut donner et le monde stupéfait, verra ce merveilleux spectacle d'une poignée de braves, combattant loin d'une patrie dont elle ne tire subsistances, renforts ni argent, détruisant sept armées supérieures, et demeurant enfin maîtresse incontestée du théâtre d'opérations. Depuis Annibal et César, rien de pareil n'avait passé dans l'histoire.

Suivant les ordres du Comité, les Divisions du Centre et de Droite, reprennent leurs anciennes positions : Tende-Garessio-Loano. Le 2ᵉ Bataillon (Général Lebrun) s'établit à Limone. Le 1ᵉʳ et le 3ᵉ retournent au Col de Couture (Général Barquier).

Le 12 août, le 2ᵉ Bataillon repasse à la brigade Barquier et vient camper au Col-Rossa.

Au commencement de septembre la Demi-Brigade change de position. Le 1ᵉʳ Bataillon s'établit au col de Reffrey ou Riofreid, les 2ᵉ et 3ᵉ aux cols de Tax et de Vesque. Macquard commande toujours la Division (Centre) ; Barquier a son quartier général à la Briga.

LES OPÉRATIONS ACTIVES SONT SUSPENDUES (Hiver 1794-1795)

A la fin d'octobre, les chutes de neige, obligent à prendre les quartiers d'hiver. Les 2ᵉ et 3ᵉ Bataillons descendent à la Briga.

A la fin de novembre le 1ᵉʳ à son tour quitte le baracon. Au milieu de ce mois Schérer avait remplacé Dumerbion mis à la retraite.

Au printemps de 1795 (mars), les 1ᵉʳ et 3ᵉ Bataillons sont passés à la 1ʳᵉ *Division de la Côte* (bientôt devenue 2ᵉ), aux ordres du général Casabianca. Cette Division avait la garde du littoral, entre Menton et l'embouchure de l'Argens. Le 4 avril, le 1ᵉʳ Bataillon est à Antibes, le 3ᵉ à Nice ; le 2ᵉ demeuré dans les Alpes occupe Sospello. Le 15 il retourne à la Briga où il restera jusqu'au 20 mai, faisant toujours partie de la *Division du Centre* (devenue 3ᵉ Division par suite de dédoublement) aux ordres du général Macquard.

Au commencement de mai, les combats d'avant-postes reprennent.

Plusieurs détachements ayant été surpris, le général Garnier, réunit le 7 à Isola 1.200 hommes, qu'il fractionne en trois colonnes, pour une reconnaissance offensive. Le 3ᵉ Bataillon fait partie de cette expédition qui réussit pleinement, repousse les Piémontais sur tous les points et rentre le 10.

Le Bataillon vient alors à Saint-Etienne (haute Tinée), où il demeure (Division Garnier, Brigade Verne, puis Montleau) en mai et juin, avec détachement à Isola au commencement de ce dernier mois et au Col Lunga (5 compagnies) à la fin.

Le 5 mai, Kellermann nommé au commandement en chef des *Armées des Alpes et d'Italie*, arrive à Nice.

Le 24 il partage la Droite en trois Divisions aux ordres de Masséna, se contentant de changer les numéros du reste. Le 2ᵉ Bataillon (4ᵉ Division) campe au Col de Tende puis au col de Tax. Le 1ᵉʳ demeure à Antibes (2ᵉ Division de la Côte, Brigade Catellan).

PLAN DE KELLERMANN

Kellermann voulait, profitant de la mésintelligence régnant entre les Impériaux et les Sardes (on a vu combien peu ils s'étaient réciproquement soutenus jusque-là), les accabler successivement, après avoir coupé leur ligne en trois points : le col de Tende, San-Bernardo et la plaine de Loano.

L'armée des Alpes, pendant ce temps, eût fait une démonstration dans la vallée d'Houlx.

Ce plan était complètement différent de celui dont le développement avait été arrêté, l'année précédente, par le 9 thermidor ; mais les circonstances avaient changé et nous ne tenions plus le versant italien.

Le Comité ayant refusé de sanctionner le projet de Kellermann, les mouvements faits pour en préparer l'exécution, demeurent inutiles. Aucune action de quelque importance n'a lieu en août sur cette frontière. Le 30 seulement, le duc d'Aoste fait, contre le Mont Genèvre, une tentative qui échoue complètement.

Sur ces entrefaites, le Comité envoie à Kellermann l'ordre de prendre Céva pour, au printemps, mettre le siège devant Turin, conquérir la Lombardie, franchir le col de Trente et, à travers le Tyrol, opérer sa jonction sur l'Inn avec les armées du Rhin. Le général ayant fait à ce projet chimérique, en l'état des choses, de vives objections, est remplacé par Schérer (31 août).

PAS D'OPÉRATIONS ACTIVES. — POSITIONS DE LOANO

(Septembre-Octobre 1795)

A cette époque, la ligne Austro-Sarde commence à *Loano*, sur la côte, dans un vallon défendu par des coupures, des batteries et trois mamelons fortifiés dont le dernier, celui de Castellaro, commande le village de Tuirano, à l'entrée des gorges de Bardinetto, fermées de plus par la Chartreuse de Tuirano. De celle-ci à Bardinetto, en remontant les crêtes du Mont Calvo, cinq postes retranchés : Roccabarbène, Sambucco, San-Bernardo, la Planetta, Mᵗᵉ Lingo, prolongent la ligne jusqu'au Spinardo, d'où, par un angle rentrant, elle franchit le Tanaro (Garessio et Intrapa) pour aboutir aux hauteurs de la rive droite : (postes de Prerondo et la Casetto).

En avant de Tuirano et San-Bernardo, une vallée très étroite et escarpée, forme fossé.

Il suffit de jeter un coup d'œil sur la carte, pour apprécier la force de ce vaste camp retranché, tenu par une quarantaine de mille hommes établis : Wallis à droite (Autrichiens), de Loano, au Mont Roccaro ; Argenteau, au centre, avec des troupes allemandes, hongroises, italiennes et piémontaises, Colli, à gauche, avec l'armée piémontaise, sur les hauteurs des deux rives du Tanaro.

La ligne française de Borghetto au Negrone, par le Saint-Esprit, le M^{te} Vento, le Petit-Gibraltar, Intrapa et le col de Terme, ne renferme que 24.000 hommes, répartis sur une distance beaucoup trop considérable, de 18 heures de marche : Macquard, au centre, tient toujours Tende chef de position (le 3e Bataillon, tout près, à Sabion) ; Serrurier, à gauche, garde les sources de la Vésubie ; Augereau à droite fait face à Loano.

Devins, commandant en chef l'armée austro-sarde, lance, le 18 août, sur le Petit-Gibraltar, Argenteau, qui, vivement repoussé, se fait ramener jusqu'à Sambucco, ayant éprouvé des pertes sensibles.

Au mois de septembre, quelques affaires d'avant-postes seulement.

Au commencement d'octobre, Schérer vient enfin prendre le commandement, et Kellermann, qui, disgracié, n'avait rien voulu tenter, part pour l'armée des Alpes.

Le manque de subsistances, de vêtements et aussi d'argent, pour payer les marchands de Gênes, aussi bien que la *précocité de l'hiver*, empêchent toute action importante, malgré l'arrivée de renforts venus des Pyrénées.

La majeure partie des troupes de gauche et du centre est réunie dans la vallée d'Orméa.

Cependant Schérer n'avait pas, comme le pensaient les Alliés, pris ses quartiers d'hiver et renoncé à toute opération.

Bien au contraire, méditait-il d'accabler les Autrichiens dans la rivière de Gênes, en attaquant, ainsi que le conseillait Masséna : à droite, Loano (Augereau contre Wallis), au centre, Roccabarbène et M^{te} Lingo (Masséna avec Laharpe et Charlet contre Argenteau) ; pendant que sa gauche (Serrurier) maintiendrait les Piémontais (Colli) dans les camps de San-Bernardo et la Planetta, jusqu'au moment où Masséna, maître des sommets, pourrait lui envoyer des renforts afin de forcer les gorges de Garessio.

L'exécution de ce hardi projet est fixée au 23 novembre.

A ce moment, Devins malade, avait remis le commandement à Wallis, qui, persuadé que la campagne était bien terminée, avait abandonné le camp de Sambucco et se gardait fort mal.

LA 102e (22 Novembre 1795)

La veille de la bataille, les divers Bataillons de la 102e, que nous avons dû abandonner quelque peu pour l'intelligence des combats de Loano, étaient placés de la façon suivante : le 1er, toujours à Antibes et Cannes (2e Division côte) ; le 2e, à *Vilard-Soprano* (2e Division de droite, brigade Dommartin aux ordres de Laharpe) ; le 3e, à *la Pieva* (3e Division de droite, Serrurier, brigade Pelletier).

MOUVEMENTS DE LA 102e (Juin-Novembre 1795)

A la fin de juin, on s'en souvient, le 1er était à Antibes (2e de la Côte) ; le 2e à la Division du Centre (Macquard), brigade Barquier au col de Tax ; le 3e, Division de gauche (Garnier), brigade Verne à Saint-Etienne, Isola, col Longa.

En juillet le 1er (2e Côte, généraux Laubadère, puis Parnay) est détaché à *Cannes*.

Le 2e, passé à la fin de juin sous Masséna (1re Division de Droite) est d'abord attaché à la brigade Gouvion au San Bernardo, puis à la brigade Pijon au *Camp de l'Alpi* (col de Foy) où il demeure tout le mois. Le 3e, venu au commencement de juillet au Centre (Macquard) à la brigade Beaumont puis Dallemagne est à *Sabion*.

En août, les bataillons demeurent dans la même situation (sauf le 2e qui sans changer de brigade occupe Vilard-Soprano ou Vilard-Soubrany) Freytag commande la 2e de la Côte.

En septembre et octobre mêmes emplacements. Le 3e passe successivement aux ordres des généraux de brigade Ransonnet puis Nicolas.

Au commencement de novembre les positions n'ont pas changé. Le 2e Bataillon (1re Division de Droite, Masséna) est aux ordres du général Guillaume, le 3e du général Dallemagne.

Nous avons vu les modifications survenues dans la seconde quinzaine de novembre : le 2e Bataillon resté à Vilard-Soprano mais passé de la 1re à la 2e Division de Droite (Laharpe, brigade Dommartin) ; le 3e Bataillon passé à la 3e de Droite (Serrurier, brigade Pelletier) et venu à la Pieva.

BATAILLE DE LOANO (23-24 Novembre 1795)

DROITE FRANÇAISE

Le 23, au point du jour, l'action s'engage, surprenant au plus haut degré les Alliés endormis dans une parfaite sécurité.

Rusca, sur l'ordre d'Augereau et de Schérer qui tout le jour se tient à cette aile, se jette sur les mamelons retranchés qu'occupent les avant-postes autrichiens.

Les deux premiers sont emportés. Celui de Castellaro tient bon. Afin de ne pas perdre de temps, Augereau laisse devant Loano la *brigade Dommartin* (2e Bataillon de la 102e), fait investir le mamelon par Victor et lance Banel sur Tuirano, pour gagner avec Rusca les hauteurs du Carmelo.

Chassé du village, l'ennemi se réfugie, partie dans la Chartreuse, partie sur le Carmelo. Sans perdre un instant Banel s'élance sur les hauteurs escarpées auxquelles Wallis appuie sa droite, enlève quatre batteries et en tourne les pièces contre les Impériaux ; blessé il est remplacé par Lannes.

Augereau somme alors Roccavina, commandant les troupes du Castellaro. Celui-ci qui avait vu la défaite des siens, se fait bravement jour à la baïonnette et gagne le Carmelo, protégé par la cavalerie que Wallis lance de Loano, à sa rencontre.

Cependant la Chartreuse tenait toujours. Une partie de la *Brigade Dommartin* (2e du 102), est lancée contre elle. Désespérant d'échapper, le général Thierny qui y commande, capitule avec 6 ou 700 hommes.

Ce dernier échec détermine Wallis à abandonner Loano où Alvinzy tenait tête pendant ce temps au reste de la brigade Dommartin. Il se retire sur le Carmelo.

CENTRE

Pendant que ceci se passait sur la gauche ennemie, Masséna, au centre avait fait attaquer Argenteau sur ses flancs par Laharpe et Charlet à Rocca-Barbena. Chassé de toutes ses positions celui-ci s'était rallié à grand'peine à Bardinetto où il faisait tête avec une énergie désespérée. Charlet tombe mortellement frappé et il faut que Masséna avec ses dernières réserves se jette sur le centre ennemi et l'enfonce à la baïonnette, pour avoir raison de cette résistance. Rompu, Argenteau se retire en grand désordre, derrière la Bormida.

Les troupes étaient exténuées. Masséna cependant sachant combien il importait de progresser sans arrêt, envoie Joubert se saisir des hauteurs de San-Pantaleone et le suit avec le reste de son monde.

A trois heures de l'après-midi, battue ou fort menacée sur toute la ligne, l'armée autrichienne ne conservait que la position de Carmelo.

GAUCHE

Serrurier, chargé de maintenir l'aile droite, commandée par Colli, avait multiplié sur son front les fausses attaques. Pendant que Pijon inquiète San-Bernardo et la Planetta, il feint lui-même de vouloir forcer Intrapa et lance Pelletier (3ᵉ *Bataillon de la* 102ᵉ) par Cia-Bernardo sur la Chartreuse et le *Val de Cas-Sotto*.

Ces diverses colonnes, devant un ennemi très supérieur en nombre, avaient une tâche des plus délicates. Elles s'en acquittent avec la plus grande bravoure, non sans éprouver des pertes sensibles. (La colonne Pijon est cruellement maltraitée). Le but, d'ailleurs, est parfaitement rempli et de tout le jour Colli demeure hors d'état d'envoyer un homme à Argenteau.

L'extrême difficulté des communications même à l'aide de signaux, sur ce champ de bataille si accidenté, laisse Schérer jusqu'à quatre heures dans l'ignorance des succès de Masséna et du sort de son aile gauche, n'osant forcer le Carmelo, de peur de rejeter sur sa ligne de retraite Wallis, qu'il veut prendre.

Enfin les nouvelles parviennent. Mais à ce moment éclate un orage affreux, mêlé d'énormes grêlons. Une nuit épaise descend sur le champ de bataille et force est de cesser toute action.

MASSÉNA A SAN-GIACOMO

A ce moment, Masséna persuadé que l'ennemi battant en retraite, cherchera à passer par les gorges de San-Giacomo, demande à ses braves un suprême effort. Il réunit les meilleurs marcheurs, en forme quatre Bataillons et sous les ordres de Joubert les envoie, malgré l'ouragan s'emparer de ce point.

Les choses se passent comme il les avait prévues.

A la faveur de la nuit, les Autrichiens cherchent à se dérober ; une colonne s'engage dans le défilé. Attaquée en tête par Joubert, en queue par Masséna, Laharpe et la Division Charlet ; en flanc par Augereau, ces malheureux saisis de panique, se jettent les uns sur les autres, et se culbutent dans les précipices, laissant quarante-huit canons et cent caissons sur la place.

RETRAITE DES AUTRICHIENS

Pendant ce temps, Wallis, avec beaucoup de peine, sous le feu d'une flottille rangeant le rivage, se retire, vivement pressé par Dommartin (2ᵉ *Bataillon de la* 102ᵉ) qui le harcèle sans relâche et ne s'arrête qu'à Finale où il s'empare d'immenses magasins accumulés par les Alliés.

Ne se sentant pas en sûreté, les Impériaux un peu plus tard, gagnent Alexandrie et la vallée de la Bormida.

DÉFAITE DES PIÉMONTAIS (25 Novembre 1795)

Schérer, le 25, débarrassé des Autrichiens, se tourne contre les Piémontais et envoie à Serrurier 5.000 hommes avec ordre de les pousser vivement.
Colli, mal renseigné sur la défaite du reste de l'armée, défend d'abord opiniâtrement les gorges de Garessio, puis, apprenant la vérité, abandonne précipitamment la nuit, San-Bernardo et la Sotta, en enclouant son artillerie et se réfugie dans Céva occupée déjà par les débris d'Argenteau.

L'ensemble de ces combats coûte aux Alliés 7.000 tués ou pris et plus de 80 canons.

32.000 hommes sans cavalerie, manquant de pain, de chaussures, de vêtements avaient vaincu une armée de 50 à 60.000 hommes bien pourvue de tout, retranchée de formidable sorte dans des montagnes escarpées, hérissées de 100 bouches à feu.

RÉSULTATS

Les résultats furent immenses. Maitre de la tête des vallées du Tanaro et de la Bormida, Schérer occupait une position excellente pour séparer les Autrichiens des Sardes et envahir la Lombardie ou le Piémont [1].

Fin 1795. — L'armée, en attendant une saison meilleure, prend ses quartiers d'hiver : Laharpe à Savone ; Masséna entre San-Giacomo et Melogno ; Augereau aux têtes des vallons de la Bormida ; Serrurier sur les hauteurs des rives du Tanaro, d'Ormea à Bagnasco. Le Centre continue à garder le Col de Tende et Garessio, la Gauche les vallées de la Vésubie et de la Tinée.

Le 6 décembre, les 2ᵉ *et* 3ᵉ *Bataillon de la* 102ᵉ (Division Serrurier, brigade Fiorella) sont à Garessio et Meursecco. Le 1ᵉʳ n'a pas bougé d'Antibes et Cannes. Tout le mois, ainsi que le commencement de janvier 1796, se passent ainsi.

Janvier, février 1796. — Le 21 janvier 1796, la 102ᵉ *demi-Brigade* est réunie en entier sous les ordres de Serrurier (brigade Couthaud) à Orméa.

Au commencement de février les 2ᵉ et 3ᵉ Bataillon n'ont pas bougé, le 1ᵉʳ Bataillon passé à la brigade Guieux est à Pornassio. Le 20, même situation sauf pour le 1ᵉʳ Bataillon qui occupe Meursecco.

A la fin de ce mois la 102ᵉ disparait incorporée dans la 19ᵉ *demi-Brigade de Bataille* avec laquelle quelques semaines plus tard elle contribuera à former la 69ᵉ *demi-Brigade de Ligne* (ou de nouvelle formation).

---

[1] Campagne d'Italie (Bonaparte), l'année suivante.

TROISIÈME PARTIE

102ᴱ DEMI-BRIGADE DE LIGNE

1ᵉʳ Mars 1796 — 24 Septembre 1803

102ᵉ DEMI-BRIGADE DE LIGNE

(1ᵉʳ Mars 1796 — 24 Septembre 1803)

ORIGINES

La 102ᵉ *demi-Brigade* de ligne, est formée le 11 ventose an IV (1ᵉʳ mars 1796), des éléments suivants.
1° 59ᵉ *demi-Brigade*, datant elle-même du 14 septembre 1794.
2° 1ᵉʳ *et* 2ᵉ *Bataillon de la* 177ᵉ, créée le 31 août 1794.

1° La 59ᵉ *demi-Brigade* provenait de :
(*a*) 1ᵉʳ *Bataillon du* 30ᵉ *Régiment* (ex-Perche).
(*b*) 4ᵉ *Bataillon de Paris* (formé le 3 septembre 1792).
(*c*) 7ᵉ *Bataillon de Rhône et Loire* (5 octobre 1792).

(*a*) Le 1ᵉʳ *Bataillon du* 30ᵉ assistait à la bataille de Valmy (20 septembre 1792). Le 10 août 1793 il était à l'armée de la Moselle et repoussait les Prussiens à l'attaque de Deux Ponts. Les 12 et 14 septembre il prenait part aux combats de Pirmasens.
(*b*) Le 4ᵉ *Bataillon de Paris* s'était distingué à l'attaque de la Montagne Verte (25 décembre 1792) devant Trèves, dans un engagement contre les Prussiens le 17 avril 1793 et à deux sorties de la garnison de Sarrelibre les 14 et 22 octobre. Le 30 décembre 1793, il participait à la reprise des lignes de Wissembourg et les 22 et 27 mars 1794 à des affaires d'avant-postes près de Sierck.
(*c*) Le 7ᵉ *Bataillon de Rhône et Loire* avait assisté le 6 août 1793 à la bataille d'Arlon. Le 24 octobre, il faisait partie des troupes opérant contre les Prussiens établis à Bliescastel. Le 27, il était à l'affaire de Deux Ponts, le 30 novembre 1793 au sanglant combat de Kaiserslautern et le 15 avril 1794 à un vif engagement d'avant-postes.

Composée des éléments dont nous venons de retracer rapidement l'histoire, la 59ᵉ *demi-Brigade* fait campagne à l'armée de Sambre-et-Meuse.
Le 7 juin 1794, passage de la Sambre à Chatelet. Le 16, affaire de Gosselies : l'armée vigoureusement attaquée est contrainte de retraverser la Sambre et de lever le

siège de Charleroi. Le 18 juin, nouveau passage de la Sambre. Le 26, bataille de Fleurus. Le 18 septembre la demi-brigade franchit l'Ayvaille. L'ennemi se retire sur tous les points et, battu le 18 septembre à la Chartreuse, abandonne la ligne Rurémonde-Sprimont-Esneux, se repliant sur Juliers. Le 2 octobre, la 59ᵉ se distingue tout particulièrement à Aldenhoven et fait 400 prisonniers : les alliés battent en retraite derrière la Roër ; Juliers capitule. La demi-Brigade est aussi à la prise de Cologne.

Le 6 septembre 1795 elle franchit le Rhin à Dusseldorf et prend part à la prise de cette ville et des redoutes de la rive droite.

Le 24 septembre elle est au blocus de Cassel et contribue à repousser plusieurs sorties des Autrichiens. La gauche de l'armée ayant été débordée, il faut rétrograder jusqu'à Neuwied.

La 59ᵉ repasse le Rhin au pont de cette ville et va camper à Metternich.

2° La 177ᵉ *demi-Brigade* qui fournit à la 102ᵉ deux Bataillons, provenait de :

(a) 1ᵉʳ *Bataillon du* 99ᵉ (*ex Deux-Ponts*) qui n'était lui-même que le Bataillon de réquisitionnaires de Joinville (Haute-Marne) incorporé le 8 janvier 1794.

(b) 1ᵉʳ *Bataillon du Haut-Rhin* formé le 3 octobre 1794.

(c) 3ᵉ *Bataillon du Bas-Rhin*, dit « de Strasbourg » formé le 1ᵉʳ août 1792.

(a) Le *Bataillon du* 99ᵉ avait, à l'Armée du Nord, assisté le 10 juin 1792 à une affaire près Maubeuge. Le 10 août, devant Condé, il avait bravement soutenu la retraite, dans un combat acharné corps-à-corps. Le 20 septembre il était à Valmy. Le 3 novembre 1793 il entrait en Belgique et prenait part au siège de Maestricht, à la retraite sur Aix-la-Chapelle, enfin le 18 mars à la bataille de Neerwinden. Passé à l'Armée de la Moselle il avait repoussé un parti autrichien à Lebach près Sarrelibre et glorieusement combattu à Kayserslautern le 30 novembre 1793, escaladant à quatre reprises une redoute que, faute d'être soutenu il avait dû finalement abandonner.

(b) Le 1ᵉʳ *Bataillon du Haut-Rhin* avait lutté le 3 août 1792 sous les murs de Landau. Les grenadiers, en tête de la colonne attaquant Spire, avaient enfoncé une porte à coups de hache et fortement contribué à la prise de cette ville qui contenait d'immenses magasins. Le 13 octobre 1793 le Bataillon était à l'affaire des Lignes de Wissembourg ; les 22 et 23 octobre aux sanglants combats livrés sur les hauteurs de Saverne.

(c) Le 3ᵉ *Bataillon du Bas-Rhin* avait assisté à Valmy. Entré dans l'Armée du Rhin, il avait soutenu en avril 1793 la retraite, à Turckheim. Le 21 juillet, il était à Nusdorf ; le 15 août il mettait en pleine déroute un corps d'émigrés ; le 13 octobre il luttait sans succès dans les lignes de Wissembourg. Passé à l'Armée de la Moselle, il combattait le 30 novembre à Kayserslautern et le 9 janvier 1794 sous Landau. Peu après, il s'emparait sur les Prussiens, d'un trésor de 200.000 francs. S'étant distingué à la prise d'Arlon, il soutenait ensuite héroïquement la retraite après la perte de cette place.

Ainsi composée, la 177ᵉ demi-Brigade est attachée à l'Armée de Sambre-et-Meuse.

Elle assiste le 29 mai 1794 au passage de la Sambre, le 16 juin à l'affaire de Gosselies à la suite de laquelle il faut battre en retraite. Le 26 juin elle est à Fleurus, franchit la Meuse le 18 septembre, la Roër le 28 octobre et met en déroute la cavalerie qui voulait entraver cette dernière opération.

En 1795 elle est dirigée d'abord sur Cologne, passe le Wahal à Nimègue, le Leck à Arnheim, l'Issel à Doesburg, puis gagne Wesel par la Lippe et traverse de nouveau le Rhin après la Paix de Bâle.

Elle franchit encore ce fleuve à Bonn, le 12 octobre 1795 à l'arrière-garde de l'armée battant en retraite.

A la fin de décembre, elle marche sur Coblentz et le Hundsruck, attaque un parti autrichien à Reinbellen et le taille en pièces. Le 5 janvier 1796 elle prend part au combat de Kreutznach.

Par ce très succinct résumé on aperçoit que la 102ᵉ *de seconde formation* était digne de continuer les traditions dont elle héritait, en recevant ce rang dans l'infanterie française.

ARMÉE
DE
SAMBRE-ET-MEUSE

SITUATION

La 102ᵉ débute sous les ordres de Jourdan à l'Armée de Sambre-et-Meuse. Celle-ci, fractionnée en trois Corps, au commencement de la campagne de 1796, comprenait à la fin de mai 75.000 hommes dont 12.000 cavaliers.

L'aile droite, commandée par Marceau (30.000 hommes) tenait la vallée de la Nahe. Elle se composait des trois Divisions Marceau, Bernadotte et *Poncet*, la 102ᵉ attachée à cette dernière.

Le Centre, dirigé par Jourdan en personne, bordait le Rhin, de Diebach à Cologne (Championnet, Grenier, Bonnard, Réserve de cavalerie).

La gauche (Lefebvre et Collaud) était à Dusseldorf avec Kléber.

Moreau (Armée du Rhin et Moselle, 77.000 hommes) gardait le fleuve, en amont, de Huningue à Germersheim, la gauche formant crochet vers Hombourg.

Opposés à ces deux armées : Wurmser avec 83.000 hommes, de Huningue à Manheim avec crochet vers Kayserslautern, et l'archiduc Charles (92.000 hommes) sur la Nahe et la Lahn.

Les forces étaient à peu près égales, mais les Autrichiens disposaient de 43.000 hommes d'excellente cavalerie contre 18.000 hommes mal montés et mal équipés.

CAMPAGNE DE 1796-1797 EN ALLEMAGNE

D'après le plan de Carnot, l'Armée de Sambre-et-Meuse devait, laissant sa droite dans le Hundsruck, s'avancer par Dusseldorf, de façon à attirer sur elle le gros des forces autrichiennes. Moreau, ainsi dégagé, saisirait le moment favorable pour franchir le Rhin, ce qui contraindrait l'archiduc, menacé dans ses communications, à abandonner la rive gauche.

Les succès de nos armes en Italie, obligeant le cabinet de Vienne à rappeler Wurmser avec un corps de 25.000 hommes pour secourir Mantoue et couvrir le Tyrol, viennent faciliter l'exécution de ce plan, et réduisent les effectifs des troupes impériales à : 70.000 hommes sur le Haut-Rhin et 80.000 sur le Bas-Rhin.

COMMENCEMENT DES OPÉRATIONS ACTIVES

Le 30 *mai*, la veille de l'expiration de l'armistice, immobilisant les deux partis sur cette frontière, Kléber se met en mouvement vers la Lahn.

Le 1er *juin*, son avant-garde commandée par Lefebvre, culbute Kienmayer et s'empare du pont de Siegburg.

Juin 1796. — Le 4, battus à Altenkirchen, les Autrichiens se replient sur Freilingen, puis, derrière la Lahn; Kléber occupe Neuwied.

L'archiduc aussitôt informé, se porte en hâte au-devant de la gauche française, démasquant Jourdan. Celui-ci laisse *Marceau et Poncet* (avec la 102e), pour observer le *corps de Mayence* et marche rapidement sur la Lahn au secours de son lieutenant.

Mais un échec de Lefebvre à Wetzlar, le 15 juin, détermine bientôt le général en chef, qui craint de trop s'avancer, à ordonner la retraite. Aussi bien, le but cherché était atteint et le gros des forces ennemies attiré loin de Moreau.

La 102e, le 14, près de *Kirn*, sur la *Nahe*, avait eu un assez vif engagement avec une partie du corps de Mayence.

Cependant Jourdan, serré de près, reculait avec les divisions Championnet, Bernadotte et Grenier. Il réussit à repasser le Rhin à Neuwied sans livrer bataille. Il n'en est pas de même de Kléber qui pour se dégager, doit, le 19 juin, lutter furieusement avec Kray à Ukerath.

Les 23, 24 et 25, l'armée de Rhin et Moselle, à la faveur de cette puissante diversion, franchit le fleuve à Kehl.

L'archiduc à cette nouvelle, lève son camp de Walmerode et, sans perdre un instant, se met en route à marches forcées pour ne pas être coupé du Danube.

Jourdan, retiré, partie sur la rive gauche vers Cologne, partie autour de Dusseldorf, n'attendait que cela pour reprendre l'offensive.

(*La* 102e détachée d'abord sur *Coblentz* pour observer Mayence avec sa division et la division Marceau, est au *camp de Kempten*, près Bingen, le 28 juin).

PASSAGE DU RHIN (2 Juillet 1796).

Le général en chef ayant appris que, à part la forte garnison de Mayence, il n'a plus devant lui que Wartensleben avec 38.000 hommes campés sur la Nister, à Neukirch, charge Kléber d'une démonstration sur la Sieg et, se résolvant à franchir le Rhin à Neuwied, lance le 2 juillet Bernadotte et Championnet sur les Impériaux, qui culbutés à Bendorf, battent en retraite.

La 102e, placée d'abord *en réserve* derrière le château de l'Electeur, *traversa* à son tour le fleuve et le 3, prend position sur la *Sayn*. Le lendemain, toute l'armée est réunie sur la rive droite. La division *Poncet* (102e), momentanément commandée par Bernadotte, campe à *Wallendar*.

Le 6 juillet, informé que l'ennemi tient la ligne Neukirch-Dillembourg, Jourdan ayant laissé des postes devant Ehrenbreitstein se met en marche, la gauche en avant, la *Division Poncet* appuyant sur Montabauer. Les Autrichiens se replient derrière la Lahn le centre à Wetzlar.

SIÈGE D'EHRENBREITSTEIN (Juillet-Septembre)

La forteresse d'Ehrenbreitstein, en face de Coblentz, sur la rive gauche, ne pouvait être prise de vive force. Edifiée sur d'inaccessibles rochers, elle défiait tous les assauts et la famine seule paraissait capable de la réduire.

Le 7 juin, *Poncet* avec six Bataillons en forme le blocus définitif et occupe Coblentz, Montabauer, Limburg et la tête de pont de Neuwied. Les 2e et 3e *Bataillons de la* 102e, font du 8 juillet au 12 septembre, partie de ces troupes d'investissement

OFFENSIVE GÉNÉRALE

Le 1er *Bataillon* avec le général de brigade *Dauriez*, commandant le reste de la Division (15e légère, un Bataillon de la 99e et trois escadrons de chasseurs) tient l'extrême droite de l'armée. Ces troupes, placées sous les ordres de Bernadotte, doivent suivre la Lahn et garder cette rivière, de Dietz à son confluent.

Le 8, Jourdan franchit la Lahn.

Le 9, il prononce un mouvement général offensif. La droite (Bernadotte) avec la brigade Dauriez (1er *Bataillon de la* 102e) se dirige sur Wiesbaden par Nassau et Limbourg.

Un succès de Ney (colonne Kléber) à Ober-Merl permet de continuer le 10, la marche en avant, *Dauriez* suivant la Schwalbach, Kléber bousculant Wartensleben à Friedberg, lui faisant perdre 1.500 hommes et le rejetant derrière le Mein.

Atteinte le 12, Francfort ouvre ses portes le 16 juillet, après un semblant de bombardement.

SIÈGE DE CASSEL (14 Juillet-18 Août 1796)

La brigade *Dauriez* (102e, 1er *Bataillon)* était venue le 14 mettre le siège devant *Cassel.*

A ce moment, arrivent des ordres du Directoire, prescrivant de se contenter de suivre les Autrichiens en se tenant sur leur flanc droit et en les laissant se diriger au sud du Mein, grave erreur qui allait permettre à l'archiduc alors sur le Neckar, de se réunir à Wartensleben, auquel la route du Danube eût dû être à tout prix interdite.

Jourdan, afin de se conformer à ces instructions, renforce de 10.000 hommes le corps de Marceau chargé de garder Francfort, d'investir Mayence et de bloquer Ehrenbreitstein. Celui-ci se trouve ainsi porté à 30.000 hommes et il n'en reste plus que 46.000 au général en chef pour s'enfoncer en Allemagne, à la suite d'un ennemi qui, s'estimant fort heureux de n'avoir été ni défait ni coupé, paraît peu disposé à s'arrêter pour combattre.

Nous ne suivrons pas l'armée, dans sa marche vers la Pegnitz et le Naab, le 1er *Bataillon de la* 102e étant devant *Cassel* et les *deux autres* sous *Ehrenbreitstein* (au camp du *Coq Rouge* entre Coblentz et Montabauer, le 12 août).

Rappelons seulement que l'archiduc Charles, profitant des directions divergentes imprimées aux armées de Moreau et de Jourdan, donne rendez-vous sous Ratisbonne au corps Wartensleben, afin de tomber sur l'un ou l'autre de ses adversaires avec la totalité de ses forces, de l'écraser et de se tourner ensuite contre l'autre, manœuvre par lignes intérieures que les ordres du Directoire avaient empêché nos généraux d'exécuter eux-mêmes.

Le 23 août, l'armée de Sambre-et-Meuse, après les échecs de Bernadotte à Neumarck et Teining, est obligée de rétrograder.

RETRAITE DE JOURDAN

Le 24, les Impériaux opèrent leur jonction et chassent Jourdan, d'Amberg.

La retraite commence, hérissée de difficultés, à une telle distance de la base d'opérations et pouvant, à chaque engagement malheureux, se changer en déroute.

Heureusement, quoique battu encore à Wurtzbourg, le général en chef réussit à atteindre la Lahn, où Marceau ayant levé le blocus de Mayence, vient le joindre le 10 septembre. L'armée s'établit de Giessen au Rhin dans la direction d'Ehrenbreitstein, dont le siège devait être définitivement abandonné le 12 septembre. Celui de Cassel l'ayant été le 18 août, et le général Bonnard qui, en dernier lieu, commandait le corps d'investissement, ayant rallié Moreau, les *trois bataillons de la* 102e s'étaient trouvés *réunis* au camp du *Coq Rouge* près d'Ehrenbreitstein, le 27 août. La Demi-Brigade faisait partie de nouveau de la division *Poncet* (brigade *Friant*).

Avec le reste du corps de Marceau, elle quittait le 8 septembre, le plateau de Dotzheim près de Wiesbaden, pour arriver le 10, sur la Lahn, occupée déjà par Jourdan.

Le 11 septembre, toute la 102e (Division Poncet, Brigade Dauriez) borde la rivière, de *Nassau* à *Dietz*.

L'Armée de Sambre-et-Meuse avec les renforts qu'elle venait de recevoir, comprenait à cette date une soixantaine de mille hommes.

BATAILLE DE LIMBOURG (16 Septembre 1796)

Le 16, l'action s'engage sur toute la ligne ; les forces de Jourdan, disposées de la façon suivante :
Marceau à l'aile droite, de *Limbourg* à *Nassau*, avec la 102ᵉ ; Bernadotte à Runckel ; Championnet à Weilbourg ; Lefebvre derrière Wetzlar ; Grenier à Giessen.

Après une lutte acharnée autour de Giessen, Grenier parvient à repousser les forces supérieures de Kray et à le rejeter derrière la Lahn.

Marceau pendant ce temps, avec douze Bataillons seulement contre 15.000 Autrichiens, défendait héroïquement *Limbourg* et *Dietz*, Ne recevant aucun renfort et, découvert par la retraite prématurée de la Division Castelvert de l'Armée du Nord, qu'un malentendu éloigne du champ de bataille au moment où elle y eût été le plus utile, il se voit enfin obligé d'abandonner ses positions et de battre en retraite sur *Molzberg*.

Quelques troupes envoyées à son secours par le général en chef, et conduites par Bernadotte, arrivent trop tard et n'échappent elles-mêmes qu'à grande peine.

MOLZBERG ET FREILINGEN (18 Septembre 1796)

Cependant, serré de près, Marceau le 18 septembre, s'arrête à Molzberg et Freilingen et fait tête pour donner à la gauche très-compromise, le temps de rejoindre. La 102ᵉ, dans ces incessants combats contre des forces écrasantes, accomplit des *prodiges de valeur*.

ALTENKIRCHEN (19 Septembre 1796)

Toute la journée du 19 les vaillantes troupes de Marceau, soutiennent autour de Molzberg, l'effort de l'armée de l'archiduc, pendant que la retraite continue par échelons sur Altenkirchen. Pas à pas, la 102ᵉ et les braves qui combattent à ses côtés, reculent sur la *chaussée de Freilingen* se sacrifiant pour le salut commun. En vain, la Division Hotze, avec un incroyable acharnement, leur livre assaut sur assaut. Rien ne peut les entamer, et sous leur protection, les nôtres échappant à un désastre qui paraissait inévitable, franchissant les *défilés d'Altenkirchen* et prennent position sur la rive droite de la Wied, une fraction de l'Armée du Nord gardant le pont de Neuwied.

Ce résultat inespéré devait être chèrement payé. Marceau informé que le mouvement qu'il couvrait était achevé, débouche enfin de la forêt de Hastenbach et pour donner à Jourdan le temps de prendre ses positions s'arrête une dernière fois.

MORT DE MARCEAU

De sa personne il s'avance suivi seulement de deux hommes et d'un officier afin de reconnaître la direction exacte des tirailleurs autrichiens, et tombe, frappé presqu'à bout portant, par un chasseur tyrolien embusqué derrière une haie. Le 21, à cinq heures du matin ce héros de 27 ans rendait le dernier soupir à Altenkirchen au milieu de ceux qu'il avait si vaillamment combattus. Kray et l'archiduc étaient venus le visiter et lui avaient témoigné l'admiration et la douleur dont eux-mêmes et tous les leurs étaient pénétrés. Les mêmes honneurs lui furent rendus par l'un et l'autre parti et son corps renvoyé aussitôt à Jourdan fut salué par les salves des deux artilleries. Il devait être inhumé près de Coblentz. Général en chef de l'armée de l'Ouest à 24 ans, Marceau avait vaincu les Vendéens au Mans en 1793, et fortement contribué en 1794, à la victoire de Fleurus.

PASSAGE DU RHIN (20 Septembre 1796)

Le 20 septembre, Poncet qui avait pris le commandement de l'arrière-garde passe le Rhin à Bonn ; le reste de l'armée franchit la Sieg.
L'archiduc s'établit à Wallerode.

A cette époque Beurnonville est nommé général en chef à la place de Jourdan. Ce dernier allait porter la peine des fautes stratégiques du Directoire. Sa démission, une première fois refusée, venait d'être acceptée et le 29 septembre il quittait cette armée de Sambre-et-Meuse qu'il avait créée et menée aux champs de Fleurus et d'Aldenhoven.

L'archiduc, sur ces entrefaites, renonçant à toute entreprise sur ce théâtre d'opérations, se porte avec une partie de ses forces contre Moreau qui, arrivé sur l'Iser, avait rétrogradé vers Ulm à la nouvelle de la défaite de Wurtzbourg.

A la fin de septembre, la 102º (*Division Poncet, Brigade Dauriez, aile droite*) campe sur la Nahe, autour de *Kreutznach*. Toute l'armée prend ses quartiers d'hiver entre cette ville et Dusseldorf.

INACTION DE BEURNONVILLE

Le nouveau général en chef eût pû, ce semble, attaquer avantageusement les 35.000 hommes restés devant lui, sous les ordres de Werneck, et disséminés entre la Sieg et le Neckar.

Les Impériaux, voyant qu'il ne se résolvait pas à prendre l'offensive, tombent, les 20 et 21 octobre, sur la tête du pont de Neuwied pendant que d'autres détachements, ayant franchi le Rhin au-dessous de Bacharach, menacent Coblentz et cherchent à détruire les ponts de la Moselle.

Heureusement, mal combinées, ces diverses tentatives échouent.

AFFAIRE DE GRAULSTEIN (27 Octobre 1796)

Le 27 octobre, Championnet et Bernadotte, avec quelques troupes, *dont la* 102°, se rassemblent sur la Nahe et attaquent les brigades Simbschen et Rosenberg qui se glissaient le long de cette rivière. Le passage est forcé à Graulstein et les Autrichiens battus regagnent en hâte Mayence.

Fin de 1796. L'Armée de Sambre-et-Meuse est ensuite étendue vers Kayserslautern pour appuyer la défensive de celle du Rhin. Une Division est portée à cet effet dans les gorges d'Anweiler. Là, devait se borner l'effort de Beurnonville pour secourir Moreau.

Quant aux places de Kehl et Huningue assiégées par l'ennemi, il les laisse succomber sans avoir fait une tentative pour les secourir et demeure complètement inactif pendant tout le temps de la campagne.

La 102°, à la fin de 1796 occupe toujours le *Hundsruck*, sa brigade restant commandée par le général Dauriez, la Division passée aux ordres du général Ligneville.

En mars 1797, elle est à *Coblentz*. En avril elle fait partie de la Division Championnet (5°). A cette époque, *Hoche ayant pris la place de Beurnonville* et l'armée de Sambre-et-Meuse s'étant renforcée des troupes rassemblées pour l'expédition d'Irlande et rendues disponibles par suite de la destruction de la flotte, un mouvement offensif est décidé.

REPRISE DES OPÉRATIONS ACTIVES (Avril 1797)

Le 17 avril, Championnet avec la 102° se porte sur la *Sieg* afin d'attirer l'attention des Autrichiens vers Dusseldorf, débouché possible de l'armée de Sambre-et-Meuse, et de permettre à celle-ci de franchir réellement le Rhin à Neuwied pendant que Moreau passerait à Kehl.

Werneck laisse d'abord Championnet exécuter son mouvement avec l'intention de l'attendre à Ukerath et là, bien sûr de son isolement, de l'écraser.

La vigueur avec laquelle Hoche, le 18, bouscule Kray près de Neuwied et sans perdre un instant marche vers Championnet, enlève les positions d'Ukerath et le jour même effectue sa jonction avec son lieutenant, ne laisse aux Impériaux d'autre ressource que de se replier en hâte sur Neukirch.

A peine prennent-ils le temps de s'y arrêter. Serrés de près par l'armée française (*Championnet et la 102ᵉ s'avançant par Hachembourg*, le gros par Herborn avec une forte colonne flanquante à droite) ils décampent, la nuit du 19 au 20 pour gagner Wetzlar.

Le 20, Hoche prend ses dispositions pour acculer Werneck à la Lahn et l'envelopper. Celui-ci étant déjà parti, la poursuite recommence vers le Mein.

AFFAIRES D'HERBORN ET STEINBERG (21 Avril 1797)

Le 21 avril, la 102ᵉ se heurte à *Herborn* à un gros d'ennemis s'engageant dans les *défilés de la Dill*, les bouscule et leur fait 600 *prisonniers*.

Championnet lui-même avec deux régiments de dragons et quelqu'artillerie, franchit la Lahn et, par la route de Friedberg, débouche sur l'armée en retraite, au moment où son arrière-garde prend position sur les hauteurs de Giessen. Celle-ci (brigade Elnitz) se retire aussitôt et cherche à faire tête à Steinberg. Vigoureusement chargée elle abandonne aux nôtres 400 prisonniers et deux canons. La 102ᵉ suivant de près la cavalerie, *avait décidé du succès, en enlevant à la baïonnette les hauteurs de Steinberg*.

Le 22, laissant Werneck fuir vers Ilbenstadt, Lefebvre pousse une pointe jusqu'à Francfort qu'il atteint en même temps que la cavalerie autrichienne en complète déroute et qu'il eût enlevée s'il n'eût été arrêté par la nouvelle des préliminaires de paix.

Pendant ce temps, Hoche se dirigeait à marches forcées sur Friedberg avec sa cavalerie et une demi-brigade d'infanterie, suivi de près par l'infanterie de *Championnet et la 102ᵉ*. L'annonce des négociations de Léoben sauve les Impériaux d'un véritable désastre.

PÉRIODE DE PAIX (Fin de 1797-1798)

Après le traité de Campo-Formio, la 102ᵉ s'établit sur les bords de la Lahn à *Giessen* pour la fin de 1797 et le commencement de 1798 (*Division Championnet* dite de Réserve, puis aile gauche de l'Armée d'Allemagne).

En mars 1797, le général *Hacquin* succède à *Championnet*.

En mai, la demi-brigade vient tenir garnison à Mayence (3ᵉ Division).

En août et septembre portée aux environs de Hombourg, elle se retrouve sous les ordres de *Championnet* (1ʳᵉ Division).

En octobre, elle part pour Strasbourg où elle passe les mois de novembre et décembre et les premiers jours de janvier 1799, d'abord à la 5ᵉ Division puis à la 1ʳᵉ (*Férino*), enfin sous le commandement du général *Châteauneuf-Randon*. Le 3ᵉ *Bataillon* pendant ce temps, tient garnison à Landau.

En janvier 1799, les 2 *premiers Bataillons* reviennent à la première Division, alors commandée par le général *Férino*, sous les ordres duquel ils doivent demeurer jusqu'au mois de juin.

ARMÉE DU DANUBE

CAMPAGNE DE 1799

La Paix de Campo-Formio, devait être de peu de durée et personne ne s'était illusionné sur l'issue des négociations ouvertes pour régler les diverses questions pendantes. Durant ce vain échange de notes diplomatiques qu'on appelle le Congrès de Rastadt, le Directoire avait rassemblé trois armées : celle de Jourdan à Mayence ; celle de Bernadotte, sur le Haut-Rhin ; celle de Masséna, en Suisse.

Schérer quittant le Ministère de la Guerre était venu se mettre à la tête de l'armée d'Italie.

Jourdan avait la direction supérieure des opérations en Allemagne et en Suisse. D'après ses ordres, Bernadotte, à la reprise des hostilités, se met en marche à travers le Palatinat et, par Heidelberg atteint Heilbron le 4 mars.

REPRISE DES OPÉRATIONS

Le 1er mars, le *Corps de Mayence* qui allait prendre le nom d'*Armée du Danube* franchit le Rhin à Kehl et Saale. Le 4 il s'ébranle, divisé en quatre colonne. Celle de droite commandée par *Férino* et dont les 2 *premiers Bataillons de la* 102e font partie, doit après avoir franchi le fleuve à *Bâle*, gagner les villes forestières de *Rheinfeld* et *Waldshut* par la Forêt-Noire et Blomberg (Une demi-brigade de l'Armée d'Helvétie vient à sa rencontre à Schaffouse). Une autre suit la vallée de Freyburg. Une troisième celle de la Kintzig. La dernière s'avance par le Kniebis et Oberkirch.

Le Directoire en prenant l'offensive, comptait empêcher la jonction des Russes et des Autrichiens sur l'Adige.

S'emparer des Grisons et, par la haute vallée du Rhin gagner l'Inn, tel était le plan adopté. Une fois le Tyrol en notre pouvoir la forte ligne de l'Adige tombait d'elle-même. C'est le résultat auquel il importait de parvenir avant l'arrivée des Russes.

L'archiduc Charles, apprenant les mouvements combinés de Jourdan et Masséna, se porte en hâte à leur rencontre.

Le 6 mars, l'*Armée d'Helvétie* avait commencé les opérations contre le corps autrichien chargé de la défense des Grisons. *Jourdan* s'avance à marches forcées pour l'appuyer.

La possession de Feldkirch étant indispensable à la liaison des deux armées par Bregentz, Lindau et le lac de Constance (Boden-See), le général en chef vient se poster le 14 mars, la droite au lac, le centre à Stokach, la gauche au Danube afin d'éloigner la gauche de l'archiduc et de faciliter l'attaque de Masséna contre cette place.

Le 17 mars, Jourdan a son quartier général à Pfullendorf ; sa droite (*Férino* 102ᵉ) pousse jusqu'à *Mersbourg*.

Plusieurs attaques sur Feldkirch ayant échoué, l'archiduc confiant dans l'excellence de la position, renforce sa droite vers Stokach et se concentre à Ochsenhausen.

Le 20, Jourdan voyant se dessiner l'attaque et ne voulant pas se laisser prévenir, tombe sur l'avant-garde autrichienne, la refoule sur le gros et s'établit sur les hauteurs de Mengen et Ostrach.

La 102ᵉ avec le reste de la Division Férino postée, le matin sur l'Asch, avait brillamment *enlevé les positions sur la rive gauche* et était venue occuper les débouchés de *Ravensburg*.

BATAILLE DE STOKACH[1]

(24-25 Mars 1799)

Le 21 mars, l'archiduc prend l'offensive et sur trois colonnes se porte contre la position centrale de Pfullendorf.

Après une lutte acharnée contre les forces très supérieures des Impériaux les troupes françaises abandonnent la ligne de l'Ostrach et battent en retraite dans un ordre parfait, furieusement pressées de toutes parts. Les généraux font le coup de feu comme de simples grenadiers. Le général Bontemps tombe grièvement blessé et Jourdan a un cheval tué sous lui.

Le lendemain, l'archiduc manœuvre pour envelopper complètement l'aile gauche, tournée le 21. Mais pendant la nuit du 22 au 23 elle lui échappe et vient avec les autres corps, prendre position autour d'Engen et Stokach. La 102ᵉ avec sa Division (Férino) campe à Hohentwiel.

(1) On écrit Stokach ou Stockach ; Liptingen ou Lieptingen.

Cependant Masséna, profitant de la puissante diversion opérée par Jourdan, contre lequel avaient marché toutes les forces disponibles, avait de nouveau le 22, attaqué Feldkirch. En vain ses colonnes s'étaient lancées avec un admirable courage sur l'imprenable forteresse. Ecrasées par la mitraille elles avaient dû se replier, laissant 2.000 hommes sur la place. La jonction des deux armées, devenant ainsi impossible, celle d'Helvétie se retire dans les Grisons.

Le 24 mars, une forte reconnaissance se heurte aux *avant-postes de Férino* et les pousse si vivement qu'une action générale est sur le point d'en résulter. Le reste de la journée se passe en engagements partiels sur tout le front. Toutefois, la gauche sérieusement assaillie, perd le village de Lieptingen.

Malgré les effectifs considérables déployée par l'archiduc, Jourdan assuré de sa ligne de retraite par Schaffouse et les Montagnes Noires, prend le 24 au soir ses dispositions de combat.

Férino avec la 102ᵉ et Souham, reçoivent *Stokach* comme objectif; le premier devant y marcher par *Steislingen*, le 2ᵉ par la route d'Engen. Ces divisions après leur jonction, seront aux ordres du général Férino.

La Division Lefebvre momentanément commandée par Soult, s'avancera sur Lieptingen.

Gouvion Saint-Cyr avec les flanqueurs de gauche, coopérera à l'enlèvement de cette position, puis se portera sur Stokach.

Le 25 mars, à la pointe du jour, tout s'ébranle. Lieptingen vigoureusement attaqué tombe au pouvoir des nôtres et les troupes de Meerfeld sont rejetées en désordre dans les bois de Stokach.

Jourdan lance Soult à leur poursuite et détache Gouvion Saint-Cyr sur Mœskirch afin de tourner l'archiduc et de tomber sur lui au moment où, devant Férino et Souham, il se repliera sur Pfullendorf.

Malheureusement, de ce côté, les choses étaient loin d'aller aussi bien que le supposait le général en chef.

La *Division Férino* (*aile droite*), partie à quatre heures du matin, avait bien enlevé *Steislingen* à l'assaut de laquelle la 102ᵉ s'était brillamment comportée; occupant ensuite un plateau en avant d'*Orsingen*, elle avait après trois charges furieuses, chassé les Autrichiens des bois entourant ce village et s'était rendue maîtresse des hauteurs de *Neuzingen* au prix de pertes cruelles; mais tous ses efforts étaient venus se briser contre la position en demi-cercle tenue par l'ennemi *à droite de Stokach*, protégée par un cours d'eau profond et défendue par vingt pièces de canon.

La Division Souham d'autre part, avait opiniâtrement lutté dans le village d'Aach qui, pris et repris plusieurs fois lui était définitivement demeuré. Elle avait alors marché jusqu'à Eigelhingen où elle s'était arrêtée, son chef jugeant l'heure trop avancée pour essayer d'opérer la jonction prescrite avec Férino.

Pendant que sur cette partie du champ de bataille les résultats demeuraient aussi peu décisifs, le centre français éprouvait un grave échec. Jugeant dès le début que, les bois où Meerfeld s'était retiré deviendraient le point décisif de l'échiquier stratégique, l'archiduc Charles y avait aussi porté des forces énormes, devant lesquelles Soult, malgré des prodiges de valeur, avait dû rétrograder après le plus sanglant et le plus acharné combat. L'archiduc lui-même, avait chargé à la tête des grenadiers hongrois et deux de ses généraux étaient tombés à ses côtés mortellement atteints. Leval, Mortier, Soult, à plusieurs reprises s'étaient aussi élancés, l'épée à la main, au milieu de leurs soldats.

L'écrasante supériorité numérique des Impériaux avait fini par l'emporter et les nôtres avaient battu en retraite jusqu'à Liptingen, où une dernière fois, secondés par une demi-brigade détachée en hâte du corps Saint-Cyr sur les flancs ennemis, ces braves gens, avaient repris l'offensive. De nouveaux bataillons arrivant sans cesse à l'archiduc, il avait fallu définitivement se replier.

Gouvion Saint-Cyr chargé du mouvement tournant par Mœskirch, se trouvait fort en l'air. Heureusement, averti à temps, il franchit le Danube à Sigmaringen dans la nuit du 25 au 26 et se met en sûreté sur la rive gauche.

Férino, également très compromis, se dégage avec le même bonheur après une lutte très vive contre une colonne qui, cherchant à tourner sa droite, s'était, malgré la brigade Jacopin, emparée du village de Wahlweis.

Souham moins avancé, avait pu facilement se retirer.

En cette action absolument honorable pour nos armes, 40.000 hommes avaient lutté, longtemps avec avantage, contre 70.000.

Neuf mille tués témoignaient de l'acharnement des deux partis.

Jourdan quoique vaincu, conservait le soir les positions d'où ses troupes étaient parties pour marcher au combat.

RETRAITE DE JOURDAN

Le lendemain 26 mars le gros se replie sur Schaffouse par Engen et Singen. La gauche, pendant ce temps, franchit le pont de Tutlingen.

Le 27 l'Armée du Danube atteint les débouchés des Montagnes Noires, la Division Férino s'arrête à l'entrée de la vallée de Neustadt.

Le 3 avril, reculant devant l'archiduc, elle abandonne sa position de Hornberg et rétrograde sur Kehl, sous les ordres du général Ernouf auquel Jourdan malade et indigné de l'extrême pénurie dans laquelle le Directoire, depuis le début de la campagne, laissait ses troupes, avait passé le commandement.

Masséna, nommé *général en chef* des armées du *Danube et d'Helvétie*, établit son quartier général à *Bâle* et résout de défendre la *ligne du Rhin*.

Il occupe le Rheinthal et spécialement la forte position de Rheineck sur le lac, et couvre la ville de Constance par de solides retranchements.

Le 6 avril, la 102ᵉ *demi-Brigade* chargée d'un des postes de la rive gauche, a un engagement avec un parti ennemi cherchant à franchir le fleuve et le repousse.

Le 13 avril, après un combat assez vif contre le Corps de Nauendorf, Schaffouse, protégée seulement par quelques ouvrages, est évacuée. En se repliant, les troupes françaises brûlent le pont.

Avril-Août 1799. — Le même jour, Constance repousse plusieurs attaques du côté de la terre et du côté du lac tenu par une flottille assez forte.

Les opérations, pendant le reste du mois d'Avril et les trois mois suivants, sont à peu près suspendues.

Le 20 avril, *la* 102ᵉ, passée à la 2ᵉ *Division* (*aile droite*) campe près de *Winterthur*, entre *Schaffouse* et *Zurich*.

Au commencement de juin elle est à la 5ᵉ *Division* (*Tharreau*, brigade *Paillard*), à *Dettingen*. Elle demeure en ce point et à *Luckern* jusque vers la fin d'août, chargée avec sa division de la défense de l'*Aar* entre *Limmat* et *Rhin*, de Kilvangen à Bernau, avec quartier général à Brügg.

En juillet, le général Paillard est remplacé par le général *Quétard*.

Vers le milieu d'août, *Ney* prend le commandement de la Division.

SITUATION GÉNÉRALE CRITIQUE

La situation générale, à cette époque, était des plus critiques par suite des revers de l'armée d'Italie, revers, qui, en rendant disponible l'armée russe, allaient mettre Masséna, pris entr'elles et les Autrichiens, dans la plus fâcheuse posture.

LA 102ᵉ A DETTINGEN (17 Août 1799)

La nuit du 16 au 17 août, l'archiduc Charles qui depuis longtemps méditait le passage de l'Aar, masse entre *Dettingen* et *Endingen* 20.000 Russes et 30.000 Impériaux, dans une forêt bordant la rivière,

Au point du jour, une batterie de 38 pièces de fort calibre couvre de mitraille la plaine basse de la rive gauche, protégeant la construction d'un pont par lequel déboucheront ces 50.000 hommes.

Ce jour là, la brigade *Quétard* dont la 102ᵉ représentait la moitié, *sauva l'armée* et peut-être la France. Si l'entreprise hardie et fort bien combinée de l'archiduc, avait réussi, Masséna coupé en deux, séparé de Bâle et du Bas-Rhin, n'avait plus que la ressource bien hasardeuse de se réfugier dans le Jura, au prix de mille difficultés. C'en était fait des troupes opérant en Suisse et la victoire de Zurich qui, un mois plus tard, devait avec celle de Bergen arrêter l'invasion menaçante, ne serait pas aujourd'hui inscrite sur notre drapeau.

Mais la 102ᵉ et le reste de la brigade *Quétard*, malgré un ouragan de mitraille, qui en quelques instants, fait de *Dettingen* un monceau de ruines, tiennent bon.

Un brouillard épais qui favorisait la construction du pont, s'étant dissipé, nos braves ouvrent le feu sur les travailleurs. Deux compagnies de chasseurs helvétiques, embusqués dans les décombres à une distance où la mousqueterie ne les atteint pas, déciment avec leurs carabines à longue portée, les pontonniers autrichiens.

En hâte Ney à la tête de la Division depuis la veille, accourt avec des renforts, en faisant demander à Oudinot qui, momentanément remplace Masséna au quartier général, de le faire soutenir. Le plan de l'archiduc était manqué. Ce prince, d'ordinaire si maître de lui, se retire en proie à une violente fureur.

Quelques jours après cette brillante affaire, le 3ᵉ *Bataillon* demeuré en garnison à *Landau* depuis le commencement de la campagne et parti le 9 août pour Bâle, sous les ordres du commandant Bresch, rejoignait les deux premiers. La *demi-Brigade* entière (Division Hardy, brigade Quétard) est à *Luckern* le 27 août.

BATAILLE DE ZURICH (25-26 Septembre 1799)

Le 6 septembre la 102ᵉ passée au *Corps de Réserve* (Général *Humbert*) occupe le *Camp de Mellingen*, sur la Reuss, à une vingtaine de kilomètres au Nord-Est de Zurich. Elle y demeure toute la première quinzaine du mois.

Le 23, deux jours avant la bataille, les troupes sont réparties de la façon suivante :
La 1ʳᵉ Division (Thureau), dans le Haut-Valais.
La 2ᵉ Division (Lecourbe), tenant le Saint-Gothard.
La 3ᵉ Division (Soult), entre les lacs de Zurich et Wallenstadt.
La 4ᵉ Division (Mortier), sur la Silh, surveillant le sud de Zurich.
La 5ᵉ Division (Lorges), comprenant 12.000 hommes, la droite à Alstetten, la gauche à Baden, garde la rive gauche de la Limmat, en face des Russes établis sur l'autre bord et occupe le revers des montagnes entre ce cours d'eau et la Reuss. Cette Division avec laquelle la 102ᵉ fut appelée à opérer, devait les 25 et 26 porter les coups décisifs.
La 6ᵉ Division prolongeant la 5ᵉ de Baden au Rhin. Enfin la Réserve (Klein) dans le Frickthal.

Le général Humbert, ayant été chargé de rassembler tous les Grenadiers de la gauche et du centre pour en former un corps d'élite placé à cette Réserve, avait passé le commandement de ses propres troupes, dont la 102ᵉ au général Klein qui vient occuper la position centrale d'*Alstetten* prêt à se porter au Sud du lac ou à franchir la Limmat, suivant les événements.

Les habiles dispositions de Masséna lui permettaient de jeter rapidement 40 000 hommes sur la Limmat alors que ses adversaires, cependant plus nombreux, n'y pourraient amener d'abord que 25.000 hommes. La nouvelle de la très prochaine arrivée de Souwarof avec le corps russe d'Italie, le décide à agir sans perdre un instant.

Pendant que Molitor (Division Soult) s'empare du canton de Glaris, tout se prépare à Dietikon pour le lancement de ponts destinés au passage des brigades Gazan puis Bontemps (Division Lorges) sur la Limmat.

En même temps, Soult franchira la Linth et tombera sur les Autrichiens à Kalbren. Disons de suite que cette attaque, parfaitement conduite, devait obtenir un plein succès. Le 25, à trois heures du matin, Hotze surpris, se faisait tuer en voulant rallier les siens, qui, privés de chef étaient bientôt taillés en pièces et rejetés le 26 derrière le Rhin.

Revenons sous Zurich, occupée par les Russes de Korsakow. Le 25, à la pointe du jour le général Dedon fait lancer les bateaux rassemblés pour le passage de l'avant-garde. Cette opération difficile, en présence d'un ennemi solidement posté, est restée un modèle du genre. Les soldats de Gazan (37ᵉ et 10ᵉ léger), parvenus sur la rive droite de la Limmat soutiennent contre le Corps de Durasof un furieux combat et finissent par rester maîtres du plateau de Fahr, sur lequel à neuf heures toute la Division Lorges est rassemblée et immédiatement lancée par Masséna, dans la direction de Zurich, sur le village de Hongg.

Mortier, chargé d'opérer sur la rive gauche de la Limmat, le long de la Sihl, contre le centre et la gauche de Korsakof, avait à Wollishofen et Witikon, rencontré des forces très supérieures et ne se maintenait qu'avec peine. Humbert avec ses Grenadiers lui est envoyé d'*Alstetten* et rétablit le combat.

Une autre fraction de la *Réserve* dont la 102ᵉ *demi-Brigade* part du même point et vient renforcer après avoir franchi la *Limmat* à *Dietikon* la *Division Lorges* dont *Oudinot* avait pris la direction et qui s'était déjà emparée de *Hongg* et atteignait *Wipchingen*. Le Mont de *Wipchingen* enlevé, cette colonne (102ᵉ *comprise*), marche sur le *Zurichberg*, la brigade Gazan appuyant vers Schwamedingen, afin de barrer la route de Winterthur. Pendant ce temps, Durasof rejeté du côté de la Glatt, et poursuivi par Bontemps, cherche en faisant un détour au Nord par Regensdorf et Kloster-Fahr à regagner Zurich dont il se trouve coupé.

Effrayé du progrès de l'attaque *Lorges-Oudinot* (102ᵉ) Korsakof avait tiré de la plaine de la Sihl tout ce qu'il y restait de troupes disponibles. Celles-ci, après avoir traversé au prix de mille difficultés les faubourgs de Zurich déjà fort encombrés, se heurtent sur les pentes du Zurich-Berg touchant la ville à notre audacieuse colonne. Une effroyable mêlée s'engage, d'où devait dépendre le sort de la journée.

On sait le courage et la ténacité des Russes auxquels Napoléon quelques années plus tard devait adresser ce magnifique éloge : « Quand on les a tués, il faut encore « les jeter à terre. » Ils avaient en cette occasion trouvé de dignes adversaires. « La

102ᵉ » dit le *Rapport de Masséna*, « rivalise d'ardeur avec la 37ᵉ et la 10ᵉ légère », précieux témoignage dans la bouche d'un chef habitué à ne pas prodiguer les louanges.

Malgré la supériorité du nombre, les troupes de Korsakof, incessamment renforcées ne peuvent avoir raison de nos braves, qui tiennent jusqu'à ce que la nuit vienne interrompre l'action. Un moment même, les remparts doivent protéger de leur feu, des fuyards trop vivement pressés.

Le lendemain 26 septembre, Korsakof joint par Durasof dont nous avons dit le long détour pour échapper à Bontemps, cherche à couper en deux l'armée de Masséna. Le gros de ses forces se jette avec furie, dès la pointe du jour, sur les soldats de *Lorges* qui demeurent fermes sous le choc, repoussent les Russes et les auraient précipités dans le lac si une attaque désespérée sous laquelle plie un instant la brigade Bontemps [1], ne les eût sauvés.

Pendant ce temps, Mortier ayant franchi la Sihl, pénétrait dans le petit Zurich ; Oudinot avec la 37ᵉ et quelques troupes helvétiques enfonçait la porte de Hongg.

Korsakof se voyant perdu, rassemble tout ce qu'il peut de monde, tombe sur *Bontemps* qui lui barrait la route de Winterthur et malgré les efforts désespérés de celui-ci, déjà cruellement affaibli, parvient à s'ouvrir un passage. Son Centre, attaqué par le reste des troupes de *Lorges*, *dont la* 102ᵉ, est mis en complète déroute et perd toute son artillerie (100 pièces) et ses bagages.

Laissant 8.000 hommes sur le terrain, le général russe gagne précipitamment le Rhin par Bulach et Eglisau.

ARRIVÉE DE SOUWAROF

Pendant que s'accomplissaient sur la Linth et la Limmat ces importants événements, l'armée de l' « Invincible » Souwarof s'avançait aussi vite qu'elle le pouvait, à travers les massifs montagneux entre l'Italie et la Suisse. Arrêté d'abord par Gudin, au Saint-Gothard, le maréchal avait tourné la position et failli prendre Lecourbe qu'un prodige de résolution et d'audace avait seul tiré d'affaire. Retardé au Pont-du-Diable par l'héroïque défense de ce dernier, il n'avait pu, en raison des chemins affreux à travers lesquels son armée n'avançait qu'au prix de pertes cruelles et de difficultés inouïes, arriver à Altorf que le 26 septembre.

Le 28, il atteignait Mutten où il comptait être rejoint par Jellachich et Linten et d'où il se flattait de partir pour écraser Masséna, de concert avec Hotze et Korsakof.

A cette date, Hotze était mort et son armée dispersée ; Korsakof battu fuyait vers le Rhin ; Jellachich refoulé par Molitor avait dû rétrograder sur Wallenstadt ; enfin Linten allait être rejeté dans les Grisons par ce même général.

---

(1) Bontemps avait rejoint la colonne Lorges pendant la nuit.

RETRAITE DE SOUWAROF

Trop épuisé pour revenir sur ses pas, à travers les glaciers et les précipices qui avaient englouti le meilleur de ses troupes, trop faible pour tenir tête à Masséna victorieux, Souwarof se trouvait dans une situation presque désespérée. Les merveilleuses qualités d'endurance du fantassin russe et son indomptable courage évitent cependant à l' « Invincible » l'humiliation suprême d'une capitulation. Par des gorges affreuses, jusque-là considérées comme absolument impraticables, il bat en retraite, s'arrêtant pour faire tête, lorsqu'il est serré de trop près et laissant derrière lui une lamentable traînée de morts et de blessés.

COMBAT DE MUTTENTHAL (1er Octobre 1799)

Dans le *Muttenthal* (vallée du Mutten ou de la Muotta) le 1er octobre il prononce un vigoureux retour offensif contre la Division *Mortier* qui *avec la* 102e avait été lancée par Masséna dans la direction de Schwytz aussitôt après la bataille de Zurich. La *demi-Brigade* éprouve à cette sanglante affaire des pertes cruelles et sans l'arrivée opportune de la 67e, toute la tête de colonne française imprudemment engagée eût été détruite.

La retraite de Souwarof consacrait la conquête de la Suisse et sauvait la France d'une invasion imminente par sa frontière Sud-Est.
Pour compléter son œuvre en balayant les derniers partis ennemis, Masséna envoie sur les principaux points un certain nombre de détachements.

PRISE DE CONSTANCE

La 102e aux ordres du général *Gazan*, remplaçant Soult, fait partie des troupes chargées d'opérer contre *Constance*, tenue par le Corps de Condé. Le 7 octobre, pendant que la gauche française occupe l'infanterie ennemie, d'ailleurs peu nombreuse, sur la chaussée de *Frauenfeld*, le reste se jette sur la porte de *Kreuzlingen*, l'enfonce, s'en empare et eût pris la plus grande partie des émigrés, si les troupes harassées d'une longue étape, n'avaient été contraintes de se donner quelque repos, à la tombée de la nuit, repos, malheureusement dégénéré en désordre, les hommes entrés çà et là dans les maisons des faubourgs. Renseigné sur ce qui se passait, le Corps de Condé se rallie sans bruit, tombe sur ses vainqueurs, s'ouvre un passage, force le pont de Petershausen et s'échappe, couvrant sa retraite par la destruction de cet ouvrage.

Le combat de Constance devait être la *dernière affaire* de la 102ᵉ à *l'Armée du Danube*. La demi-Brigade demeure sous les ordres du *Général Gazan* dont la Division (4ᵉ) s'établit la droite à *Attstetten*, la gauche à la *Thur*, pendant la fin d'octobre et le mois de novembre. Elle est elle-même à *Wyl*, à *Bischofszell*, dans la vallée de la Thur, à une vingtaine de kilomètres au Sud du lac de Constance.

Le 1ᵉʳ décembre, la 102ᵉ passée à la Division *Loison* (3ᵉ), brigade *Jardon*, cantonnée autour de Saint-Gall, vient occuper *Attstetten* dans la vallée du Rhin supérieur et reste jusqu'à la fin de l'année à quelques kilomètres au Sud du lac.

Le 21 décembre, l'*Armée du Danube* (26.000 hommes) *passe à celle du Rhin* dont elle forme l'*Aile Droite*, sous le commandement du général *Lecourbe*. La 102ᵉ conserve son emplacement et ses chefs, sauf le général Jardon qui est remplacé par le général *Laval*.

Le 31 décembre, la Division Loison ayant quitté ses cantonnements, borde le lac, au Sud de *Rorschach* à *Stein*, c'est-à-dire de l'entrée à la sortie du Rhin. Le point précis occupé par la 102ᵉ n'a pu être déterminé.

ARMÉE DU RHIN

1800

Pendant tout le mois de janvier 1800 et une partie de février, la 102ᵉ reste dans la même situation, concourant à plusieurs reprise à repousser les *tentatives de débarquement* des Autrichiens dont la flottille commandée par l'Anglais Williams ne cesse de croiser sur le lac.

Au mois de mars, la demi-Brigade, tout en demeurant à l'*aile droite de l'Armée du Rhin*, passe à la *Division Vandamme* (2ᵉ) établie entre *Stein* et *Ragatz*.

MOREAU PREND L'OFFENSIVE

Vers la fin d'avril, au moment où recommencent les opérations par l'offensive du général en chef, Moreau, elle occupe *Mels* (Division Vandamme, *Brigade Molitor*). On connaît les débuts de cette belle campagne d'Allemagne et les habiles manœuvres du général français, amenant Kray son adversaire, à dégarnir son centre et sa gauche, pendant que lui-même concentre les trois quarts de ses forces devant l'aile autrichienne affaiblie.

On sait comment, la droite aux ordres de Lecourbe ayant franchi le Rhin, le 1ᵉʳ mai à Reichlingen, Paradis et Stein (Vandamme) bouscule le 3 le Prince de Lorraine à *Stockach* dans le même temps que Moreau battait Kray à *Engen*.

LA 102ᵉ RESTE EN SUISSE AVEC MONCEY

Il nous faut laisser cette armée entamer une série de victoires dont Hohenlinden devait être le magnifique couronnement et revenir dans le *Rheinthal* où, par ordre en date du 24 avril, la 102ᵉ *demi-Brigade* est maintenue et attachée aux troupes de *Moncey* chargé de la protection du *flanc droit de Moreau*.

Le 11 mai la 102ᵉ ayant *traversé* le *Rhin* à *Rheineck* au sud du lac, participe aux opérations des généraux *Leval* (détaché momentanément du corps Lecourbe) et *Lapoype* (commandant le Rheinthal) contre *Brégentz*.

PRISE DE BRÉGENTZ

Lindau est occupée sans coup férir ; Brégentz après quelque résistance tombe entre nos mains avec 17 chaloupes de la flottille Williams, mouillées dans son port. La droite et les communications de l'Armée du Rhin sont ainsi assurées.

LA 102ᵉ SAUVE WALLENSTADT

Le 23 mai, un Corps autrichien faisant partie des troupes restées dans les Grisons avec le Prince de Reuss et complètement séparées du reste de l'armée après la bataille de Stockach, cherche à s'emparer par surprise de *Wallenstadt*. Le 2ᵉ *Bataillon de la* 102ᵉ tombant sur les Impériaux, les taille en pièces et les rejette de l'autre côté du Rhin.

ARMÉES
DE
RÉSERVE ET D'ITALIE

MONCEY RATTACHÉ A L'ARMÉE DE RÉSERVE

Cependant, l'*Armée de Réserve* que très mystérieusement et avec le plus grand soin, *Berthier* depuis près de deux mois, formait à Dijon, avait le 30 avril poussé une Division d'avant-garde jusqu'à la tête du lac Léman.

Le 5 mai son Quartier Général était à Genève, sa droite, commandée par Thureau, touchait au Cenis, sa *gauche* comprenant l'ensemble des troupes de *Moncey* (102°) tenait les *passages des Grisons* et le *Saint-Gothard*.

On sait l'extrême surprise des Autrichiens apprenant à la fois que le Premier Consul avait soudainement pris le commandement de cette armée, qu'ils considéraient, sur les rapports de leurs espions, comme incapable d'entrer en campagne et destinée seulement à les distraire du siège de Gênes et que l'infranchissable barrière des Alpes dont ils gardaient tous les débouchés praticables, n'avait pu arrêter la foudroyante offensive de Bonaparte.

MONCEY FRANCHIT LES ALPES

Pendant que le gros descendait du Saint-Bernard et que la droite franchissait le Genèvre et le Cenis, les 15.000 hommes de *Moncey* se dirigeaient sur *Bellinzona* par le *Saint-Gothard* ou prenaient la route du *Simplon* et de *Domo d'Ossola*.

Pour être moins fameuses, les difficultés extraordinaires dont ce Corps triompha avec autant de courage que de bonheur, ne le cèdent en rien à celles que rencontrèrent la droite et le centre. La colonne *Bethencourt* surtout, qui comprenait une *partie de la* 102°, eut à surmonter des obstacles vraiment inouïs, dont témoigne assez la stupeur des Autrichiens qui voyant ces braves descendre du *Simplon*, se demandèrent d'abord s'ils avaient affaire à des hommes ou à des diables. (Voir aux Appendices le Rapport de l'adjudant général Quatremère au général Berthier).

INVASION DE L'ITALIE PAR BONAPARTE

L'ensemble de l'opération exécutée, l'armée occupant une ligne courbe terminée à Suze et Bellinzona devait, suivant le plan du Premier Consul, se porter rapidement sur Milan, y installer un Gouvernement républicain et couper les Corps établis dans la Haute-Italie, de ceux que Mélas ne manquerait pas de concentrer en Piémont. La *marche de Moncey* par le *Saint-Gothard assurait* cet important *mouvement de disjonction*.

Tout ayant réussi conformément aux prévisions de Bonaparte, le généralissime ennemi se trouvait à la fin de mai dans la plus fâcheuse situation. Les 120.000 hommes qu'il avait au début de la campagne, réduits à moins de 100.000 par le siège de Gênes, étaient absolument disséminés : 25.000 sur le Var ; 30.000 devant Gênes ; 12.000 à Suze ; 20.000 dans diverses vallées ; 10.000 à Turin.

Il n'avait pu tout d'abord croire à une sérieuse attaque de cette *Armée de Réserve* qui, suivant le Cabinet de Vienne, n'existait que sur le papier, et s'était contenté de donner ordre aux troupes gardant les montagnes de repousser la démonstration.

Dedovitch, Laudon, Rohan et Doller avec 10.000 hommes sous le commandement supérieur de Wukasowitch défendaient les hautes vallées du Tessin, de la Toccia et de la Sésia.

Bethencourt (1ᵉʳ *Bataillon de la* 102ᵉ) ayant gravi le Simplon et forcé l'affreux défilé de *Gondo*, tombe sur la brigade *Laudon*, la refoule de *Domo-d'Ossola* sur *Gravelone*, lance Lecchi avec 2.000 Italiens dans la vallée de la Sésia pour se relier à Moncey et continue son mouvement sur Arona.

Cependant *Moncey* (le reste de la 102ᵉ), poussant devant lui Dedovitch, progressait vers *Bellinzona* qu'il atteint les derniers jours de mai.

Bonaparte ayant franchi le Tessin, avait battu Wukasowitch à Turbigo et après l'avoir rejeté vers Lodi, marchait sur Milan.

SIÈGE D'ARONA

Bethencourt bloquant *Arona* dont le siège devait durer jusqu'à la fin de la campagne, *Moncey* (2ᵉ *Bataillon de la* 102ᵉ) débarrassé de Dedovitch, rappelé sur l'Adda, débouche seul dans la plaine, par *Como* (au sud du lac) et *Varèze* (entre les lacs) et opère à *Milan* sa jonction avec le Premier Consul, qui, entré dans cette ville le 2 juin, avait commencé par y rétablir la République Cisalpine.

SIÈGE DE MILAN

Les Autrichiens en se retirant, avaient laissé une forte garnison dans le Château. Les 2 *Bataillons de la* 102° appartenant à la *colonne Moncey* font partie des troupes d'investissement, placées sous les ordres du *général Gilly*.

L'entrée des Français à Milan avait singulièrement surpris Mélas, sans toutefois lui dessiller complètement les yeux et lui faire comprendre qu'il s'agissait pour Bonaparte d'autre chose que de la délivrance de Gênes, où l'héroïque garnison de Masséna tenait toujours. Sentant cependant que sa position devenait dangereuse, le généralissime autrichien s'était résolu à faire évacuer rapidement le Piémont et à se concentrer autour d'Alexandrie.

BATAILLE DE MARENGO (14 Juin 1800)

On connait le dénouement : *Marengo* (14 juin).

Une *Compagnie de Grenadiers de la* 102° (53 hommes), ayant seule de la demi-Brigade, assisté à cette bataille, il nous a paru inutile d'en retracer en détail les péripéties. Rappelons toutefois que la *Division Gardanne* (Grenadiers 102°) enlève le 13, *San-Giuliano* et *Marengo*, que le 14 elle est en première ligne à la ferme et sur le ravin de Pedrebona. Là, attaquée par des forces très supérieures, écrasée par l'artillerie ennemie, elle doit son salut à la Division Chambarlhac qui vient la dégager.

Toute l'aile gauche (Victor), se forme alors en demi-cercle autour de Marengo et pendant deux heures, soutient l'effort de la totalité de la première ligne autrichienne.

La deuxième ligne s'étant avancée, un effroyable combat s'engage ; on se canonne à quelques toises de distance ; Lannes arrive enfin, au moment où ces héroïques troupes étaient obligées d'abandonner définitivement Marengo ; mais devant des masses sans cesse renforcées, il faut après des efforts désespérés, battre en retraite, traverser, en combattant sans relâche les deux lieues de plaine menant à San-Giuliano, où la garde consulaire, bastion de granit, devait en arrêtant l'ennemi, donner à Desaix le temps d'arriver et de changer la fortune des armes.

A la suite de cette victoire, une Convention conclue à *Alexandrie*, institue un *Armistice* dont la principale clause, rend en principe, à la France, les conquêtes faites par l'Autriche, au cours de la précédente campagne.

En un mois, Bonaparte avait réparé les désastres de 1799.

La 102°, qui n'avait cessé de faire partie des troupes investissant *Arona (1ᵉʳ Bataillon)* et le *château de Milan (2ᵉ Bataillon)*, se concentre à *Brescia*. Jusqu'à la fin de l'année, elle demeure aux ordres du *Général Moncey* commandant l'aile gauche de l'*Armée d'Italie* [1].

---

[1] L'Armée de Réserve est appelée Armée d'Italie après Marengo.

Les premiers jours de juillet elle est à *Chiavena* (brigade Schilt, Division Lapoype). Elle va ensuite à Chiari, Palazzo et Romano, entre Brescia et Milan (*Masséna*, général en chef). Vers le milieu du mois d'août, elle tient garnison à *Bergame*.

Le 28 août, lors de la réorganisation de l'*Armée d'Italie* par le général *Brune*, elle est à la brigade *Merle*.

Au commencement de septembre, la 102e passe de la Division Lapoype à la Division *Boudet* et est envoyée à *Brescia* où elle demeure la plus grande partie du mois et d'où elle part pour la *vallée* de la *Chiese*.

Le 25 septembre, le 1er Bataillon est à Nigolente ; le 2e à Gavardo (entre Brescia et le lac de Garde, sur la Chiese) ; le 3e à Anfo (Haute-Chiese).

Vers la fin d'octobre les trois Bataillons sont réunis à *Calcinato*.

Le 1er novembre, la demi-Brigade revient autour de Gavardo.

Le 1er décembre (brigade Merle, Division Boudet), la 102e s'établit à *Lonato*.

ARMÉE D'ITALIE

CAMPAGNE DE 1800-1801

Bien que l'Armistice eût été dénoncé à la fin de novembre, les opérations ne recommencent en Italie que pendant la seconde quinzaine de décembre.

On sait que les Alliés n'avaient engagé de négociations qu'afin de gagner du temps et de réorganiser leurs armées.

Le Premier Consul ne s'y était point trompé et n'avait cessé de pousser activement les préparatifs de guerre.

PLAN DE CAMPAGNE

Macdonald, avec la 2ᵉ Armée de Réserve constituée aussi à Dijon, avait gagné Coire, dans les Grisons. De là, il devait franchir le Splügen et, par la Valteline descendre sur le Tyrol, afin de lier son offensive à celle de l'Armée d'Italie marchant sur Vienne. Moreau, pendant ce temps, ayant rassemblé les troupes d'Allemagne, entre Munich et la forêt d'Hohenlinden, prendrait le même objectif, en refoulant l'archiduc Jean dans la vallée du Danube.

SITUATION DE L'ARMÉE D'ITALIE

Au cours de l'Armistice, l'*Armée d'Italie* avait soumis la Toscane, puis, sous les ordres de *Brune* successeur de Masséna, s'était concentrée sur la rive droite du *Mincio*, entre le Pô et le lac d'Idro, de façon à couvrir la Lombardie et à se relier par sa gauche à Macdonald. Composée d'environ 65.000 hommes de solides troupes ayant déjà vu le feu, elle avait été fractionnée en deux Ailes, un Centre et une Réserve.

Bellegarde disposait d'environ 80.000 hommes, dont une partie dans le Tyrol. Wukasowitch, ayant comme lieutenants Laudon et Dedon, couvrait les sources de l'Adige, de Riva au Tonal et se reliait à l'Armée d'Allemagne. Le reste tenait la ligne du Mincio, dont l'habituelle valeur avait été renforcée encore par une multitude de redoutes hérissées d'artillerie. Mantoue, Peschiera et Borghetto, assuraient aux Impériaux d'excellents débouchés en cas d'offensive. Vérone et Legnano constituaient avec l'Adige, une seconde position d'ordre tout à fait supérieur. La droite était couverte par le lac de Garda, la gauche par le Pô ; enfin une avant-ligne passant par Borgoforte et Desenzano, était occupée par 20.000 hommes sous les ordres du prince de Hohenzollern.

COMBATS SUR L'AVANT-LIGNE DU MINCIO (Décembre 1800)

Le 10 décembre, la nouvelle du passage du Splügen par Macdonald, parvient au généralisme autrichien. Après avoir fort hésité sur le parti à adopter, il se résout le 17 à ordonner une série de reconnaissances, sur les positions françaises (affaire assez vive à *Lonato*).

Brune, en réponse, fait attaquer son avant-ligne en plusieurs points. Les postes avancés de Hohenzollern, sont enlevés et celui-ci contraint de se replier sur Goïto, Volta, Mozambano et Ponti.

AFFAIRE DE SOLFÉRINO (20 Décembre 1800)

La 102ᵉ avait brillamment débuté en s'emparant de *Solférino* (20 décembre).

Voulant profiter de l'élan de ses troupes et ayant appris la victoire de Moreau à Hohenlinden, Brune lance aussitôt *Moncey* sur *Mozambano*. Il espère d'ailleurs se lier prochainement à Macdonald.

Ce général, après le passage du Splügen, effectué malgré des difficultés inouïes, avait franchi l'arête montagneuse entre le Val Misocco et la Lira et atteint Chiavenna, au nord et près du lac de Côme. Hiller, lancé contre lui, se voit, après Hohenlinden contraint de rétrograder, lui abandonnant les hautes vallées de l'Adda et de l'Oglio. Néanmoins, Macdonald ne devait arriver à Breno, sur la seconde de ces rivières que le 31 décembre, alors que déjà Brune opérait sous Vérone et poussait une colonne au-delà de l'Adige.

AFFAIRE DE CAVRIANA

Revenons à l'attaque de Moncey. Ayant trouvé *Mozambano* évacué, il avait pris sur lui de changer d'objectif et de se diriger sur *Cavriana*, les Impériaux ayant, d'après les renseignements recueillis, occupé une nouvelle position en avant de ce village et de Castellaro. La Division *Boudet* avec la 102ᵉ est chargée de tourner la droite ennemie.

Après un violent combat, *Cavriana* puis *Castellaro* sont enlevés. Les brigades Merle (102ᵉ) et Scriziat, avec la plus brillante valeur, triomphent de tous les obstacles. Le 3ᵉ *Bataillon de la* 102ᵉ fait à lui seul 300 *prisonniers* (Appendices).

Les Autrichiens ayant complètement évacué la rive droite du Mincio, Brune résout de franchir cette rivière à *Mozambano*, en faisant une vigoureuse démonstration vers *Pozzolo*, où un pont serait jeté.

PASSAGE DU MINCIO

PREMIÈRE JOURNÉE, POZZOLO (25 Décembre 1800)

Le 25 décembre, Dupont chargé de cette opération, s'engage trop, fait passer une Division entière et se trouve bientôt en présence de forces quadruples. Suchet se porte en hâte à son secours pour l'empêcher d'être écrasé. Pendant la journée entière les troupes de ces deux généraux luttent avec une opiniâtreté et une valeur admirables contre Bellegarde, accouru avec la majeure partie de son armée, dans la conviction qu'il avait devant lui le gros des Français. Malgré son énorme supériorité numérique, celui-ci avait à peine progressé, à la tombée de la nuit. Encore, héroïquement chargé par ces braves qui, sans réserves, n'hésitent pas à se jeter en avant, à la baïonnette, perd-il en quelques instants le terrain si péniblement conquis. A dix heures du soir, enfoncés de toutes parts, les Impériaux battent définitivement en retraite, laissant 5.000 des leurs sur la place.

La 102ᵉ pendant cette glorieuse action, tenait avec sa Division (Boudet) le poste de *Borghetto*, où il avait fallu relever en hâte la Division Loison, attirée par Suchet.

DEUXIÈME JOURNÉE, MOZAMBANO-VALEGGIO (26 Décembre 1800)

Le 26 décembre, conformément au plan primitif dont Brune n'avait pas voulu se départir, le corps de bataille débouche par *Mozambano*, et les premières troupes passées, se saisissent des hauteurs de *Valeggio*.

Les Grenadiers de Bellegarde, aussitôt lancées contre elles, allait les en déloger, quand l'arrivée de la Division *Boudet* (102ᵉ) conduite par *Moncey* vient changer la face des choses. Le Corps d'Elite autrichien est enfoncé et rejeté dans le plus grand désordre sur *Valeggio*, laissant un millier de prisonniers aux mains des vainqueurs (Appendices).

Le village attaqué aussitôt avec furie, est emporté, après une résistance désespérée et Hohenzollern accouru en hâte, n'arrive que pour couvrir la retraite sur Vérone (Appendices).

Le lendemain, les dernières redoutes capitulent.

Ainsi, cette formidable ligne du Mincio rompue par la furie de notre élan, avait été impuissante à arrêter notre armée, cependant bien inférieure en nombre.

RETRAITE DES AUTRICHIENS

Les Impériaux, ayant perdu 8.000 hommes et 40 pièces de canon, se retirent sur Saint-Michel et Caldiero, abandonnant à leurs propres forces Peschiera et Mantoue.

Brune marche sur l'Adige, comptant toujours se lier bientôt à Macdonald. La *Division Boudet avec la* 102e, s'avance entre la Division Gardanne (Réserve) et l'Adige, dans *la plaine de Vérone*.

Le 30 décembre, la *demi-Brigade* est engagée contre les *avant-postes* ennemis sous cette place.

PRISE DE LA CHIUSA (2 Janvier 1801)

Le 1er janvier 1801 la Division Delmas franchit l'Adige à Bussolengo.

Brune, resté devant *Vérone*, détache également sur *la Chiusa*, pour opérer dans le *Tyrol*, la division *Boudet* (102e) placée sous les ordres de *Moncey*.

Le 2 janvier les chasseurs de la colonne, gravissent les roches du *mont Pastello* afin de tourner la position. Au signal donné par le canon, qui tire à boulets sur la porte du fort, pour l'enfoncer, ils font, de cîmes réputées inaccessibles, pleuvoir une grêle de balles dans l'intérieur de l'ouvrage.

La 102e, massée en face de l'entrée, s'élance à l'assaut, bouscule tout ce qui tente de l'arrêter et rejette la garnison rompue, sur *Dolce*, puis sur *Peri*, lui faisant une centaine de prisonniers.

La Brigade Schilt, dirigée sur Rivoli, enlevait dans le même temps la position de *la Corona*.

AFFAIRE D'ALA (3 Janvier 1801)

Le 3 janvier, la Brigade *Merle* dont la 102e fait partie, se heurte aux 3.000 hommes de Rousseau postés sur les hauteurs d'*Ala*. Ayant avec eux du canon et comptant être soutenus par Laudon qui occupe Mori, les Autrichiens tiennent bon. Sous un feu épouvantable, une partie de la 102e pénètre en colonne serrée dans le village tandis que le reste tourne l'enceinte extérieure pour prendre l'ennemi à revers. Un combat terrible s'engage dans les rues et dure deux heures, pendant lesquelles le terrain est disputé pied à pied, avec un incroyable acharnement.

Enfin la 60e étant venue renforcer la 102e, décide de la retraite des Impériaux qui laissent 400 prisonniers et un nombre considérable de morts ou blessés..

La 102e », dit un rapport officiel « *a montré en cette affaire, un courage digne des plus grands éloges* » (Appendices).

AFFAIRES DE SERRAVALLE ET SAN-MARCO (4 Janvier 1801)

Le 4 janvier, la Division Laudon établie à *Serravalle* et *San-Marco*, en avant de Roveredo et occupant tout l'espace entre l'Adige et la crête des montagnes, se prépare à défendre le défilé contre lequel s'avancent les troupes de *Boudet*. Sous un feu meurtrier, la 102ᵉ marchait à l'assaut, au pas de charge, quand l'ennemi s'apercevant qu'il était sur le point d'être tourné, bat précipitamment en retraite sur *Calliano*. La demi-Brigade lui fait 180 prisonniers.

Le 5, Moncey atteint *Roveredo*.

Le lendemain, ayant triomphé de difficultées sans nombre, Macdonald après un furieux combat, entre dans *Trente*.

Laudon et ses 12.000 hommes étaient pris.

Pour échapper, le général autrichien communique le 7 janvier à *Moncey* (colonne Boudet), la nouvelle d'un prétendu armistice entre Brune et Bellegarde, et à la faveur d'une suspension d'armes, aussitôt conclue, se dérobe par la passe de Caldonazzo.

Indigné de la déloyauté de son adversaire, Moncey, dès qu'il s'aperçoit qu'il a été berné, se lance à sa poursuite dans la vallée de la Brenta ; mais quelque diligence qu'il fasse, il ne parvient à atteindre que l'arrière-garde.

Le 11 janvier, débouchant à *Bassano*, il reprend sa place à *l'aile gauche*. La colonne Boudet, par des chemins affreux, refoulant un ennemi qui, pour la retarder défendait tous les postes avantageux, (ils sont nombreux en pays de montagnes), avait, dans la plus rigoureuse saison, franchi 220 *kilomètres* en *huit jours*.

La 102ᵉ pouvait être fière de la large part qu'elle avait prise à cette glorieuse série d'opérations.

De *Bassano*, la Division Boudet est dirigée sur *Ponte-di-Piave*.

Pendant l'exécution de ce mouvement, des pourparlers engagés entre les deux généraux en chef, viennent clore les hostilités.

L'*Armistice de Trevise*, et un peu plus tard, la remise de *Mantoue*, terminent la campagne, en Italie.

La demi-brigade ne devait plus voir le feu.

PÉRIODE DE PAIX (1801-1803)

Attachée à la *Division du Piémont*, la 102° va d'abord tenir garnison à *Turin* (mars-avril-mai).

Dans le courant de juin, elle passe à l'*Armée Cisalpine* et est envoyée à *Milan*.

Elle y reste jusqu'en octobre, fournissant un détachement à *Novare*, et successivement aux ordres des généraux *Vignolle* et *Debelle*.

De cette époque, au mois de février 1802 elle occupe *Pavie* (Division Vignolle puis Ambert), revient quelques semaines à *Milan*, puis retourne à Novare et Pavie d'où elle part dans le courant de juin pour *Alexandrie* (27° Division Militaire)[1]. La 102° *demi-Brigade*, puis le 102° *Régiment* tiennent garnison dans cette place jusqu'au mois de mars 1805. Pendant toute cette période, le Corps est sous les ordres du *chef de Brigade Jalras*.

---

[1] En 1804, lors de l'organisation d'un Corps expéditionnaire destiné à opérer contre Alger, sous les ordres de Jérôme, le 102° fournit un détachement de 60 hommes et 3 officiers destinés à embarquer sur la frégate la *Pomone*. Nous n'avons aucun renseignement sur cette petite troupe.

QUATRIÈME PARTIE

LE 102ᵉ RÉGIMENT D'INFANTERIE

(24 Septembre 1803 — 1ᵉʳ Septembre 1814)

Campagnes de l'Empire

102ᵉ RÉGIMENT D'INFANTERIE

CAMPAGNE DE 1805 — ARMÉE D'ITALIE

Devenu 102ᵉ *Régiment d'Infanterie* par Arrêté des Consuls en date du 24 juin 1803, le Corps quitte, en mars 1805, Alexandrie pour *Gênes*. Il demeure dans cette dernière ville jusqu'au mois de septembre, époque à laquelle il va occuper *Brescia*. En octobre il vient à *Somma-Campagna* où, le 3, il *forme ses Compagnies de Voltigeurs* (trois). Les *Grenadiers* sont envoyés à la *Réserve de l'Armée d'Italie*.

A cette date le Régiment commandé depuis février 1805, par le *colonel Cattanéo*, fait partie de la Brigade *Le Camus* de la Division *Duhesme* (4ᵉ).

SITUATION GÉNÉRALE

Une troisième coalition s'étant formée contre la France, et l'Autriche ayant ouvert la campagne en envahissant la Bavière, l'Empereur avait dû abandonner tout projet de descente en Angleterre et concentrer sur le Rhin cette Grande-Armée dont les opérations devaient aboutir à l'enveloppement tactique d'Ulm. La promptitude avec laquelle les troupes du Camp de Boulogne s'étaient portées sur la frontière menacée, avait empêché le Conseil Aulique, de masser en Italie le gros des forces autrichiennes, conformément au plan primitif. Tout au contraire, avait-il fallu affaiblir l'archiduc Charles au profit de l'Armée d'Allemagne. Ce prince s'était ainsi, vu contraint de demeurer inactif sur la rive gauche de l'Adige, cependant qu'en face de lui, *Masséna* réunissait 50.000 hommes (8 divisions dont 3 de cavalerie) et appelait Gouvion-Saint-Cyr avec le corps stationnant dans le Royaume de Naples.

COMMENCEMENT DES OPÉRATIONS. — PASSAGE DE L'ADIGE
(18 Octobre 1805)

Le 18 octobre, à l'expiration d'une trêve qu'il avait conclue avec les Impériaux, Masséna lance sur le pont du vieux château de Vérone, une colonne de vingt-quatre compagnies de Voltigeurs (Divisions *Duhesme* (102ᵉ) et Gardanne).

Le mur élevé au milieu de cet ouvrage est renversé, deux coupures sont franchies sur quelques planches et nos hommes s'élancent à la baïonnette sur les retranchements ennemis. Ils emportent les premiers et malgré une énorme disproportion numérique, s'y maintiennent, donnant ainsi à leurs Divisions le temps de les soutenir. En vain l'archiduc, averti par la canonnade, envoie de San-Martino tout ce qu'il a de troupes disponibles.

Le 102e et les autres régiments qui ont traversé le fleuve, s'emparent successivement de toutes les positions de la rive gauche. Le soir, le débouché nous demeure, les Autrichiens perdant 1.000 tués, 1.500 pris et 7 bouches à feu.

Maître du passage, mais contraint par ses instructions, de subordonner ses mouvements à ceux de la Grande-Armée, le maréchal se contente de faire fortifier la tête de pont conquise.

Le 29 octobre il ordonne aux Divisions Gardanne et *Duhesme* de tourner le château de San-Félice et d'attaquer les hauteurs de Val Pantena, pendant qu'à leur gauche la Division Seras franchirait l'Adige et que le général Verdier, à droite, manœuvrerait entre Ronco et Albaredo.

ENLÈVEMENT DU VAL PANTENA (29 Octobre 1805)

Le 102e établi à *Roveggio* après l'affaire du 18, était passé à la brigade *Goullus* (même Division : Duhesme). Il fait, le 29, partie de la colonne dirigée contre le Val Pantena. Vigoureusement poussés, les Autrichiens battent en retraite, évacuent Veronette et se réfugient dans des retranchements armés de plusieurs batteries, barrant la route de San-Michele.

Sans leur laisser un moment de repos, les nôtres leur donnent l'assaut. Une lutte désespérée s'engage, à l'issue de laquelle les Impériaux sont rejetés sur San-Martino, laissant derrière eux plus de 2.000 prisonniers.

Nos troupes victorieuses, campent le soir à *Vago*, le 102e en avant de ce point, à la droite de la Division Gardanne.

BATAILLE DE CALDIÉRO (30 Octobre 1805)

Le lendemain 30 octobre, Masséna prononce un mouvement offensif général.

Le 102e avec sa Division, tient la *droite* (Général Gardanne, au centre; Molitor, à gauche). Il est d'abord lancé avec le 14e contre les forces très-supérieures du prince de Reuss, établies près de Madona-di-Stra sur les *digues* de *Gombione*. Ces deux braves régiments foncent sur l'ennemi et culbutent sa première ligne ; mais bientôt ils sont entourés de toutes parts. Sans compter le nombre de leurs adversaires, ils tiennent tête, ne voulant pas reculer d'un pouce, donnent ainsi au 20e le temps d'accourir, et chargeant à la baïonnette avec les renforts qui arrivent, demeurent maîtres des digues et font 1.200 prisonniers.

Cependant, *Caldiéro*, clef des positions autrichiennes, restait à enlever. Avec une fraction de la Division Gardanne, le général *Goullus*, entraînant les 20ᵉ, 14ᵉ et 102ᵉ, se jette sur ce village qui, pris et repris, disputé pied à pied avec un indicible acharnement, finit par nous rester.

Engageant ses dernières réserves, l'archiduc tente un suprême effort, sur la fin de la journée. Il est repoussé et bat en retraite jusqu'à une ligne de redoutes préparées de longue main et solidement armées, perdant 3.500 hommes et trente canons (Appendices).

RETRAITE DE L'ARCHIDUC

Le 1ᵉʳ novembre, apprenant la capitulation d'un Corps de 5.000 hommes, cernés par une partie des Divisions Séras et Partonneaux, les Impériaux se replient, aussitôt suivis par Masséna, qui, le 3 établit son Quartier Général à Montebello, le 4 s'empare de Vicence, puis franchissant successivement, la Brenta et la Piave, les atteint enfin le 12, sur le Tagliamento.

A cette date la Division Duhesme était en marche, de *Bel Vedere* sur *San-Vito*.

Après une très vive canonnade et quelques engagements de cavalerie, l'archiduc, prend la route de Palma-Nova. L'armée française, à sa poursuite, parvient le 15 sur *l'Isonzo*, que le 102ᵉ franchit à gué, au-dessous de Gradisca, ayant de l'eau jusqu'à la ceinture.

Dans cette marche, la Division Duhesme, par *Rubia* et *Savogna*, refoulait les arrières-gardes ennemies.

Après un arrêt à Gorizia, les Autrichiens continuent, le 17, leur mouvement rétrograde, laissant la Division Séras, entrer dans Trieste, et Masséna lancer sur son flanc gauche quelques troupes légères, chargées de se mettre en liaison avec la Grande-Armée.

Cependant Gouvion-Saint-Cyr, avec le Corps du Royaume de Naples, avait atteint Padoue. Son lieutenant, Reynier, à la tête de 5.000 hommes, après une lutte terrible à Castel-Franco, le 23 novembre, avait fait prisonniers 7.000 Autrichiens commandés par le Prince de Rohan.

Le 22, la Division *Duhesme*, parvenue sur la ligne *Gradisca-Vallese*, s'y arrêtait.

La campagne était terminée. Conformément à un ordre de l'Empereur, daté du 9 décembre l'*Armée d'Italie* allait *passer* 8ᵉ *Corps de la Grande-Armée*.

Vers le milieu de ce mois la Division Duhesme part pour le *Cercle de Cilly* (Haute Save) dans lequel elle arrive le 6 janvier 1806. L'archiduc retiré dans la basse Styrie et la Croatie, venait, en effet d'entamer un mouvement offensif. Le 8ᵉ Corps, pour y répondre, s'était aussitôt porté sur la Drave et la Save, dans les Cercles de Cilly et Marburg.

Les préliminaires qui devaient aboutir au Traité de Presbourg arrêtent, sur ces entrefaites, toute opération.

Le 31 décembre le 3ᵉ *Bataillon du* 102ᵉ verse dans les deux premiers ses Grenadiers, ses Voltigeurs et 7 compagnies de fusiliers qui servent à compléter les effectifs.

Le cadre est envoyé à Palma-Nova, puis à Ferrare, Pozzolo, Mantoue, Bologne et Savone, et y constitue 1 *Bataillon de dépôt*, pendant que les 2 *Premiers*, dits

Bataillons de Guerre, passent à l'*Armée de Naples* (Division Duhesme), et se dirigent sur cette ville, qu'ils atteignent dans le courant de février (le 24) sans avoir eu un coup de fusil à tirer.

La reine Caroline, après avoir vainement cherché à organiser la résistance, s'était embarquée à l'approche des troupes françaises. Napoléon, reprenant les droits de la Maison d'Anjou sur le royaume des Deux-Siciles, allait bientôt asseoir son frère Joseph sur le trône, et déjà, pour punir les Bourbons de s'être, malgré les traités, joints à ses ennemis lors de la dernière Coalition, il venait de proclamer leur déchéance.

ARMÉE DE NAPLES (1806-1809)

Le Prince Joseph, commandant en chef, disposait de 50.000 hommes en trois Corps, plus une réserve de 20.000 hommes, demeurée dans les Etats pontificaux. Il décide que Gouvion-Saint-Cyr occupera l'Apulie, Tarente et les côtes de l'Adriatique; Reynier la Calabre ; *Masséna*, Naples et les provinces environnantes.

Le 102e, attaché à ce dernier Corps, passe le 1er mars aux ordres du général *Gardanne* (brigade *Camus*) et demeure tout le mois à *Naples* même.

Le 1er avril, il détache une compagnie en colonne mobile et 30 hommes à Tarente. Dans le courant du même mois, le 1er *Bataillon* fournit 216 hommes, dont une partie, destinée à escorter le roi allant visiter les régions déjà soumises, l'autre à des colonnes mobiles.

Le 2e *Bataillon*, envoie une quarantaine d'hommes à Tarente puis à Venufro.

Le reste, tient garnison à Naples, dont le maréchal *Jourdan* est nommé Gouverneur.

Pendant mai, juin et le commencement de juillet, le 1er Bataillon a 120 hommes en colonnes et des détachements à Tarente, Nigile et Ischia, ce dernier, fort de 270 hommes.

Le 2e *Bataillon* est moitié à Naples, moitié à Ischia.

Dans le courant de juillet, sauf quelques hommes à Gaëte, au siège de laquelle, dès le début des opérations, le régiment avait déjà envoyé 50 hommes pour être employés au service des bouches à feu, tout le 102e est à *Naples* et *Ischia*.

A la fin de ce mois, le Régiment entre dans la composition du *Corps expéditionnaire* placé sous les ordres de *Masséna*, pour châtier les rebelles de *Calabre* et rétablir l'ordre dans cette province. La moitié des *Compagnies d'élite*, demeure, pour concourir à la formation de la *Garde de Joseph* qu'on se prépare à organiser sur le modèle de la Garde Impériale, avec mêmes uniformes et même cocarde (Décrets des 4 et 26 août 1806) [1].

EXPÉDITION DE CALABRE (1806-1807)

Le maréchal se met en marche le 1er août et, par Vietri, gagne la *Chartreuse* de *San-Lorenzo*, ne rencontrant d'abord qu'une médiocre résistance.

---

[1] Les Mémoires de Masséna indiquent comme Colonel des Grenadiers de cette Garde, le Colonel Montserrat du 102e. C'est une erreur. Ce Colonel commandait alors le 29e. Un Colonel Cattanéo, homonyme de celui du 102e en fait partie, devient aide de camp de Murat et épouse une Bonaparte. Quant au Colonel du 102 il meurt en Calabre.

AFFAIRE DE LAURIA (8 Août 1806)

A *Lauria*, cependant, le 8, les insurgés de la Basilicate et de la Calabre citérieure se défendent vigoureusement, comptant beaucoup sur la solidité de leur position. Il faut, pour en avoir raison, effectuer un mouvement tournant et incendier les faubourgs de la ville.

Un *Bataillon* du 102e, prend part à cette affaire.

L'autre ne devait arriver que le lendemain.

Masséna, en effet, parvenu à *Lagonegro*, y avait appris que la colonne flanquante, conduite par le général *Mermet*, était arrêtée à *Tororsaya* par d'insurmontables difficultés naturelles, et qu'un détachement envoyé au-devant d'elle, avait été attaqué et refoulé par l'ennemi.

Aussitôt, il avait lancé sur *Sapri*, *Gardanne* à la tête de quelques troupes, qu'un bataillon du 102e, expédié de Cappacio-Novo par Mermet, devait renforcer et guider afin de dégager la région entourant Sapri, de s'emparer de cette ville et de ramener à Lauria les diverses colonnes compromises.

Gardanne avait accompli ce programme de point en point, brûlé *Torraca*, opéré sa jonction avec Mermet et le 9, il ralliait le Corps expéditionnaire.

Le maréchal, continuant son mouvement, marche vers *Reynier*, depuis longtemps *bloqué* dans le camp de *Cassano* et livrant aux bandes insurgées d'incessants combats. Il le rencontre à Castro-Villari et Morano et tous deux, marchent sur *Cosenza* où le quartier général est établi et d'où quantité de colonnes sont lancées dans toutes les directions. Le 102e sous les ordres du général *Gardanne*, est spécialement chargé du *littoral de la Méditerranée*.

C'est, pour le régiment, une période de combats journaliers, avec un ennemi toujours en fuite, toujours battu, jamais découragé ni définitivement écrasé, et sans cesse rôdant autour des bivouacs, attentif à profiter des moindres fautes, des moindres imprudences, à massacrer les isolés ou à les entraîner pour les faire lentement périr dans d'affreux supplices. Les traits inouïs de cruauté abondent, dans l'histoire de cette lutte, contre une population à demi-sauvage, dont la férocité native était exaltée par le double fanatisme politique et religieux.

Un adversaire plus redoutable encore, s'était rencontré dans le climat, déjà extrêmement insalubre, en des circonstances normales, meurtrier pour des gens accablés de fatigues et de privations. A la fin d'août, plus de 2.000 hommes étaient morts de maladie, chiffre énorme si l'on songe aux effectifs engagés. Le général Vintimille, le *colonel Cattanéo*, commandant le 102e, le chef de bataillon *Prévost*, du même régiment, succombent, atteints par les fièvres miasmatiques.

Nos braves troupes, décimées, ne perdent pas courage et l'œuvre de conquête se poursuit sans relâche, au milieu de difficultés sans cesse renaissantes.

Le 18 août, une nuée de paysans se jettent sur le *Camp de Cazolei*, tenu à cinq kilomètres de Cosenza par un détachement du 102, sous les ordres du général

Mermet. Accueilli par une fusillade meurtrière, l'ennemi qui croyait surprendre les nôtres, se replie en hâte. Le 102e se jette à sa poursuite et en fait un terrible carnage.

Le 20 août, le maréchal ordonne aux généraux Verdier et Reynier de se concerter pour écraser des rassemblements signalés autour de *Fiume-Fredo*. Malheureusement le mouvement enveloppant échoue, par suite d'une erreur d'appréciation de Reynier qui, en se repliant, laisse fort en l'air l'autre colonne.

Pour la dégager, Masséna lance le général *Vintimille* avec le 102e sur le *Mont Cocuzzo* clef des positions environnant *Fiume-Fredo* (23-25 août). Juste à ce moment, la flotte anglo-sicilienne venait de débarquer plusieurs bandes, avec mission de provoquer un soulèvement général. Le Régiment rencontre l'une d'entr'elles à *Rocca Gloriosa* (30 août) et la met en complète déroute.

Le 2 septembre, *Fiume-Fredo*, centre de la contrée maritime du G. de Policastro est enlevée par *Gardanne* qui, parti le 31 du Quartier Général, avait rallié en route, le 102e vainqueur.

Le 4 septembre, le maréchal, considérant la Calabre citérieure comme à peu près pacifiée, part de *Cosenza* à la tête d'une colonne de 4.500 hommes, dont fait partie le 102e et se dirige sur la Calabre ultérieure, afin de disperser un corps anglais et quelques réguliers siciliens dont on lui avait signalé la présence. *Scigliano, Nicastro, Montéléone*, sont occupées sans difficulté ; quelques bandes seulement, apparaissent, rapidement dissipées. Reynier s'établit le 15 à Mileto comme Gouverneur ; Gardanne reste à *Nicastro*.

Le 102e prend part à l'occupation de cette ville ainsi que de *San-Biagio*, où il demeure jusqu'à la fin du mois. Il occupe aussi *Pizzo* où le général Douzelot a mission d'assurer les communications avec Naples.

On pouvait croire la campagne terminée. Mais, comment établir une durable tranquillité, dans un pays désolé par les Fra-Diavolo, les Carem-Cantore, les Papessodoro et autres brigands à la solde de l'Angleterre et de la cour de Palerme, insaisissables, dans des montagnes dont les moindres sentiers leur étaient familiers.

Les 2 et 10 octobre, le 102e bat et disperse les bandes occupant *Capestrenno* et s'empare de ce village.

Le 18, le régiment occupe Pizzo, au fond du golfe de Saint-Eufémia, avec un détachement à Lagonegro.

Au commencement de novembre, le 2e Bataillon est envoyé à Scirizzi.

A la fin de ce mois, la majeure partie du 102 est à Pizzo. Des détachements de 50 à 100 hommes occupent Saint-Onofrio, Filogasso, Montéléone, Catanzaro, poussant jusqu'à la côté orientale (Golfe de Squillace). Presque tout le mois de décembre se passe ainsi.

Le 25, le 1er Bataillon, en entier, est à Pizzo, le 2e à Scizzo.

Dans le courant de novembre, le Chef de Bataillon *Lecapitaine*, à la tête du Régiment, depuis le milieu de septembre, avait passé le commandement au colonel *Espert*, désigné pour succéder au colonel Cattanéo.

Le 102e remporte encore, avant la fin de l'année, deux succès à *Terriolo* et *Gurnigliano*, affaires sans grande importance.

Sur ces entrefaites, *Masséna*, las de cette interminable campagne sans gloire, était parti, considérant la Basilicate et la Calabre comme à peu près soumises (Maratéa et Amantéa, cependant, tenaient encore).

Le 10 janvier 1807, les deux Bataillons sont réunis à Pizzo ; le 17, le 1er occupe Scizzo. — Le 1er février, tout le 102 est à Pizzo.

Le 9, le 1er Bataillon envoie un détachement à Nicotera, à une quarantaine de kilomètres au sud sur la côte, et le 2e occupe Arpido, après la prise du village de *Brancaleone*, repaire d'insurgés. Le Régiment, garde les communications de Reynier en train de réduire Scylla.

Le 1er mars, les 2 Bataillons sont à Pizzo.

Le 10, le 2e Bataillon est détaché à Montéléone.

500 hommes, envoyés le 1er février par le Dépôt (le 3e Bataillon est toujours à Mantoue), arrivent à Naples à cette époque.

Enfin, au commencement de mars, parvient l'ordre de quitter cette sinistre Calabre. Avant d'en sortir, le 102e se signale une fois encore, en battant complètement sur la *Savuto* un gros d'insurgés, le 19 mars.

Il atteint, à Cosenza, le quartier général de Reynier d'où il est dirigé sur Minervino.

SÉJOUR DANS LE ROYAUME DE NAPLES

Le 10 avril, le Régiment est à *Salernes* près de Naples, parmi les troupes destinées à tenir le *Camp de Campagna* (25 kilomètres Est de Salerne).

Il passe le mois de mai à *Minervino*, non loin de Campagna. Le 3e Bataillon, est à cette époque, envoyé à Bologne.

Dans la première quinzaine de juin, le colonel Espert et ses 2 *Bataillons actifs* rentrent enfin dans *Naples*, toujours gouvernée par le maréchal Jourdan.

Tout le reste de l'année 1807 et pendant les premiers mois de 1808, le 102 tient garnison dans cette ville et sur le Golfe.

Au commencement de 1807, le 3e Bataillon forme 1 compagnie de Voltigeurs et 1 de Grenadiers, qui, successivement, occupent : Padoue, Bergame, le camp de Montechiaro, Livourne, Rome et Terracine avec le Corps d'Elite du Général Miolis. Ce n'est qu'en septembre 1808, que ces 2 compagnies rejoignent le 4e Bataillon à Forli.

Le 1er juin 1807, la 2e compagnie de Grenadiers passe au 1er Bataillon, pour remplacer celle qui était entrée dans la Garde. La 3e, vient au 2e Bataillon et la 3e de Voltigeurs, est répartie dans les 2 premiers.

Le 1er mars 1808, le 1er Bataillon est à Eboli, le 2e à Campagna. Conformément au Décret du 18 février, portant les régiments de ligne à 5 bataillons, de nouvelles modifications sont apportées à la composition du Régiment. Les 2 bataillons de guerre, se fractionnent en 3, comprenant 6 compagnies chacun. Le 3e Bataillon

(Dépôt), en garnison à Bologne, forme les 4e et 5e et reçoit 1 compagnie du 62e qui devient la 4e du 5. Cette opération est complètement terminée le 1er juin. Au commencement d'avril, les 2 premiers occupent Naples, où ils sont définitivement rentrés le 15 mars, le 3e (ancien n°) à Bologne (en train de se transformer en 4e), sauf les Grenadiers et Voltigeurs établis, nous l'avons vu, à Rome. Le 5e Bataillon est à Savone (en voie d'organisation). Dans le courant de juin, les 3 premiers Bataillons (nouvelle formation) tiennent toujours garnison à Naples. Les 2 autres demeurent à Bologne et Savone.

PRISE DE CAPRI (Novembre 1808)

En août, le 2e Bataillon est envoyé à Gaëte. Les Grenadiers et Voltigeurs du 3e Bataillon, prennent part en novembre, à la prise mémorable de Capri. On sait l'inexpugnable rocher qu'est cet ancien asile de Tibère. Celui-ci, si l'on en croit un auteur latin, ayant aperçu un pêcheur qui, pour dénicher des oiseaux de mer, avait réussi à s'élever de quelques coudées, le long des falaises à pic, fit saisir et mettre à mort ce trop habile grimpeur, le soupçonnant de posséder quelque secret magique. Loin d'imiter cet exemple, les Anglais maîtres de l'île, donnaient une forte prime, à tout individu, réussissant à y pénétrer, par une voie autre que l'entrée du port. Très peu y étaient parvenus et on avait pris soin de cimenter les anfractuosités dont ils s'étaient aidés. Quant au chenal donnant accès au petit port de l'île, défendu par de nombreuses batteries, il était impossible à forcer.

Le 4 novembre, cependant, à deux heures du matin, la croisière anglaise étant un peu éloignée et sous le vent, une flottille aux ordres du général Lamarque, sort de Naples, faisant voile vers la redoutable forteresse. Au point du jour, sous un feu épouvantable, les rochers qui paraissaient si parfaitement inaccessibles, sont escaladés par nos braves soldats. Le soir, après une lutte acharnée dans laquelle le major commandant Ana-Capri et plusieurs officiers anglais ont péri, on tient le pourtour et la garnison est réduite aux ouvrages du Mont Solaro.

Le lendemain, le général fait attaquer le fortin de Sainte-Marie, qui, bientôt capitule.

Le 6, le reste des troupes de l'expédition, commandées par le général Montserrat, trompe la surveillance de la flotte ennemie et débarque à Capri.

Aussitôt, les travaux d'approche sont entamés. Activement poussés, malgré le feu des ouvrages eux-mêmes et de l'escadre maîtresse de la mer, ils amènent, le 17, la reddition complète de la place.

Le commandant Tronquoy, du 1er Bataillon, le capitaine Hemmer, le sergent-major Betz, le voltigeur Sochet, du 102e, reçoivent pour leur belle conduite en ces divers combats la décoration de l'*Ordre royal des Deux-Siciles*.

Tout le régiment, tenait depuis le commencement du mois, garnison à Naples même.

LE 102ᵉ PASSE DANS LE ROYAUME D'ITALIE

Le 16 décembre, il en part définitivement, envoyé dans le *royaume d'Italie*. (Deux compagnies escortent à travers les Abruzzes, les prisonniers faits à Capri). Dirigé d'abord sur Rome, où les deux compagnies détachées rejoignent, il quitte cette ville le 25 pour *Forli*, où, le 13 février les quatre bataillons de guerre se trouvent réunis.

Pendant les deux mois qui précèdent l'entrée en campagne, le 102ᵉ est en garnison successivement, à Pozzolo, Vicence et Conegliano. Il quitte ce dernier poste, les premiers jours d'avril (le 11).

CAMPAGNE DE 1809 EN ITALIE ET ALLEMAGNE

SITUATION

L'insurrection générale de l'Espagne et du Portugal, le départ successif de presque tous les corps de la Grande Armée d'Allemagne pour les Pyrénées, l'entrée en ligne dans la Péninsule, des forces anglaises, en des conditions extrêmement favorables, avaient, au commencement de 1809, décidé l'Autriche à rompre le traité de Presbourg.

L'archiduc Charles, investi de pouvoirs illimités, fractionne les 550.000 hommes mis sur pied, en 9 corps de première ligne et 2 de réserve. Les 6 premiers, agiront en Allemagne, sous ses ordres personnels. — Le 7e, commandé par l'archiduc Ferdinand, opérera dans le Grand Duché de Varsovie. Enfin, les 8e et 9e (archiduc Jean), en Italie, rejetteront le vice-roi Eugène au-delà du Pô, puis derrière les Alpes, très probablement favorisés par un soulèvement général des populations, hostiles aux Français.

Le 9 avril, les troupes de l'archiduc sont concentrées entre la Save et l'Adriatique. Celles du prince Eugène, fractionnées en 7 Divisions, occupent les positions suivantes :

En première ligne, les 1re et 2e (Seras et Broussier) à hauteur d'Udine, entre la côte et les Alpes.

Derrière, la 3e (*Grenier*) à Pordebone, Sacile et *Conegliano* (les 4 Bataillons du 102 en ce dernier point) et la 5e (Barbon), sur la Piave et la Brenta.

La 4e (Lamarque) à Vérone.

Les 6e et 7e (troupes italiennes) à Padoue, Este et Montechiaro.

OFFENSIVE DES AUTRICHIENS

Le 10 avril, les avant-postes de Broussier, vigoureusement heurtés, sont refoulés ; sa division se concentre en avant d'Ospedaletto où, le lendemain, elle résiste tout le jour aux attaques furieuses d'un ennemi très-supérieur en nombre. Dans la nuit, sur l'ordre du prince, les 1re et 2e Divisions se retirent sur la rive droite du Tagliamento.

Devant les masses déployées par l'archiduc, toute l'armée, abandonnant cette ligne, bat en retraite derrière la Livenza.

Le 14 au soir, la Division *Grenier* occupe les hauteurs de *Sacile*, le centre à *Fontana-Fredda*.

BATAILLE DE SACILE (16 Avril 1809)

Vers neuf heures, toute l'armée s'ébranle, par échelons. La droite, engageant l'action, s'empare de Porcia. Vite ralliés et renforcés, les Impériaux font converger des forces considérables sur ce point, où Séras se trouve bientôt dans une situation désespérée.

Mais la Division *Grenier*, avec la 102e, se jette sur le flanc des colonnes en marche, et les arrête, sauvant ainsi la droite.

Pendant six heures, sur toute l'étendue du champ de bataille, on lutte avec acharnement.

De nouveaux renforts, arrivant sans cesse aux Autrichiens, force est, à la fin du jour, de rétrograder sur *Sacile*. Malgré les charges répétées d'une nombreuse cavalerie, la retraite s'exécute dans un ordre parfait.

Cette affaire est aussi honorable qu'une victoire ; pendant neuf heures nos soldats combattant contre des forces doubles, avaient fait éprouver aux Autrichiens des pertes plus considérables qu'ils n'en avaient eux-mêmes subies et n'avaient cédé le terrain que pied-à-pied, sans se laisser rompre une fois.

RETRAITE DU PRINCE EUGÈNE

Le prince Eugène, néanmoins, devant une telle disproportion numérique, se résout à reporter sur l'Adige sa ligne de défense en appelant à lui toutes les forces du royaume.

Le 22 avril, il atteint cette rivière sans avoir été inquiété dans son mouvement. Le général *Grenier* reçoit le commandement du Centre, composé de sa Division (provisoirement confiée au général *Abbé*) et de la Division Seras, et s'établit entre *Caldiéro* et *San-Martino*, le 102e occupant ce dernier point.

Cependant, les succès de nos armes en Allemagne avaient suspendu la marche de l'archiduc.

AFFAIRE DE SOAVE (29 Avril 1809)

Ne le voyant pas paraître, le prince Eugène ordonne, le 29 avril, une reconnaissance générale. La Division Grenier s'avance sur *Soave* où elle rencontre et bouscule une avant-garde solidement retranchée. Le régiment, fort engagé, subit des pertes assez considérables.

Le 30, l'ennemi semble vouloir entamer une action générale, pour reprendre les hauteurs de Bastia dont notre gauche s'était emparée la veille. Mais ce n'était là qu'une démonstration, destinée à masquer la retraite déjà ordonnée.

RETRAITE DE L'ARCHIDUC

Le 1er mai, l'archiduc abandonnant la ligne de l'Alpon, se replie sur Vicence et, serré de près, franchit la Brenta, évacue Trévise, ne s'arrête que le 6, derrière la Piave.

Le Prince Eugène, prend immédiatement ses dispositions pour en forcer le passage. La Division *Abbé* (102e) est dirigée sur San-Porciano et Sprisiano. Le 7, au matin, tout le Centre est en avant d'*Arcade* et *Narvedesa*. Sur la rive gauche, la position autrichienne se présente formidable.

VICTOIRE DE CONEGLIANO (8 mai 1809)

Le 8, l'archiduc laisse une partie des colonnes d'attaque, franchir la rivière, puis tombe avec des forces écrasantes sur la brigade Dessaix, qui, déployant un courage au-dessus de tout éloge et une opiniâtreté inouïe, tient tête et donne à la cavalerie le temps d'arriver pour la dégager, par des charges, dont la hardiesse autant que le bonheur, sont restés célèbres.

Cependant, le reste de l'armée, retardée par une crue subite et violente, franchissait aussi vite que possible, la Piave devenue torrent.

A trois heures, la presque totalité de nos forces est en bataille, à quelques cents mètres de la rive, la *Division Abbé* avec le 102e tenant la droite [1].

En face, les Autrichiens occupent les digues longeant la route de Conegliano. Les troupes du général Abbé, sont tout d'abord lancées, de manière à déborder la gauche ennemie. La cavalerie de Grouchy appuie le mouvement. Tout plie, devant l'impétuosité de ces braves, les digues sont enlevées et à huit heures, déposté sur son front entier, l'archiduc bat en retraite dans un complet désordre, sabré par la Division Pully et mitraillé par 24 bouches à feu, hardiment portées en avant par Eugène lui-même.

Cette belle victoire qui nous donne l'Italie, coûtait aux Impériaux 10.000 hommes, 15 canons et plusieurs drapeaux.

Le lendemain, dès la pointe du jour, l'avant-garde entame la poursuite. La brigade Dessaix culbute les défenseurs de la Livenza et les chasse jusqu'à Viganosa.

---

(1) Le Régiment était passé au gué de Lavadino, les nageurs aidant leurs camarades.

Le 11 mai on passe le Tagliamento.
Une partie de l'arrière-garde, retranchée dans *Villa-Nova*, résiste opiniâtrement.
La Division *Abbé* avec le 102ᵉ décide du succès.

VICTOIRE DE SAN-DANIELE (11 Mai 1809)

Toutes les forces autrichiennes, se concentrent à *San-Daniele*, que l'intrépide avant-garde Dessaix n'hésite pas à attaquer.

Rudement accueillie, cette faible troupe était en mauvaise posture, quand le 102ᵉ, avec le reste de sa Division (*Abbé*), conduite par *Grenier*, paraît sur le champ de bataille, précédée par une partie de la cavalerie. Tous ces braves gens, tombent sur les Impériaux, les enfoncent et les rejettent en complet désordre sur le camp de Majano.

Sans leur laisser le temps de s'y établir, Dessaix donne l'assaut et les en chasse après une courte lutte.

2.000 prisonniers et 2 drapeaux, tombent au pouvoir des soldats de Dessaix et *Abbé* (102ᵉ).

La Division Durutte, retardée par une crue du Tagliamento, n'avait pu arriver en temps utile.

Cependant, l'archiduc, rappelé par de pressantes dépêches de son frère, accélérait sa retraite sur la Carinthie, se bornant à disputer les meilleures positions, pour retarder la poursuite et sauver son artillerie et ses bagages.

Le 12, l'armée française entre à Vanzone et la Division *Abbé* occupe *Osopo*.

Le 15 mai, 2 divisions franchissant l'Isonzo, atteignent Gorizia et poussent vers Fiume, afin de se relier à Marmont, établi en Dalmatie. Plusieurs autres colonnes sont lancées dans diverses directions.

Le 102, avec une partie du *Centre*, s'empare des vallées de *Ponteba, Pradel, la Fella, la Dogna*.

L'archiduc, marche droit sur *Tarvis*, jetant seulement quelques bataillons dans les forts.

ENLÈVEMENT DU FORT DE MALBORGHETTO (18 Mai 1809)

Celui de *Malborghetto*, paraissait devoir opposer une longue résistance.

Outre la force de la position et des ouvrages, il était défendu par un corps de 2.000 hommes, établis sur des hauteurs presqu'inaccessibles, la droite appuyée à la Place, le front protégé par un profond ravin.

Un hardi mouvement de Dessaix, suivi d'une lutte très vive, rejette d'abord ce corps sur Tarvis, isolant la garnison, qui demeure livrée à ses propres ressources.

Reconnu le 15 mai par Dessaix, bientôt suivi des Divisions Durutte et *Pacthod* (ancienne Division Abbé) le fort n'est, lui-même, attaqué que le 18, les travaux d'approche indispensables, étant terminés et l'artillerie, hissée à force de bras, par l'étroite vallée de la Fella.

Le prince Eugène, avait tenu à assister en personne à l'assaut de ce « nid d'aigles ». Pendant que la *Division Pacthod* (102ᵉ), gravit par un mouvement tournant, des hauteurs réputées inaccessibles, Durutte se masse en avant du village et l'artillerie entre en action.

Soudain, malgré un feu épouvantable, les colonnes d'attaque s'élancent. Le 102ᵉ, par des sentiers de chamois, parvient à une des deux tours carrées, clefs et réduits de l'ensemble des ouvrages dont elles tiennent les points culminants, et après une violente lutte corps à corps, s'en empare. La moitié de la garnison ayant péri les armes à la main, le reste se rend à merci, nous laissant 11 canons, quantité de vivres et de munitions.

Pendant ce temps, une terrible bataille se livrait à *Tarvis*, où toute l'armée autrichienne, fortement retranchée, défendait désespérément le passage. Le général Grenier, aussitôt après l'enlèvement du fort, s'y porte en toute hâte. Il n'arrive que pour voir disparaître l'arrière-garde des Impériaux en pleine retraite [1].

Le commandant Collard et le sous-lieutenant Roustan, du 102ᵉ, sont cités pour leur belle conduite à l'affaire du 18.

Poussant vivement l'archiduc, le prince Eugène marche sur *Villach*, en avant de laquelle le *Centre* (102ᵉ) s'établit le 20 mai, sur la rive droite de la Drave.

Sur ces entrefaites, étant à Klagenfurth, le 102ᵉ, sans quitter le Corps du général Grenier, passe à la *Division Durutte*. Son 4ᵉ Bataillon avait été, le 14, près Rimelta, versé dans les trois premiers, pour en compléter les effectifs et le cadre envoyé au Dépôt (Udine, puis Fort d'Osopo et plus tard Savone). Le général *Dessaix*, qui s'était si fort distingué à l'avant-garde, lors des dernières opérations, prend le commandement de la brigade.

Les troupes de Durutte traversent *Klagenfurth*, remontent la Gurch, jusqu'à Zwischenvasern et par Neumarkt, parviennent le 24 mai à Knittelfeld.

---

[1] Il est possible, mais peu probable, qu'une partie du 102 non employée contre Malborghetto ait assisté à cette affaire. Voir à ce sujet une Note aux Appendices.

AFFAIRE DE SAINT-MICHEL (25 Mai 1809)

Un corps autrichien, celui de Jellachich, cherchant à s'échapper, filait rapidement sur Léoben, par Trabach et Saint-Michel. Grenier donne à ses deux Divisions l'ordre d'accélérer leur mouvement, de façon à le couper de Léoben.

Séras, qui tenait la tête, et remontait en hâte la vallée de la Muhr, se heurte le 25, à 9 heures du matin, aux Impériaux débouchant sur le plateau de Saint-Michel.

Sans perdre un instant, Jellachich se déploie, la droite à des montagnes très escarpées et boisées, la gauche à la Muhr ; son centre tient le plateau.

Pendant deux heures, Séras traîne l'action jusqu'à l'arrivée de Durutte. Dès que celui-ci est placé en seconde ligne, il s'engage à fond. Enfoncés presqu'aussitôt, les Autrichiens lâchent pied, sans même défendre le pont de la Muhr. Le 102e en Réserve sous les ordres du général *Dessaix* n'avait pas eu à donner. Le soir même, nous entrons dans Léoben.

800 tués, 1.200 blessés, plus de 4.000 prisonniers étaient les résultats de cette affaire qui ne nous coûtait que quelques hommes.

Le Centre, prend pour objectif, *Brück*, la Division Durutte et le 102 marchant sur *Gratz*, vers laquelle se dirigent également, par Feldkirch et la Muhr, Grouchy et Macdonald, qui s'étaient rencontrés le 26. Le 30 mai, ces deux derniers s'emparent de la ville et de ses immenses magasins.

Le 31, Séras (Centre) ayant franchi le Sœmering, rencontre à Schottvien la brigade Colbert de l'*Armée d'Allemagne*, pendant que la *Division Durutte* et le 102 s'établissent à *Murzuschlag*.

Le 2 juin, l'Armée d'Italie se concentre à Neustadt. Le 5, elle se met en marche vers la Hongrie, la Division Durutte (102e) passant par *Hukatshasa, Sharvar* (9 juin) *Janoshaza*.

Le 11, la Martzal est franchie, après une assez sérieuse résistance (le 102 engagé à *Kenton*). L'ennemi se retire sur Papa.

Le 12 juin, le prince Eugène fait converser ses forces sur ce point.

Le 102e, dirigé par Karta, sur la droite de *Papa*, avec le reste du Centre, se trouve soudain en vue des troupes de l'archiduc, en pleine retraite le long de la route de Raab. La cavalerie, ayant si impétueusement chargé, que la ville se trouva prise avant d'avoir eu le temps de se mettre en défense, Grenier, continue son mouvement et suit de près les Autrichiens.

LE 102e SOUS RAAB (13 juin 1809)

Le 13 au soir, la Division *Durutte* (102e) arrive devant *Raab*, juste à point pour tirer d'affaire la cavalerie. Celle-ci, harcelant l'ennemi jusque sous le canon de la

Place, était parvenue sur les hauteurs de Czanach. Jugeant la position excellente, elle s'en était saisie et malgré les furieuses attaques d'une partie de l'Armée Autrichienne, appuyée par un nombre considérable de bouches à feu, s'y était héroïquement maintenue.

L'infanterie de Durutte, dégage ces braves gens et occupe fortement les collines et les vignes si habilement enlevées.

BATAILLE DE RAAB (14 Juin 1809)

Cependant, l'archiduc avait installé ses troupes dans une formidable position, la droite appuyée à Szabadhegy, la gauche à un marais profond, le centre renforcé par le village de Kismegyer.

Un ruisseau fangeux, très difficile à franchir, couvrait son front, et, avec une ferme aux murs épais, soigneusement crénelés, défendue par 1.200 hommes d'élite, constituait une redoutable avant-ligne.

50.000 hommes, puissamment secondés par le terrain, attendaient là, l'attaque des 36.000 dont disposait encore le vice-roi.

Le 14, l'action s'engage. La Division Séras, a ordre de se porter sur Kismegyer, la Division Durutte, sur le centre ennemi, établi entre ce village et Szabadhegy.

Le 102ᵉ constitue la *réserve de Durutte*.

Au début, la journée s'annonce mal. Les troupes de Séras, chargées d'enlever la ferme, véritable forteresse aux fossés pleins d'eau, sont arrêtées par le ruisseau, et subissent de fortes pertes.

Accueilli devant Szabadhegy, par un effroyable feu d'artillerie et de mousqueterie Baraguey-d'Hilliers ne peut parvenir à gagner du terrain. En vain, Durutte, à la la tête de 3 Divisions, vient à son secours, pousse jusqu'au village et s'empare même d'une partie de celui-ci ; il doit se replier en hâte, pour ne pas être enveloppé.

Cependant, une partie des réserves étant entrée en ligne, l'offensive est reprise et les abords de Szabadhegy emportés.

Pendant ce temps, Séras, soutenu par la Brigade Valentin (Division Durutte), était parvenu à se rendre maître du front de Kismegyer.

Mais la ferme, tenait toujours.

Attaquée de front et à revers, elle se dressait inexpugnable, défendue par sa double enceinte de hautes murailles et les fondrières qui l'environnaient de toutes parts.

En un seul assaut, 36 officiers et 650 hommes étaient tombés, sans qu'elle fût entamée. Enfin, toute la Division Séras, avec la Brigade Roussel, se ruent à la fois sur elle, en un irrésistible élan de rage ; les portes massives sont enfoncées, la garnison massacrée jusqu'au dernier homme, les bâtiments incendiés.

Durant ce sanglant épisode, une lutte acharnée s'était engagée autour de *Szabadhegy*, où l'archiduc avait concentré ses réserves et un nombre considérable de bouches à feu. Pour répondre à ce suprême effort, Durutte appelle à lui le 102ᵉ qui, en toute hâte, franchit le ruisseau et est assez heureux pour entrer en ligne, au moment où les masses ennemies allaient aborder la Division, et comptaient, en l'écrasant, décider du sort de la bataille.

L'artillerie française, par ordre du général, avait suspendu son feu. Les Autrichiens n'étant plus qu'à 50 pas, les rangs s'ouvrent, et un ouragan de mitraille, creuse dans leurs profondes colonnes, de terribles sillons. Malgré des pertes cruelles, forts de leur supériorité numérique, ils se jettent cependant sur la Division Durutte. Mais celle-ci, loin de se laisser entamer, repousse l'assaut, prend à son tour l'offensive et demeure maîtresse de la position. Pris et repris trois fois, Szabadhegy était ainsi devenu le centre et le nœud de l'action.

En dépit de leur valeur, les troupes de Durutte auraient fini par succomber sous le choc de bataillons sans cesse renforcés ; déjà même, le général prenait ses dispositions pour la retraite, quand survient une brigade de la Division Pacthod, dernière réserve de l'armée.

A cette vue, nos braves qui n'abandonnaient qu'en frémissant ce sol, si chèrement conquis, se jettent au pas de charge, baïonnette en avant, sur les troupes de l'archiduc. Toute l'armée, entraînée par l'exemple, suit ce magnifique élan.

Szabadhegy, Kismedgyer, sont définitivement abandonnés par les Impériaux qui, impétueusement chargés par la cavalerie, se débandent et fuient, dans une inexprimable confusion, laissant plus de 4.000 des leurs sur la place. 3.000 hommes demeurent prisonniers.

Le succès de cette sanglante journée, était dû surtout à la Division Durutte et au 102ᵉ, entré en ligne de façon si opportune et si brillante. Le nom de Raab pourrait à juste titre figurer au drapeau.

Investie le 15, la Place, dont le canon, n'avait pendant tout le combat, cessé de tirer sur nos troupes, capitule le 22 juin.

Le 16, l'Armée s'était remise en marche vers le Danube, se dirigeant sur Comorn devant laquelle elle parvient le 18. L'artillerie de siège, étant occupée à réduire Raab, le vice-roi établit ses troupes sur la rive droite, sans attaquer la place et attend les ordres de l'Empereur.

Le 16, la Division Durutte est à Gony ; le 22, l'armée s'étant rapprochée de Raab, elle campe en avant de Szabadhegy ; le 24, elle s'établit dans l'île de Bosco, avec mission de surveiller les deux bras du Danube. Les *nageurs du* 102 s'emparent de plusieurs moulins occupés par l'ennemi et de bateaux chargés de vivres.

Enfin le 4 juillet, toute l'Armée d'Italie se rassemble à Schwachat, pour passer dans l'île *Lobau*, opération qui s'effectue durant la nuit du 4 au 5 et est achevée le 5 au lever du jour.

Au cours de cette campagne de deux mois, les troupes du Prince Eugène avaient fait 37.000 prisonniers, pris 12 drapeaux, 200 canons et repoussé de l'Adige au Danube un ennemi numériquement supérieur. Les soldats et le général, pouvaient hardiment prendre rang dans la Grande-Armée ; ils étaient dignes de combattre aux côtés des vainqueurs d'Eckmühl.

WAGRAM (5 et 6 juillet 1809)

Ce nom de *Wagram*, inscrit au drapeau du 102°, évoque une des plus terribles batailles du siècle.

On sait que Napoléon, maître de Vienne, avait rejeté dans le Marschfeld l'archiduc Charles, qui avait pris position, de manière à couvrir la Bohême, la Moravie et la Haute-Hongrie.

L'Empereur, voulant en finir, était alors venu s'établir à hauteur de l'île Lobau, avait fait jeter deux ponts, sur les bras qu'elle forme dans le Danube et commencer le passage, difficile opération en présence d'un ennemi nombreux et solidement retranché. 40.000 hommes avaient pris pied sur la rive autrichienne, quand la rupture du pont de 700 mètres, donnant accès dans l'île, les avait subitement laissés aux prises avec 90.000 Autrichiens. Pendant toute une journée (bataille d'Aspern-Essling, 21 mai) ces braves avaient tenu bon et, la nuit, le passage rétabli, ils espéraient voir déboucher toute l'armée, quand une nouvelle crue, coupant la communication, les avait de nouveau isolés.

Au nombre de 70.000, cette fois, ils avaient soutenu le choc des troupes de l'archiduc engageant ses dernières réserves et repoussé toutes les attaques. Dans cette effroyable lutte, le maréchal Lannes avait été tué, et pendant la nuit du 22 au 23, il avait fallu, faute de munitions, rétrograder dans l'île et détruire le petit pont.

L'Empereur, alors, renonçant à tout passage immédiat, avait commencé à transformer l'*île Lobau* en un véritable *camp retranché* de deux lieues carrées, relié aux rives, par des ponts solides, que défendait une flottille montée, par les marins de la Garde.

Les renforts attendus, étant arrivés, au commencement de juillet (Eugène et Macdonald avec l'Armée d'Italie; Marmont avec celle d'Illyrie; Bernadotte avec un corps Saxon), le moment était venu de reprendre l'offensive.

PREMIÈRE JOURNÉE

Le 5 juillet, vers 8 heures du matin, l'Armée d'Italie franchit le petit bras du Danube et vient se former sur la rive gauche derrière le Corps de Davoust.

La position autrichienne, figure un angle droit, le sommet à Wagram (centre), la droite d'Aderklaa au fleuve, la gauche de Wagram à Neusiedel, sur un plateau couvert par le Russbach formant fossé. 140.000 hommes y attendent l'attaque des 150.000 rassemblés par l'Empereur.

Parallèlement au Danube et vis-à-vis les anciens points de passage, l'archiduc a fait élever d'immenses retranchements de Gross-Aspern à Enzersdorf, en passant par Essling.

Armés de 150 pièces de position, reliés par de solides courtines, ils constituent une formidable avant-ligne.

Dans la nuit du 4 au 5, à la faveur d'un violent orage, les troupes françaises traversent le fleuve, au sud des précédents débouchés et, silencieusement, se forment en bataille, la droite à Wiettau, la gauche à deux kilomètres au-dessous d'Enzersdorf (Davoust, Bernadotte et Oudinot, Masséna), prenant à revers les redoutes établies avec tant de soin et les faisant tomber sans coup férir.

L'Armée d'Italie (Eugène et Macdonald), avec le Corps Marmont, la Garde et la grosse cavalerie se rangent en seconde ligne.

Pendant toute la journée du 5, on lutte dans la plaine ; les villages, en avant du Russbach, sont successivement emportés.

Le soir à 9 heures, Macdonald rassemble les Divisions Lamarque, Séras et *Durutte* (le 102e à cette dernière), franchit le ruisseau, se jette à l'attaque des hauteurs entre *Wagram* et *Baumersdorf* et réussit à y prendre pied.

L'archiduc, sentant la bataille perdue, s'il ne parvient à dégager son centre, lance sur les trois audacieuses Divisions, tout ce qu'il peut rassembler de réserves.

Assailli de toutes parts, Macdonald bat lentement en retraite, espérant être soutenu. Mais par une fatale méprise, les Saxons établis à Raasdorf, prennent pour ennemies, ces colonnes descendant du plateau et ouvrent contre elles une terrible fusillade.

Le 102e et les autres corps pris ainsi entre deux feux, subissent des pertes cruelles[1] et c'est merveille qu'au milieu des ténèbres et dans de telles circonstances il ait été possible de les rallier et de les remettre en ligne quelques heures plus tard.

Pendant la nuit, Napoléon concentre, devant Wagram, une imposante masse d'infanterie. Tout le Corps du prince Eugène est rassemblé, au *Centre*, pour enfoncer quand il sera temps, le Corps de bataille de l'archiduc.

SECONDE JOURNÉE

Celui-ci avait l'intention, devinée par l'Empereur, de déborder notre gauche et, nous coupant du Danube, de nous prendre complètement à revers. Pour faciliter la première partie de ce mouvement, Napoléon lance Davoust avec la droite, sur Neusiedel, lui ordonnant de tourner cette position, de l'enlever ensuite et de se rabattre sur Wagram.

Masséna, durant ce temps, sans s'inquiéter des progrès de l'archiduc, tiendra ferme, avec la gauche, et se contentera d'empêcher les Autrichiens d'attaquer nos derrières.

Ce plan hardi, devait réussir. Pendant que Davoust, malgré une résistance acharnée, avançait sur le plateau, *Macdonald*, Marmont et Oudinot tombent sur le centre ennemi.

En vain, une forte colonne est lancée sur le flanc de Macdonald. La Division *Durutte*, avec le 102e, se porte à sa rencontre, et malgré le feu de 12 pièces aux-

---

[1] Le général Grenier, commandant le Centre de l'Armée d'Italie (Divisions Séras et Durutte) et le général Séras sont blessés à ce combat de nuit.

quelles elle ne peut opposer que quelques canons hors de service, elle l'arrête, et la force à rétrograder. Se conformant ensuite au mouvement offensif de Macdonald, cette brave Division s'avance sur *Breitenlee*, dont elle s'empare, puis sur *Léopoldau* et *Gerarsdorf*, ramenant vigoureusement toutes les troupes envoyées contre elle et assurant le succès du mouvement décisif du Corps dont elle protège le flanc. Celui-ci, en effet, ayant enlevé *Sussenbrünn*, tourne ses efforts contre *Gerarsdorf*, et puissamment secondé par la *Division Durutte* et la Division Pacthod qui venait de se rendre maîtresse d'Aderklaa, finit, après une lutte terrible contre Bellegarde, Lichtenstein et Kolowrath, par les chasser de cette position, rendant ainsi définitif le triomphe de nos armes.

En vain, la droite autrichienne, débordant Masséna, avait poussé ses colonnes jusque dans l'intervalle, entre Gross-Aspern et Kagran, et occupé de nouveau la ligne des redoutes.

L'Empereur, au moment critique, avait fait charger la cavalerie de Bessières afin de gagner du temps, pendant qu'une batterie de 100 pièces écrasait le centre ennemi et permettait à *Macdonald* de former cette *énorme colonne* dont nous avons vu le formidable coup de bélier, au cœur de la bataille [1].

En vain, la gauche avait, sur le plateau, désespérément lutté contre Davoust, tournant cette armée qui nous tournait.

Le succès de Macdonald, portait le dernier coup à l'archiduc qui, après la prise de Gerarsdorf, ordonne la retraite.

« Soldats », s'écriait l'Empereur, s'adressant à l'*Armée d'Italie*, après avoir pressé dans ses bras *Macdonald* qu'il venait de faire maréchal, « Soldats, vous vous êtes couverts de gloire ». *Le 102e ayant sa large part dans des éloges, si précieux en une telle bouche, il était juste, que cette victoire fût inscrite sur son drapeau.*

Pendant plus de 40 heures on avait combattu presque sans interruption.

Wagram couronnait dignement la belle campagne de l'armée du prince Eugène.

POURSUITE

Le 7 juillet, lendemain de la bataille, la Division *Durutte* se remet en mouvement au point du jour, tombe sur des troupes légères qui tenaient *Hügenbrun*, les disperse, leur fait 100 prisonniers et s'établit dans le village où elle demeure pendant que l'Armée d'Allemagne poursuit l'archiduc, en retraite, vers la Bohême.

Le 10, la Division est à *Sieberbrün*.

Le 11, elle est mise avec le 28e dragons, aux ordres du général *Reynier* chargé de faire une reconnaissance sur *Marchek* et *Schlosshof*.

(1) 8 Bataillons sur deux lignes au Centre ; 13 en colonnes par Division aux ailes ; en Réserve : deux Divisions déployées ; la Cavalerie légère de la Garde et les Cuirassiers Nansouty sur les flancs ; l'Empereur derrière, avec les Grenadiers à cheval et l'Infanterie de la Garde.

Elle occupait ce dernier point, quand arriva la nouvelle de l'*Armistice de Znaïm* qui mettait fin à la campagne. La *Paix de Vienne*, signée en octobre, devait donner à la France ces provinces Illyriennes, si vaillamment conquises par l'Armée d'Italie.

Le 102e, resté sous les ordres des généraux *Durutte* et *Grenier*, est envoyé au *Camp d'Œdenbourg* (entre le Raab et la Leitha), où il parvient le 23 juillet. Il fait partie des troupes de Macdonald, occupant la Hongrie et la Styrie.

A la fin d'octobre (le 30), il quitte ce camp et arrive le 5 novembre à *Gratz*.

En décembre, le Régiment va à *Marburg*. A la fin de ce mois toute la Division Durutte part pour *Gorizia*.

En février 1810, le 102e est envoyé : le 1er Bataillon à *Venzone*, le 2e à *Gemona*, le 3e à *Saint-Daniel*. Ces divers emplacements sont occupés le 15.
En mars tout le Régiment est à *Savone*, sauf le 1er Bataillon resté à Gênes.
En avril, le 1er Bataillon tient garnison à *Gênes*; le 2e à *Port-Maurice* et *Oneille*; les 3e (détachement à Acqui), 4e et 5e (Dépôt) à *Savone*.
En août, les 1er et 2e vont à Alexandrie, pour revenir à Savone au commencement d'octobre.

Ce même mois, complétés par des hommes des 1er et 4e Bataillons, les 2e et 3e avec le *Colonel Espert*, partent pour l'*Espagne* (vià Avignon). Le 12 novembre, ils sont à Perpignan. Les 4e et 5e demeurent à *Savone*, avec le 1er.
Le 1er décembre, les 2e et 3e, arrivés à destination font partie de la *Brigade Guillot* (quartier général à Figuières) de l'*Armée de Catalogne*.

GUERRE D'ESPAGNE. — ARMÉE DE CATALOGNE

(Fin 1810 — Commencement 1814)

2ᵉ ET 3ᵉ BATAILLONS

SITUATION GÉNÉRALE

Rappelons très brièvement les causes de cette funeste guerre.

Le prince héritier, Ferdinand, indigné de l'empire exercé par Godoï, favori de Charles IV, en avait appelé à Napoléon, qui avait envoyé une armée, pour faire respecter la sentence arbitrale qu'il acceptait de rendre. Les Espagnols soulevés, avaient alors contraint leur roi à céder la couronne à son fils.

Les deux princes, sur le conseil de Murat, s'étant rendus à Bayonne, pour défendre leurs causes respectives, l'Empereur avait arraché à Ferdinand une abdication en faveur de son père et obligé ensuite celui-ci, à remettre entre ses mains le pouvoir royal, dont immédiatement il avait investi son frère Joseph.

L'Espagne indignée, avait couru aux armes (mai 1808).

Conquise d'abord, elle avait été aussi vite perdue, et Napoléon obligé de prendre lui-même le commandement, n'avait remporté que de stériles victoires sur les insurgés, puissamment soutenus par les troupes et l'or de l'Angleterre.

Après son départ, en 1809, une terrible guerre de guérillas avait commencé, guerre de surprises, d'embuscades, d'assassinats, horriblement meurtrière, qui devait engloutir le meilleur de nos vieilles troupes et creuser au flanc de notre armée une inguérissable blessure.

Le 102ᵉ avait pu, en Calabre, se préparer aux horreurs d'une lutte sans merci ni trêve, contre une population fanatique combattant « pro aris et focis », et tenant pour licites, tous les moyens, couteau et poison, contre l'étranger.

AFFAIRE DE MASSANET (5 Décembre 1810)

A peine entrés en Catalogne, les 2ᵉ et 3ᵉ Bataillons du 102, prennent part, le 5 décembre, à un combat livré à quelques kilomètres de la frontière, à *Massanet*, au nord de San-Laurenza.

Le 9 ils rejoignent la brigade *Clément* à Bagnolas.

Le 10, ils occupent *Sarria* et *Pont-Mayor*, autour de la *Junquera*, position au nord de Figuères, sur un affluent de la Muga.

Jusqu'à la fin du mois de décembre, le 102ᵉ surveille le débouché du Col de Pertus. A cette époque, se termine, par la reddition de la place, le long et pénible siège de Tortose.

Le 1ᵉʳ janvier 1811, les 2 Bataillons sont à *Figuères* même (on écrit aussi Figuières), quartier-général de la *Brigade Guillot*, dont ils font alors partie.

AFFAIRES DE LLÉORA, MONT-OLIVET ET CASTEL-FOLLIT

Le 9, ils surprennent à *Lléora*, 300 Miquelets (insurgés) et les taillent en pièces.

Le 24 janvier, un nouvel engagement a lieu, au même point.

Dans l'intervalle, le 102 était venu prendre position à *Sarria*.

Le 9 février, le régiment (il s'agit, bien entendu, des 2 Bataillons en Espagne) est chargé d'escorter un convoi se rendant à Barcelone, une des plus difficiles et des plus fréquentes opérations de cette guerre. Dans le courant du mois, un détachement occupe Pont-Major.

Le 3 mars, une troisième affaire a lieu à *Lléora*.

Le 15, le 2ᵉ Bataillon est à *Bagnols*, le 1ᵉʳ Bataillon à *Sarria* et *Pont-Major* aux ordres du général de brigade *Lefèvre*.

Avant cette date, un engagement avait eu lieu près d'Olot, dans la vallée de Saint-Michel, le 4 mars. Le 6, on s'était encore battu près du *Mont-Olivet*, et enfin le 9, à *Castel-Follit*, sur la Fluvia.

Entreprises par le général Guillot, le colonel Guêtre et le général Verdier, ces diverses opérations, se liaient à celles du général Souham contre O'Donnel et avaient pour but de débarrasser le pays d'une forte colonne, en marche sur Bésalu (Fluvia) tout en dispersant les insurgés de la côte qui avaient installé une « Junte provinciale » à *Arenis-de-Mar*.

Le 16 mars, le Régiment prend part à une affaire sanglante près de cette ville.

AFFAIRES DE SAINT-JAUME, GIRONE, BAGNOLS

Le 22 mars, une compagnie sur la route de Castel-Follit, à *Saint-Jaume*, donne dans une embuscade. Sans se laisser troubler, ni rompre, elle fait bravement tête, et parvient à mettre en fuite ses agresseurs.

Ce même jour, un autre détachement, remportait un brillant succès sur la route du *Poste-des-Quatre-Maisons*, près de *Girone*.

Le 23, une compagnie restée à *Bagnols* pour garder la ville, est attaquée par 500 Miquelets, qu'elle met en pleine déroute.

A la fin de mars, le 3e Bataillon est envoyé à Girone.

COMBATS DE CROIX-FALINES ET MONTEMOLI

Le 1er avril, attaqué sur les hauteurs de *Croix-Falines*, il repousse vigoureusement l'ennemi, en lui infligeant des pertes sensibles.

Le 8, les Voltigeurs et 2 compagnies de fusiliers, sous les ordres de l'adjudant-major Vigier, tombent sur une guérilla établie près de *Montemoli* et la dispersent.

LE 102e COUVRE LE SIÈGE DE FIGUÈRES

Le fort de *Figuères* ayant été surpris, par une bande de Miquelets, le général espagnol Campo-Verde, avait marché de Tarragone sur Olot, pour soulever la Haute-Catalogne. Le 3 mai, il arrivait devant Figuères, pour la ravitailler et en relever la garnison, les irréguliers qui y étaient enfermés, paraissant peu aptes à la défendre. Battu par Baraguey-d'Hilliers, il est contraint à la retraite et perd son convoi.

Afin de repousser de nouvelles tentatives de même nature, le 102e est réuni à *Girone*, d'où, pendant le reste du siège, il bat le pays, dispersant et écrasant les guérillas chargées d'inquiéter le corps de siège.

Le *Colonel Espert*, venu en Espagne avec ses deux Bataillons, étant passé *général*, le major *Maréchal* prend le commandement au mois d'octobre 1811. Six mois plus tard, il devait être promu colonel du 102e.

FIN DE 1811, OPÉRATIONS PEU ACTIVES

Le Régiment demeure à *Girone* jusqu'à la fin de juin, époque à laquelle le 3e Bataillon est envoyé à *Hostalrich*, entre Girone et Barcelone, non loin de la côte.

Dans le courant de juillet, le 2ᵉ Bataillon vient l'y rejoindre. Ils demeurent dans cette situation, jusqu'au commencement de novembre (détachements en septembre à Girone et au Mont-Jouy). Le Régiment avait cruellement souffert. Six mois après son entrée en Espagne, il avait eu 1.100 hommes, sur un effectif total de 1.200, dans les hôpitaux, où 400 soit le tiers, avait succombé.

C'est ce qui explique le ralentissement de ses opérations actives.

Néanmoins, le 2 octobre une colonne mobile disperse 300 insurgés et s'empare de la forte position de la *Côte-Rouge*.

Vers le même temps, une autre fraction du 102, battait près de Girone un gros de Miquelets.

Le 15 novembre, les 2 Bataillons sont réunis à *Girone*, pour y passer le reste de l'année, et la première quinzaine de 1812.

AFFAIRE DE SAINT-JEAN-DE-PALAMOS (15 janvier 1812)

Pendant la première quinzaine de janvier 1812, les 2ᵉ et 3ᵉ Bataillons sont portés sur *Pala*, *Frugalet* et *Saint-Jean-de-Palamos* pour surveiller la côte, alors fort menacée.

Le 15 janvier, le Détachement du 102ᵉ gardant ce dernier point, repousse une sérieuse tentative de débarquement. Une dizaine d'embarcations chargées de troupes, sont mises à la mer par une frégate anglaise, qui prétendait s'emparer d'un convoi de vivres réfugié dans le port.

Accueillies par une violente fusillade, elles se voient contraintes de gagner le large en abandonnant tout projet de descente.

A cette époque, les 2ᵉ et 3ᵉ Bataillons, quittant le 3ᵉ Arrondissement Territorial, sont rattachés à la *Division Lamarque* et dirigés sur *Hostalrich*, afin d'y attendre au passage leur nouvelle Division qui, de *Tordera*, doit, sur l'ordre du général Decaen, marcher sur *Barcelone*.

ARRIVÉE DU 1ᵉʳ BATAILLON EN ESPAGNE

Nous avons laissé le *1ᵉʳ Bataillon* à *Savone* en octobre 1810.
Dirigé sur *Toulon*, le 7 juillet 1811, il y avait tenu garnison le reste de l'année.
Le 1ᵉʳ janvier 1812, il était à Perpignan, en route pour l'*Armée de Catalogne*.
Le 14, il était à Girone.
Le 16, à Tordera, où il entrait dans la Division Lamarque, qui, le 17, se mettait en marche sur Barcelone.
Le 20 janvier, enfin, le 1ᵉʳ Bataillon opère sa jonction avec les deux autres à Hostalrich, où, ainsi que nous l'avons vu, ceux-ci attendaient la colonne.

EXPÉDITION MAURICE-MATHIEU. — VICTOIRE D'ALTAFULLA
(24 Janvier 1812)

Le 22 janvier, la *Division Lamarque* part de Barcelone avec 3.000 hommes de la garnison de cette place (8.000 hommes en tout), pour se porter, sous les ordres du général Maurice-Mathieu, à la rencontre d'un corps de 12.000 Catalans, qui avait attaqué Tarragone afin d'obliger le maréchal Suchet à distraire, pour la défendre, une partie des troupes du siège de Valence.
Le 22 au soir, les éléments de la colonne Mathieu, arrivent successivement à Villa-Franca, trompant les Espagnols sur l'effectif total et leur donnant ainsi, bon espoir de les écraser facilement.
Le 24, en effet, à 5 heures du matin, l'ennemi est signalé, en position derrière *Altafulla*, la droite à la mer, la gauche à un mamelon dominant le village de *Farran*.
La *Division Lamarque* est chargée de tourner la gauche, pendant que le reste attaquera le front.
Malgré la raideur de la pente, le mamelon est enlevé à la baïonnette. Mais une colonne, envoyée par le général ennemi, Lascy, réussit à se glisser entre le village et le plateau.
Le général Lamarque, en hâte, lance sur elle *deux Bataillons du 102ᵉ*, qui l'abordent avec furie, la rompent et la dispersent.
Enfoncés de toutes parts, les Espagnols battent en retraite, laissant 3.000 des leurs sur la place. Sans les montagnes et les ravins qui entravent la poursuite, tout eût été pris ou tué. L'artillerie entière tombe entre nos mains.
Le Bataillon du 102ᵉ qui n'a pas figuré dans le récit de l'action, avait été, dès le début, placé en soutien d'une de nos batteries.
La Division, après avoir poursuivi l'ennemi jusqu'à *Vals*, revient sous Barcelone où elle se retrouve le 27 janvier.

LE 102ᵉ A BARCELONE

Le 29, le 102ᵉ Régiment, désigné pour tenir garnison dans cette place, en remplacement du 5ᵉ Régiment, y fait son entrée.

LE 102ᵉ REVIENT VERS FIGUÈRES

A la fin de février, les trois Bataillons du 102ᵉ, reviennent à *Girone* (2ᵉ Arrondissement Territorial).

Le 1ᵉʳ mars, un détachement, surpris par les Miquelets, entre Bagnols et Girone, près d'un lieu dit « *les Quatre Maisons* », perd un capitaine et 30 hommes.

Le 6 mars, un Bataillon, qui venait d'être détaché à *Bagnols*, rejoint les autres à Girone, d'où tout le Régiment part le 7 pour Figuères.

Le 1ᵉʳ avril, les trois Bataillons sont à Bésalu (deux avaient été détachés à Bascara, un à Saria) et font partie de la Division Quesnel (brigade Beurmann). Ils y demeurent (brigade Gareau à partir de juin) tout le reste de l'année 1812.

AFFAIRE DE CASTELFOLIT (9 Avril 1812)

Le 9 avril, la *Division Quesnel*, chargée d'enlever la position de Castelfolit ou Castelfollit, tenue par un gros d'insurgés, s'en empare presque sans coup férir, grâce à la hardiesse de quelques troupes qui gravissent des hauteurs dominantes, réputées inaccessibles.

Après une poursuite acharnée, par les routes de Zipoll et Campredon, le général rentre à Olot, le 10, avec les 5ᵉ et 102ᵉ Régiments.

Le 102ᵉ demeure à Olot, pendant le reste d'avril et le mois de mai, détachant un Bataillon à Bésalu. Un engagement de peu d'importance a lieu le 16 avril près Bésalu, au *Mont Olivet*.

Les derniers jours de mai, la Division part pour Puycerda, par Ripoll et Ribas.

LE 102ᵉ AUTOUR DE PUYCERDA

Le 1ᵉʳ juin, le Régiment est à Puycerda.

Les deux premiers Bataillons y restent, jusqu'à la fin de l'année 1812, avec des détachements variables à Bellver et de nombreux autres détachements de peu de durée en divers endroits. Ils ne prennent part à aucune expédition importante, mais livrent d'incessants combats.

NOMBREUX PETITS COMBATS

Le 12 août, le 3ᵉ Bataillon retourne à Olot, près de laquelle, le 7 octobre, il défait complètement un parti ennemi.

Les Grenadiers et Voltigeurs, remportent encore un brillant succès, le 12 du même mois, près de cette place.

AFFAIRE D'OLOT (20 Octobre 1812)

Le 20 octobre (nuit du 20 au 21), 3.000 Espagnols tentent une surprise de nuit contre Olot. Le Bataillon, d'abord rompu, se rallie bientôt à la voix de ses chefs. Entouré de toutes parts, il fait tête, sur la place principale de la ville, aux guerilleros, qui déjà, se croient vainqueurs, arrête leur élan, reprend une offensive vigoureuse, les chasse de la ville et les poursuit jusqu'au Mont-Olivet.

Le capitaine Roberjot, commandant le 3ᵉ Bataillon, est cité pour sa brillante conduite.

Le 25 du même mois, le 2ᵉ Bataillon occupe Orno et Dac, et repousse énergiquement une colonne qui cherchait à pénétrer en Cerdagne. Les Compagnies d'élite sont commises à la garde de Pratz.

Le 7 novembre, les voltigeurs du 2ᵉ Bataillon, dispersent une bande, venue par le Col de Ju.

Le 11, le colonel Maréchal, avec une Compagnie, bat et disperse 300 Miquelets débouchant par le même passage.

Le 29, les Grenadiers et Voltigeurs enlèvent un mamelon près du Mont-Oliva.

SITUATION DU RESTE DU 102

Nous avons laissé les 4ᵉ et 5ᵉ Bataillons à Savone en 1810. Ils y demeurent tout le reste de cette année et tout 1811 (le 5ᵉ passe quelques mois à l'île Sainte-Marguerite).

Au commencement de 1812, le 5ᵉ Bataillon détache sa 2ᵉ Compagnie à Toulon, pour y être embarquée sur les frégates *Médée* et *Galathée*.

Dans le courant de l'année, le 4ᵉ Bataillon est envoyé à Alexandrie, puis rattaché au 11ᵉ Corps de la Grande-Armée.

Le 1ᵉʳ janvier 1813, le Régiment est ainsi fractionné :

1ᵉʳ et 2ᵉ Bataillons à Puycerda ; 3ᵉ Bataillon à Olot (Division Quesnel, Armée de Catalogne); 4ᵉ Bataillon au 11ᵉ Corps de la Grande Armée en Allemagne ; 5ᵉ Bataillon à Savone et Toulon.

Le 6 février 1813, un 6ᵉ Bataillon est formé à Savone.

LES TROIS BATAILLONS AU DÉBUT DE 1813

Le 18 janvier, une partie du 2° Bataillon, assiste à un combat près de *Vidance*.
A la fin du mois, ce Bataillon est envoyé à *Bellver*, puis à *Alp*, d'où, le 20 février, il part pour occuper *Aya* et les *Guinguettes*, mouvements de peu d'importance.

LE 3° BATAILLON VERSÉ DANS LES DEUX PREMIERS (26 Mars 1813)

Le 6 mars, le 3° Bataillon qui n'a pas cessé de tenir garnison à *Olot*, quitte cette place, et par Figuières, vient rejoindre le 1er, demeuré à *Puycerda*.
Là il est dissous et versé dans les 1er et 2° Bataillons, dont les effectifs étaient considérablement réduit.
Le cadre part de *Puycerda* le 26 mars, pour reconstituer à *Savone*, un nouveau 3° Bataillon (il y parvient le 5 mai).
Nous retrouverons ce dernier à l'*Armée d'Italie*, avec le 6° Bataillon, dont nous avons mentionné la formation en février 1813.

NOMBREUX COMBATS EN CERDAGNE

1er ET 2° BATAILLONS

Les deux premiers Bataillons, continuent cette atroce guerre, sans résultats et sans gloire, si meurtrière, pourtant !
Le général Gareau, commandant la brigade, étant mort le 30 mai, et la Division Quesnel, ayant été appelée en Italie le 13 juin, le général Espert, prend le commandement des troupes occupant la *Cerdagne*.
De nombreuses colonnes mobiles, ne cessent de parcourir la contrée, sans réussir à la pacifier. Devant elles, les guérillas se dispersent, le plus souvent, sans combattre ; par petites fractions, les insurgés gagnent d'inaccessibles sommets d'où suivant des sentiers connus des seuls habitants, ils redescendent, le danger passé, pour se

rassembler de nouveau et tomber sur les petits détachements, les isolés, les convois insuffisamment escortés.

Du 10 au 15 avril, le général Espert parcourt la vallée de la Sègre.

Le 17 avril, le 2° Bataillon, est envoyé d'Urus à Aya et Villaloben.

Une expédition, dont 300 hommes du 102° font partie, marche, le 30, de Villaloben sur *Dorria* et *Ribas*.

Le 7 mai, tout le 102° et quelques autres troupes, sous le commandement du colonel Maréchal, en reconnaissance sur *Ribas* et *Ripoll*, se heurtent à un gros d'insurgés, entre ces deux localités et les taillent en pièces.

Le 12 mai, une colonne comprenant une partie du 102°, sort de Villaloben, occupe Dorria, et pousse jusqu'à Ribas.

Le 28 mai, tout le Régiment part, afin de surprendre les troupes espagnoles, s'avançant par la vallée d'Alp et le Col de Tosas, pour relever la garnison d'Urgell. Malheureusement, l'entreprise échoue et on rentre sans avoir tiré un coup de fusil.

Le 2 juin, un détachement du 102° cerne également sans succès, un village, signalé comme étant le refuge d'une guérilla, commandée par le fameux Escola.

Le 11 juillet, nouvelle expédition infructueuse, d'un Bataillon du 102°.

Le 17 septembre, le général Espert, avec 12 Compagnies des 102° et 3° Léger et un détachement de 40 cavaliers, marche contre une partie de la garnison d'Urgel, venue jusqu'à *Montalla*.

Les Compagnies d'élite, enlevées par le commandant Arnault, du 1er Bataillon engagent l'action, en se portant à l'assaut de ce village, avec la plus brillante valeur. Tout le reste suit, et l'ennemi déposté, s'enfuit dans le plus grand désordre.

Le 15 octobre, le général Espert à la tête de 8 compagnies d'élite, va prendre position à Bellver, où il est menacé par un parti ennemi, vite dispersé.

Le 1er novembre, le 1er Bataillon est toujours à Puycerda, le 2° est porté à Aya.

PERTE DÉFINITIVE DE L'ESPAGNE

Pendant ce temps, l'armée anglo-portugaise, ayant tourné la ligne du Douro (Mai) avait refoulé nos troupes sur l'Ebre.

Après la défaite de Vittoria (21 juin), on avait dû repasser les Pyrénées et le 1er septembre, se replier derrière la Bidassoa.

A la fin de décembre, Wellington, maître de la rive gauche de l'Adour, pousse ses avant-postes devant Bayonne.

Dans l'est de l'Espagne, les affaires, pour n'être pas ainsi désespérées, ne laissaient pas, cependant, que d'aller fort mal.

On avait tenté un violent effort, pour dégager la garnison de Tarragone, assiégée par les Anglais. La place étant trop vivement pressée, il avait fallu l'abandonner, après en avoir détruit les remparts (18 août 1813).

Suchet s'était vu contraint à reculer derrière le Llobrégat. Le 14 septembre, après un engagement très vif, le *Col d'Ordal* est franchi et l'avant-garde ennemie, qui cherche à inquiéter le mouvement, reçoit une sévère leçon.

A la fin de décembre, les armées d'Aragon et de *Catalogne*, sont concentrées autour de Girone.

Le 102e, que nous avons laissé dans les Pyrénées, à Puycerda et Aya, en novembre 1813, y demeure, la fin de l'année et le commencement de 1814.

Le 15 février 1814, les alliés font une tentative sur *Molin-del-Rey*. Vigoureusement reçus, ils se retirent, après une canonnade de 7 heures.

Immédiatement après, le maréchal, ayant reçu l'ordre de diriger 10.000 hommes sur Lyon, est obligé de se rapprocher encore des Pyrénées. La perte de plusieurs places, et entr'autres de Lérida, vient accroître les dangers de la situation.

Dans la seconde quinzaine de mars, l'ordre étant parvenu d'envoyer à l'armée de Lyon, une seconde colonne de 10.000 hommes, il faut se replier derrière Figuères, entre Llers et Castillon, après avoir fait sauter les forts d'Olot, Palamos et Bascara et perdu Girone.

Le 24 mars, le roi Ferdinand, déposé par Napoléon, est rendu aux Espagnols. La guerre, sur cette frontière, est terminée. Le 102e, était passé à la fin de janvier 1814, avec les autres troupes de Cerdagne, sous les ordres du général Beurmann.

Ce général, reçoit, les premiers jours de mars, le commandement de la seconde colonne expédiée à Lyon.

ARMÉE DE LYON (20-22 Mars 1814)

1er ET 2e BATAILLONS (*suite*)

Le mouvement des troupes d'Espagne, partant pour l'Armée de Lyon, commence pour la seconde colonne, le 8 mars.

La Division, se fractionne en 3 échelons, qui parviennent à destination, les 18, 19, et 20 au soir.

Le 102e (2e brigade aux ordres du colonel Grange), entré dans le dernier élément, arrive à Lyon, au moment où, battu à *Limonest* (20 mars) en avant de la Place, Augereau est contraint de se replier sur Vienne et Valence. Seule, l'avant-garde de Beurmann, avait pu prendre part à l'action (Aile gauche, général Digeon).

L'armée française, en retraite, traverse Vienne, et le 22 mars, parvient à *Saint-Vallier* sur le Rhône.

Le maréchal y reçoit l'ordre de faire immédiatement partir pour Libourne viâ Clermont, 6 des 10.000 hommes de la 2me Colonne d'Espagne, afin de concourir à la défense de Bordeaux, menacée par Wellington.

1ᵉʳ ET 2ᵉ BATAILLONS (suite) A LIBOURNE
RENFORCÉS DU 6ᵉ ᵇⁱˢ BATAILLON DEVENU 4ᵉ BATAILLON

Venu d'Espagne, en poste, le 102ᵉ repart de même, avec les 77ᵉ et 115ᵉ de ligne, aux ordres du général Beurmann.

Aux deux premiers Bataillons, s'était joint à *Nimes*, le 19 Mars, le 6ᵉ ᵇⁱˢ *Bataillon, formé* dans cette ville le 26 décembre 1813 et devenu 4ᵉ *Bataillon*, le 1ᵉʳ janvier 1814, lors du passage de l'ancien 4ᵉ (Grande Armée) au 107ᵉ Régiment d'Infanterie.

En définitive, le Régiment était demeuré, deux jours seulement à l'Armée de Lyon.

Il ne devait plus figurer dans une autre armée. En le dirigeant sur Libourne, qu'il atteint le 13 avril, on avait eu l'intention de le faire entrer dans le *Corps de Réserve*, en formation dans cette région.

Les événements : bataille de Toulouse (10 avril); retraite de Soult et Suchet; convention du 23 avril, ne laissèrent pas le loisir de réaliser ce projet.

La campagne était close, pour cette fraction du 102ᵉ.

Le 3 mai, les bataillons, toujours sur le pied de guerre, viennent à Périgueux, où ils demeurent jusqu'au 11 juin, date à laquelle ils sont mis en route pour Marseille, qu'ils atteignent le 12 juillet et où ils concourent à la formation du 83ᵉ Régiment d'Infanterie (1ʳᵉ Restauration).

CAMPAGNE DE 1813-1814 EN ITALIE

3ᵉ ET 6ᵉ BATAILLONS

Nous avons vu, le 26 mars 1813, à Puycerda, le 3ᵉ Bataillon, versé dans les deux premiers et le cadre renvoyé à Savone.

En même temps, nous mentionnions la formation d'un 6ᵉ Bataillon, le 6 février 1813, à Savone.

Les deux nouveaux éléments : 3ᵉ reconstitué à l'aide de son cadre, et 6ᵉ, organisé de toutes pièces, partent, les 18 et 20 juin 1813, pour l'*Armée d'Italie*.

Le 1ᵉʳ juillet, à *Bassano*, ils font partie de la 3ᵉ *Division* (Semelé) de la 1ʳᵉ *Lieutenance* (Grenier), du *Corps d'Observation*.

Aux ordres du Major Wautier (Vautier ou Devautier), ils demeurent, pendant le mois de juillet, dans cette situation (détachement de quelques jours, à la fin, à Castel-Franco).

Le général Grenier, arrive à l'armée le 17 juillet et prend le commandement de la 2ᵉ Lieutenance, qui devient première. Une mutation en résulte pour le 102ᵉ, qui passe à la 3ᵉ Division (Broussier) de la 2ᵉ Lieutenance.

COMMENCEMENT DES OPÉRATIONS

Le 15 juillet, l'armée, forte de 50.000 fantassins et 1.800 Cavaliers, aux ordres du Prince Eugène, s'était mise en marche, de façon à porter les trois Lieutenances au-delà de l'Adige.

Le 102ᵉ n'avait pas eu à bouger de *Bassano*, placé sur la nouvelle ligne occupée.

Le 10 août, le terme de l'Armistice d'Allemagne, approchant, le Prince Eugène transporte son quartier général à Udine.

La 2ᵉ Lieutenance, se concentre entre Codroïpo et *Saint-Daniel*. Le 102ᵉ, avec sa Division (la 3ᵉ), alors commandée par le général Gratien, occupe cette dernière position.

La nouvelle d'une insurrection en Illyrie, décide le vice-roi, à s'avancer rapidement sur la Save, afin d'occuper cette ligne, avant que les Autrichiens, instigateurs de la sédition, n'aient pu déboucher d'Agram.

Il était malheureusement trop tard, et le 21 août, Hiller, à la tête de 40.000 hommes, marchant sur trois colonnes, atteignait Klagenfurt, Cilly et Carlstadt, le gros dirigé sur le premier de ces points, ce qui donnait à penser qu'il avait l'intention de forcer les positions de *Villach* et *Tarvis*, afin de gagner le Tyrol par la Drave.

Eugène, avec des troupes jeunes et sans grande cohésion, ne pouvait songer qu'à garder la défensive.

Le 27 août, la 1re Lieutenance se concentre dans le camp retranché de *Tarvis*, où elle arrive fort à propos pour dégager la *Division Gratien* (102°). Celle-ci, en effet, dès le 18, s'était échelonnée entre *Tarvis* et *Villach*. Attaquée par des forces très supérieures et sur le point d'être tournée, elle avait dû, le 23, évacuer la dernière de ces deux places. Le lendemain, le général, apprenant qu'il allait être soutenu, avait repris l'offensive, en lançant trois Bataillons sur les positions abandonnée. Les Autrichiens avaient été chassés de Villach, mais nous n'avions point osé y rester, ce point étant trop « en l'air » par rapport à la ligne générale.

AFFAIRE DE VILLACH (28 Août 1813)

Le 28 août, le Prince Eugène ordonne d'attaquer Rossek et *Villach*.

La 3ᵉ *Division* (102ᵉ *Régiment*) opère contre *Villach*.

Après une lutte acharnée, elle demeure enfin maîtresse des faubourgs.

Le lendemain, l'ennemi apprenant que *Rossek* est tombé entre nos mains, se retire en mettant le feu à la ville.

Le 102ᵉ, *qui avait montré la plus brillante valeur, à l'assaut des nombreuses barricades élevées par les Autrichiens*, a quatre officiers cités pour leur belle conduite : les capitaine Kesler et Noël, les sous-lieutenants Le Vasseur et Kesler (sic).

OPÉRATIONS PEU ACTIVES

A cette époque, l'*organisation* de l'Armée d'Italie, est modifiée.

Le 102ᵉ, reste à la 3ᵉ Division (Gratien) de la 2ᵉ Lieutenance, attribuée au général *Verdier*.

L'effectif est alors de 58.000 hommes, mais il convient, pour avoir idée de la force réelle de cette troupe, de défalquer de ce chiffre, un tiers environ de non-valeurs.

A la fin d'août, le 102ᵉ est au *Camp de Villach*, où il demeure, la première quinzaine de septembre.

Dans le courant de ce mois, l'organisation est encore changée. *Deux corps*, remplacent les 3 *Lieutenances* : celui de *Droite*, aux ordres du Prince Eugène lui-même, celui de *Gauche*, commandé par le général Grenier. La *Division Gratien* conserve le 3ᵉ rang dans le corps de Gauche.

AFFAIRE DE SAINT-HERMAGOR (Septembre 1813)

Quelques jours auparavant, le général Piat, avait été envoyé à *Saint-Hermagor*, avec une colonne dont le 102e faisait partie, afin d'arrêter le mouvement des Autrichiens, cherchant à déborder notre gauche.

Ce poste, avait été repris, le 12 septembre, par l'adjudant-commandant Hector.

Le général Piat, y est attaqué le 16, par des forces tellement supérieures, qu'il se voit contraint à la retraite.

AFFAIRES AUTOUR DE TARVIS — SAFFNITZ (7 Octobre 1813)

Dans le même temps, les Impériaux, franchissaient la Drave à Rossek.

Les troupes occupant *Villach* et les environs, et parmi elles le 102e, se replient en hâte, entre Arnoldstein et Regersdorff pour ne pas être enveloppées.

Le 4 octobre, le général Grenier ayant su que l'ennemi, progressant toujours, s'étendait sur l'Isonzo, concentre devant *Tarvis*, les 2e et 3e Divisions.

Le 7 octobre, en effet, une colonne de 9 Bataillons, appuyés de 4 pièces de canons, débouche de *Feistritz*, sur le Gail et attaque le poste de *Saffnitz*, défendu par 3 *Bataillons des* 102e, 42e et 131e. Devant ces forces triples, les nôtres, font une merveilleuse contenance et, prenant hardiment l'offensive, les rejettent de l'autre côté des montagnes, leur tuant ou blessant 600 hommes. Le major Vautier, commandant la 102e, à l'Armée d'Italie, le chef de Bataillon Scharff (3e Bataillon), sont cités, comme s'étant particulièrement distingués en cette rencontre.

MOUVEMENT DE RETRAITE

Malgré ce brillant fait d'armes, le Corps de Gauche est obligé de battre en retraite.

Le 11 octobre, il est concentré dans la vallée du Tagliamento, au débouché de la plaine du Frioul. La 3e *Division* (102e) occupe *Ospedaletto*.

La Bavière, demeurée jusqu'alors notre alliée, s'étant, à cette époque, tournée contre nous, et les troupes gardant le Tyrol, ayant dû reculer, le Prince Eugène, se voit contraint de se replier sur l'Adige.

Le général Grenier, avec les Divisions Rouyer et *Gratien*, franchit le Tagliamento et marche sur Feltre et Bellune, précédant l'armée de trois jours, pour refouler les troupes légères autrichiennes, dans le Haut-Tyrol.

COMBAT DE BASSANO (31 Octobre 1813)

Le 30 octobre, arrivé à Castel-Franco, il prend ses dispositions, pour enlever Bassano, tombé aux mains de l'ennemi.

Le 31, trois *colonnes* (*le 102 à celle de gauche*) attaquent vigoureusement la position, s'en emparent, malgré une résistance opiniâtre et poursuivent jusqu'à *Primolano*, les troupes du général autrichien Eckard.

Le 1er novembre, le mouvement vers l'Adige, continue, par Legnago et Vérone.

Le 4 novembre, enfin, l'armée prend position sur la rive droite.

OCCUPATION DE LA LIGNE DE L'ADIGE (Novembre 1813)

Considérablement réduite par les combats, les maladies et les garnisons, laissées au passage, dans un certain nombre de places, l'Armée d'Italie est réorganisée.

La 3e Division disparaît, versée dans les autres. Le nombre des Bataillons, est sensiblement diminué.

Le 102e, passé à la 1re Brigade (Jeanin), de la 4e Division (*Marcognet*), de la 1re Lieutenance (Grenier), conserve néanmoins ses deux éléments.

Sa Division est portée de Legnago à Vérone.

AFFAIRE VAGO-CALDIÉRO (15 Novembre 1813)

L'armée autrichienne, étant venue prendre position à Caldiéro, d'où elle menace Vérone, le Vice-roi, se résout à l'attaquer dans ses retranchements, avant qu'elle n'ait eu le temps de les perfectionner.

Le 15 novembre, la *Division Marcognet*, appuyée par une brigade de cavalerie et 12 canons, débouche de *Vago* sur le front de l'ennemi, pendant que d'autres Corps s'ébranlent, pour déborder ses ailes.

La *Brigade Jeanin* (102e *Régiment*), refoule les avant-postes, jusqu'au coteau de *San-Pietro*, enlève celui-ci à la baïonnette, et, prenant à revers un mamelon, vainement attaqué de face, fait tomber ce point d'appui. L'artillerie, peut alors se mettre en batterie, si avantageusement, que les Impériaux mitraillés, sont contraints de battre en retraite sur Soave et derrière l'Alpon, laissant 1.500 hommes sur la place et 900 prisonniers.

Le 102e Régiment est cité comme s'étant particulièrement distingué et le Vice-roi, en récompense, ordonne la réception parmi les *Compagnies d'Elite, des Grenadiers et Voltigeurs du 6e Bataillon, récemment formé*.

Le 17, pendant que le reste de l'Armée rentre à Vérone, la *brigade Jeanin* s'établit près de *Saint-Martin*, derrière le torrent de Vago.

AFFAIRES DE SAINT-MARTIN ET SAINT-MICHEL (19 Novembre 1813)

Le 18 novembre, cette position est attaquée par des forces très-supérieures, qui ne peuvent, cependant, parvenir à débusquer la *brigade Jeanin*.

Néanmoins, craignant que ces braves troupes ne finissent par être enveloppées, le général Marcognet, les fait replier sur Saint-Martin.

Le 19, le village lui-même est assailli par les Autrichiens avec une extraordinaire violence.

Le Vice-roi, averti, ordonne au général Marcognet de se retirer sur *Saint-Michel*.

Dans cette retraite, 6 *Bataillons dont les deux du* 102ᵉ *Régiment*, contiennent jusqu'à la nuit, les Impériaux, leur prenant 200 hommes et leur en mettant 1.200 hors de combat.

Le 20, la brigade Jeanin fort éprouvée, rentre à Vérone pour se refaire.

EXPÉDITION SUR LE BAS-ADIGE (Décembre 1813)

Le 6 décembre, la *Division Marcognet* mise en mouvement pour opérer sur le Bas-Adige, occupe la ligne Villanova, Rotta-Sabadina.

Le 8, sur trois colonnes, elle marche contre le corps du général Nugent, établi dans le Polesina.

Le 102ᵉ (*brigade Jeanin*), tient la gauche, qui, d'abord repoussée, reprend ensuite l'offensive et, le soir, rejette les Autrichiens dans *Boara-Polesina*, au nord de Rovigo.

Les Impériaux, considérablement renforcés, débouchent bientôt de la tête de pont qu'ils ont établie en ce point et refoulent la Division Marcognet, qui, les 9, 10 et 11 décembre, recule, en disputant le terrain pied-à-pied, jusqu'à *Castagnaro*.

Nugent, la route étant libre, marche alors sur Ravenne.

Le 19 décembre, Marcognet occupe *Roverchiaro*.

Le 24 il se rapproche de *Castagnaro*, d'où le général Deconchy, venait de repousser une forte colonne ennemie.

A la fin de décembre, le prince Eugène, ayant reçu quelques renforts, change de nouveau l'organisation de son armée, qu'il divise en deux Lieutenances de 6 Divisions.

Le 102ᵉ (2ᵉ *Bataillon*), fait partie de la Brigade *Deconchy*, de la 4ᵉ Division (*Marcognet*), de la 1ʳᵉ Lieutenance *(Grenier)*.

La 4ᵉ Division, est cantonnée à Legnago et Castagnaro.

RETRAITE SUR LE MINCIO (3 Février 1814)

La conduite équivoque de Murat, roi de Naples, faisant craindre une défection imminente, le prince Eugène, à la fin du janvier 1814, se décide à abandonner l'Adige et à se replier derrière le Mincio.

Le mouvement commence le 3 février 1814.

Le 7, la Division Marcognet est à Pozzolo ; le 8, à Roverbella, couvrant les routes de Mantoue et Valeggio.

AFFAIRE DE VILLA-FRANCA (8 Février 1814)

L'intention du maréchal autrichien Bellegarde, successeur d'Hiller (Décembre), était de franchir le Mincio, à Borghetto et Pozzolo.

Ses troupes, se heurtent aux corps d'Eugène qui, pour ne pas être pris en flanc par Murat, prononçait un mouvement offensif, alors qu'on le croyait en pleine retraite.

Dans cette bataille de rencontre, très singulière, si l'on considère les positions des divers éléments, le général Grenier, avec la Division *Marcognet*, se trouve en présence de la Division Mayer, à *Roverbella*. Il la bouscule et la rejette sur *Mozzacane*, puis sur Villa-Franca.

Les autres parties de l'armée française, en présence de forces supérieures, luttent péniblement, toute la journée et le soir, d'un suprême effort, réussissent à repousser les Impériaux, qui perdent : 5.000 tués et blessés et 2.000 prisonniers.

Le 9, les troupes de Marcognet sont à Volta.

Dans la nuit du 9 au 10, Bellegarde, croyant ses adversaires absolument épuisés et prêts à céder au moindre effort, tente de nouveau de franchir la rivière, à *Borghetto*.

En hâte, Grenier accourt de Volta avec la *Division Marcognet* et repousse les Autrichiens.

L'anse du Mincio, est ensuite fermée par de solides retranchements, dont la garde est confiée aux troupes de *Marcognet*.

Dans le courant de février, le Prince, se résout à n'employer que des troupes françaises, en 1re ligne et à ne se servir des Italiens, que pour la défense des places. Ceux-ci, en effet, commençaient à déserter en masse et il était à craindre, que l'arrivée de Murat, n'entraînât ceux qui restaient encore fidèles.

Après cette nouvelle répartition de nos forces, le 102e, à la brigade *Deconchy*, de la 4e Division (*Marcognet*) de la 1re Lieutenance (Grenier), occupe *Montalto* puis Volta.

DÉFECTION DE MURAT

Le 15, la Déclaration de guerre du roi de Naples, est notifiée au Prince Eugène, qui détache Grenier, contre Murat et Nugent, ayant opéré leur jonction.

L'armée austro-napolitaine, battue en plusieurs rencontres, se replie derrière l'Enza, en jetant un Corps dans *Parme*.

PRISE DE PARME (2 Mars)

Le 2 mars, Grenier attaque cette place. Les *Compagnies d'élite du* 102e, attachées pour cette expédition, à la brigade Jeanin, escaladent les murs du *Jardin Impérial*, s'emparent d'une clef de poterne et pénètrent dans la ville.

Sur plusieurs autres points, les remparts sont forcés. 1.200 hommes sont pris, le reste tué ou mis en fuite.

L'adjudant-major Rey, le lieutenant Dussert, le sous-lieutenant Couillé, les sergents Martin et Francart, les voltigeurs Cornet et Lafiteau, *du* 102e, *sont cités*, par le général Grenier, comme s'étant *particulièrement distingués* à cette affaire.

Pendant l'attaque de Parme, le général Jeanin, sur l'Enza, battait un corps ennemi, qui se portait au secours de la Place.

Le 7 mars, la Division est établie à Goïto et Cerlongo. Le Régiment ne devait plus prendre part à aucune opération.

ÉVACUATION DE L'ITALIE (avril 1814)

Le 19 avril, à la suite d'une *Convention*, signée le 16, entre le Vice-roi et le maréchal Bellegarde, l'Armée d'Italie, contrainte par la chute de Napoléon, à abandonner ce pays, qu'elle avait si bien défendu, évacue les lignes du Mincio et du Pô, pour rentrer en France. Le 102e est, de nouveau, à la brigade Jeanin (Division Marcognet) depuis le commencement d'avril.

Le 5 mai, l'Armée est à Turin.

En juin, la Division occupe Digne, Sisteron et Marseille.

DISSOLUTION DU 102e RÉGIMENT (1er Septembre 1814)

C'est dans cette dernière ville, qu'après la Dissolution de l'Armée d'Italie (20 juin), *le* 102e *disparait*, *le* 1er *septembre* 1814, *fondu dans le* 83e *Régiment*, qui, organisé par le Lieutenant-Général Grenier, inspecteur-général d'Infanterie, assisté de Monsieur Sirodot, inspecteur aux Revues, se compose des éléments suivants :

Les 7 Bataillons du 102 ;

Le 5e Bataillon (Dépôt) du 118e ;

Les 3e et 7e Bataillons des Tirailleurs de la Garde.

CAMPAGNE DE 1813

En Allemagne

GRANDE ARMÉE

4ᵉ BATAILLON

DÉPART DU 11ᵉ CORPS POUR L'ALLEMAGNE

Nous avons vu l'envoi du 4ᵉ Bataillon à Alexandrie, dans le courant de l'année 1812 et son passage au 11ᵉ Corps (35ᵉ Division) de la Grande Armée.

Ce Corps, formé en Italie pendant l'hiver 1812, en part, les premières semaines de 1813, aux ordres du général Grenier, avec un effectif d'environ 18.000 hommes, pour occuper *Berlin* où il parvient en février.

La désastreuse *retraite de Russie* touchait à sa fin. Le prince Eugène, commandant les débris de l'armée, avait dû renoncer à défendre la ligne de la Vistule et se replier sur l'Oder.

C'est à Francfort, sur ce fleuve, que le général Grenier, opère sa jonction avec le Vice-roi, le 18 février.

Les Cosaques de Czernichew, s'étaient par un raid audacieux, portés jusqu'en vue de Berlin. Le prince se hâte de gagner cette ville, dans laquelle il arrive le 21, son armée, aux ordres du maréchal Gouvion-Saint-Cyr, le suivant.

Les malheureuses troupes, échappées au désastre, sont à ce moment amalgamées avec celles de Grenier et forment trois Divisions, dont l'effectif total se monte à 26.000 hommes à peine, en y comprenant une Division bavaroise.

Le 4ᵉ Bataillon du 102ᵉ (commandant Junot), en position à *Posen*, entre dans la 15ᵉ *demi-Brigade provisoire* (major Bassendin), de la 2ᵉ Brigade (Meunier), de la 36ᵉ Division, commandée par le général *Charpentier*.

Malgré que la population de Berlin, fût absolument hostile, et que la défection prochaine de la Prusse, ne fût qu'une question de jours, le prince, pour laisser aux troupes, qui se rassemblent derrière l'Elbe, le temps de s'organiser et de se compléter, ne quitte cette ville que le 4 mars, à la dernière extrémité, se dirigeant sur Wittemberg, qu'il atteint le 6.

Le 9, il entre à Leipzig, et son armée, forte d'environ 40.000 hommes, prend position sur l'Elbe, le Corps Grenier autour de Wittemberg. Le 17 mars, la Prusse se déclare officiellement contre nous, portant les forces de la coalition sur l'Elbe et l'Oder, à 250.000 hommes contre 52.000, réunis alors par le prince Eugène.

Le 21, le 11e Corps se dirige sur Dessau. Le 1er avril, les troupes du Vice-roi sont derrière la Saale, le 11e Corps à Magdebourg, au nord du confluent de cette rivière et de l'Elbe.

PREMIÈRES OPÉRATIONS (Avril)

Le 3 avril, toute l'armée est déployée en avant de cette place, le 11e *Corps* sur le *plateau de Nedlitz*, la gauche au village, la droite vers Gommern.

Le 4, vers 2 heures, elle est attaquée par 60.000 hommes, sous les ordres de Wittgenstein, Bulow, Zerbst et York. Le soir, malgré sa supériorité numérique, l'ennemi n'avait fait aucun progrès sensible. Le prince, ne voulant pas s'engager à fond, se replie pendant la nuit.

Quelques jours plus tard, désireux de se rapprocher de la Haute-Saale, il laisse une partie du 11e Corps en réserve, à Magdebourg, et avec le reste et le 5e Corps, vient à Aschersleben. Un grand nombre de petits engagements ont lieu du 13 à la fin du mois, l'avantage restant presque toujours à nos troupes, qui gardent toutes leurs positions, jusqu'à l'arrivée de l'Empereur.

Le 25 avril, le 11e Corps est en entier sur la ligne Asleben-Mansfeld. La situation du 4e bataillon du 102e n'a pas changé ; il est simplement, dans le courant du mois, passé aux ordres du commandant Begoin.

Les derniers jours de ce mois, les 5e et 11e Corps sont réunis à Mersebourg, sur la Saale et le prince Eugène, entre en liaison avec la Grande Armée, commandée par l'Empereur en personne.

Le 1er mai, Napoléon se dirige sur Leipzig, afin de franchir l'Elster. Wintzigerode qui cherche à l'arrêter, se fait battre à Weissenfels. Le prince Eugène, qui avait marché au canon, arrive le combat terminé. Le 11e Corps campe à Mark-Runstadt.

Le général en chef Wittgenstein, voyant que la Grande Armée, se porte sur Lutzen et les troupes d'Eugène sur Leipzig, se résout à tomber sur le flanc de la 1re masse, en manœuvrant, de façon à écraser autour de Lutzen, les 4e et 6e corps.

Renseigné à temps, l'Empereur appelle en hâte le Vice-roi, dont le 5e corps attaquait déjà Leipzig.

BATAILLE DE LUTZEN (2 Mai 1813)

Vers midi, le 2 mai, l'action s'engage, par une furieuse attaque de Blücher sur Gross-Gorschen.

Autour de ce village, de Klein-Gorschen et de Rhana, c'est bientôt une terrible mêlée. Devant les forces énormes, que déploie Witgenstein, le centre français plie.

Une tentative contre la droite, est arrêtée par le 6e corps. Le village de Kaya, clef de la position, au centre, est pris, repris plusieurs fois et reste enfin au pouvoir des Russes et des Prussiens ; le 3e corps recule.

La Jeune Garde est envoyée à son aide, suivie par la Vieille Garde, la cavalerie et 80 bouches à feu ; mais nos dernières réserves étaient ainsi engagées, alors que de nombreuses troupes fraîches, demeuraient disponibles, du côté adverse. La bataille était perdue, si le Prince Eugène n'arrivait pas.

Celui-ci, craignant que l'ennemi ne débouchât à sa suite, de Leipzig et ne parvînt en même temps que lui, sur le champ de bataille, avait laissé le 5e corps, devant cette ville et, prenant le 11e *Corps à Schœnau*, s'était rapidement porté sur Lutzen.

Macdonald, commandant ce corps, arrivé à cette date à son poste, proposait de prendre cette ville même, pour objectif. Le Prince, préfère tomber sur le flanc des alliés, par Sckeutbar.

A 4 heures, les 3 Divisions se déploient entre Meyen et Kitzen, au moment précis, où Wittgenstein, se prépare à frapper le dernier coup. En vain, York et le prince de Wurtemberg, s'efforcent d'arrêter dans Eisdorf, ce renfort qui va changer la fortune de la journée. Eisdorf et Kitzen sont enlevés et la *Division Charpentier* (102e) occupe fortement la 1re de ces deux positions.

Alors, avec une irrésistible impétuosité, se prononce le mouvement offensif, déterminé par l'entrée en ligne des réserves. Tous les points perdus, sont repris. L'ennemi, ébranlé par la défaite de sa droite, que le Vice-roi vient de culbuter, et sentant ses derrières menacés, se retire sur ses positions du matin, la droite derrière Flossgraben, le centre en arrière de Gorschen.

L'armée alliée, bat en retraite pendant la nuit. L'absence de cavalerie, empêche malheureusement Napoléon, de profiter de sa victoire. Pour 15.000 tués ou blessés, on ne compte que 2.000 prisonniers.

« Depuis 17 ans, que je commande les armées françaises, je n'ai jamais vu plus de bravoure et de dévouement » disait l'Empereur, le soir de Lutzen.

Cette victoire de conscrits, sans cavalerie, soutenus par une faible artillerie, sur de vieilles et solides troupes, supérieures en nombre et abondamment fournies de canons et de chevaux, est une des plus remarquables, parmi celles auxquelles le 102e a eu la gloire de contribuer.

Le 3, l'armée s'ébranle, à la suite des alliés, sur la route de Dresde ; le 4, elle franchit la Pleiss ; le 5, la Mulda. Le Vice-roi, dans plusieurs engagements, bouscule l'arrière garde, commandée par Miloradowitch.

Le 8 mai, l'Empereur entre à Dresde. Les coalisés se retirent dans le camp retranché de Bauten.

Pendant cette première quinzaine de mai, le 4e bataillon du 102, sans quitter le 11e corps, passe 11e *demi-brigade provisoire* (d'Omereu) de la 31e division (*Ledru des Essarts*).

Macdonald, commandant ce corps, ayant franchi l'Elbe le 11 [1], inflige le 12 à *Bischoffwerda* un sanglant échec à Miloradowich (ce jour même, le Vice-roi part pour l'Italie); le bat encore le 15, à Goëdau et ne s'arrête qu'à portée de canon de Bautzen.

Le 19, l'Empereur vient à Dresde, prendre le commandement des 150.000 hommes rassemblés sur la Sprée, en face de 172.000 alliés, prêts à défendre cette rivière comme une avant-ligne du camp de Bautzen.

Le 11e *Corps*, est à cheval sur la rivière.

BATAILLE DE BAUTZEN (20 et 21 Mai 1813)

Le 20 mai, à 8 heures du matin, l'action s'engage sur toute la ligne. *Macdonald*, chargé de l'attaque de la ville même, franchit la rivière, sur un pont qu'on avait négligé de détruire et emporte les *hauteurs de Prieswitz*. A 7 heures du soir, l'ennemi avait perdu toutes ses positions d'avant-ligne, à l'exception d'un point, tenu encore par Blücher.

La bataille de Bautzen était gagnée. Les immenses travaux (300 redoutes), si laborieusement édifiés, devenaient presque inutiles.

Le 21, à 5 heures, le camp retranché, que les alliés avaient considéré comme inexpugnable, est attaqué avec fureur, par le 12e corps. En portant sur la gauche ennemie, son premier effort, Napoléon cherche à persuader à son adversaire, que c'est là, qu'il a l'intention de frapper le grand coup.

Aussi, le 11e *Corps* (102), vient-il renforcer le 12e. Ils mettent tant d'ardeur à leur démonstration, que l'Empereur Alexandre, dégarnit le reste de sa ligne, pour renforcer cette Gauche, sur laquelle paraissent converger tous nos efforts.

Ney, cependant, ayant franchi la Sprée, en avant de la Droite des Alliés, progressait et venait prendre Blücher en flanc, ce qui affaiblissait encore le Centre, obligé d'envoyer ses Réserves, au secours du général prussien.

Napoléon lance alors sur le Centre, ce qui lui reste de troupes. Tout cède, et la Gauche, prise à dos, par le 6e Corps et vivement poussée par *Macdonald* (102), est obligée de suivre le mouvement général de retraite.

Le lendemain de cette belle victoire de *Würschen*, le 11e Corps, avec la plus grande partie de l'armée, se met à la poursuite des Alliés. Le 23, il est à Schœnberg. Pendant cette marche et jusqu'à l'armistice, conclu le 4 juin, les troupes de Macdonald, ne prennent part à aucun engagement de quelque importance.

Le 15 juin, le quartier général est à Lowenberg, sur la Bober et le 102e à Liebenzahl, en Silésie.

En juillet, la *Division des Essarts* (102e) occupe Friedenberg.

Le 12 août, l'Autriche renonçant à ses tentatives de médiation, nous déclare la guerre.

---

[1] Fortement engagé, au passage de l'Elbe, le Bataillon du 102e subit des pertes cruelles (Neustadt, 11 mai).

A cette date, le 11e Corps, avec le 3e et 5e, formant une masse de 100.000 hommes, aux ordres du maréchal Ney, occupe la Silésie, où les Alliés ont eux-mêmes 130.000 hommes, commandés par Blücher.

Le 14, leurs troupes se mettent en mouvement et Breslau est occupée, par le général Sacken. Le 15, Blücher s'avance vers la Katzbach. Le 18 août, les 5e et 11e Corps se réunissent à Lowenberg.

L'Empereur y arrive lui-même le 21, jugeant ce point particulièrement important. Tous les Corps de Ney s'étaient repliés derrière la Bober.

OPÉRATIONS SUR LA BOBER ET LA KATZBACH (Août)

Napoléon, prend immédiatement l'offensive. Le 5e Corps, suivi par le 11e, franchit la rivière, culbute York, en observation devant la ville et le rejette sur *Goldberg*.

Blücher cherche à se concentrer sur la Katzbach. Le 22, Macdonald poursuivant son mouvement, l'oblige à prendre position derrière cette rivière. Le 23, Lauriston qui le remplace momentanément, attaque *Goldberg*, s'en empare et force Blücher à se replier sur Jauer, où il réunit son armée le 24 (dans ces divers combats le 102e marche en seconde ligne). Les trois journées des 21, 22 et 23 coûtent à l'ennemi 7.000 tués, blessés ou pris.

Napoléon, pensant que Blücher ne se hasarderait pas de quelque temps, à un engagement général, retourne à Dresde, emmenant Ney et confiant le commandement des troupes sur la Bober, à *Macdonald*.

ÉCHEC DE MACDONALD SUR LA KATZBACH (26 Août 1813)

Le 24, le 11e *Corps* est sur la Katzbach, en position, avec la cavalerie, en arrière de Goldberg. Le 26, Blücher prend l'offensive, à 2 heures de l'après-midi, au moment où les troupes françaises s'ébranlent elles-mêmes pour l'attaquer. Le 11e *Corps* franchit la rivière, au gué de Schmokowitz et marche sur Jauer, par la rive droite de la Wüthende-Neiss.

Les deux masses en mouvement, se heurtent bientôt et presque aussitôt, le 11e Corps, déployé entre Weinberg et Klein-Tintz et isolé du reste de l'armée, est environné par la cavalerie ennemie, qui lui prend son Parc et ses bagages, pendant qu'York d'abord, Sacken ensuite, le pressent de toutes parts. Acculé à la Neiss et à la Katzbach débordées, il se dégage à grand'peine, à la faveur des ténèbres et bat en retraite sur Buntzlau.

Les autres Corps, vigoureusement attaqués, avaient vainement cherché à se porter à son secours; le 5e, en particulier, perd une partie de son artillerie et ne rejoint les 3e et 11e que le 28.

Tous les cours d'eau, grossis par une crue considérable, avaient opposé à nos mouvements, les plus sérieux obstacles.

OPÉRATIONS DIVERSES — DÉFECTION DE LA BAVIÈRE
CONCENTRATION SOUS LEIPZIG (Septembre-Octobre)

Le 4 septembre, Macdonald se porte derrière le Zobaner-Wasser. L'Empereur, ce jour même, prend le commandement de ces troupes en pleine retraite, les ramène, contre l'avant-garde de Blücher, qui est bousculée et ne repart le 7, qu'après avoir obligé les Prussiens à rétrograder.

A la fin du mois, le 11ᵉ Corps est sous Dresde. Le 5 octobre, il part avec la Garde (le 4ᵉ Bataillon du 102 à la brigade Fressinet, 1ᵉʳ de la 3ᵉ Division), se dirigeant sur Meissen, par les deux routes de l'Elbe. Le 8, l'Empereur rejoint cette colonne à Wurzen. Le 9, 12.500 hommes sont réunis à Eleinburg, marchant contre Blücher, qui, en hâte, cherche à se dérober.

Pendant que Napoléon demeure à Duben, avec la Garde, les 4ᵉ et 11ᵉ *Corps*, et la cavalerie, une série de mouvements, sont effectués par les autres troupes, pour obliger les Alliés à prendre un parti.

Le 14, on apprend que la Bavière se tourne contre nous.

Les frontières, de Huningue à Mayence, se trouvant découvertes, tous les plans combinés jusque-là, s'écroulent. Il faut se rapprocher en toute hâte, de la ligne d'opérations de Leipzig, afin de ne pas être coupés de la France.

Le 15, Napoléon avec la Garde et le 11ᵉ *Corps* arrive à Rendnitz, devant Leipzig. Dans cette plaine, va se décider le sort de l'Europe.

BATAILLE DE WACHAU (16 Octobre 1813)

Le 16 octobre, le 11ᵉ *Corps* a l'ordre de se porter, par Holzhausen, à la gauche du 5ᵉ (Lauriston), établi à Liebertwolkwitz. A 9 heures du matin, trois colonnes, formées par les troupes de Wittgenstein et Kleist et couvertes par 200 pièces d'artillerie, débouchent sur le champ de bataille et une terrible lutte s'engage autour de Wachau.

Vers 11 heures, les mêmes positions avaient été prises et reprises cinq ou six fois, lorsque *Macdonald*, se déployant en avant d'*Holshausen*, tombe sur le flanc de Klenau, s'engage à fond contre le 5ᵉ corps et l'enfonce.

A midi, Napoléon fait avancer ses réserves, contre le centre ennemi. En même temps, les 5ᵉ et 11ᵉ *Corps*, prononcent un vigoureux mouvement offensif. Klenau, pris entre les deux, bat rapidement en retraite, sur la route de Grimma.

Cependant, le Centre, tenait bon. En vain, l'Empereur lance à plusieurs reprises, la majeure partie de sa cavalerie, et engage ce qui lui reste d'infanterie disponible. Il ne peut arriver à s'emparer définitivement du village de Gossa.

A l'aile gauche, Ney avait à Mockern, éprouvé un véritable échec. En résumé, la victoire demeure indécise. L'ennemi, qui avait attaqué, ne fait aucun progrès, mais de nombreux renforts lui arrivent, et ne pas avoir été battu, constitue pour lui un heureux résultat.

Le 16, nous avions eu 156.000 hommes, à opposer à 236.000 (Armée de Bohême et Armée de Silésie).

BATAILLE DE LEIPZIG (18 Octobre 1813)

Le 18, l'armée de Pologne et celle du Nord étant arrivées, c'est contre 349.000 hommes (Schwartzemberg généralissime) que nous avons à lutter. Le 17 au soir, cette énorme masse, est en position.

Napoléon, n'avait reçu qu'un nouveau corps, le 7e (Reynier). Environné par des forces plus que doubles, l'Empereur rapproche sa gauche, un peu en l'air et s'empare du pont de Weissenfels sur la Saale, pour se ménager une ligne de retraite par Lutzen. *Macdonald* demeure derrière *Holzhausen*, en première ligne.

Le 18, à 8 heures du matin, commence cette gigantesque lutte d'un demi-million d'hommes, que l'Histoire devait appeler la *Bataille des Nations*.

Le 11e *Corps*, attaqué par Klenau, menacé en flanc par Benningsen, reçoit l'ordre de se replier sur Stotteritz. La Division Ziethen, dirigée contre ce village, cherche en vain à s'en emparer. Elle l'écrase de mitraille et le réduit en cendres, sans pouvoir enlever la position.

Le soir, aucun point de la principale ligne française n'avait été forcé. Nos troupes avaient tenu héroïquement, sous un ouragan de fer et la journée s'achevait dans une canonnade épouvantable.

Malheureusement Ney, à l'extrême gauche, sur la Partha, avait dû se rapprocher de Leipzig. Cette ville même, vigoureusement attaquée, avait malgré la faiblesse numérique des troupes chargées de la défendre, résisté à tous les assauts (40.000 hommes contre 150.000).

SECONDE JOURNÉE

RETRAITE (19 Octobre 1813)

On ne pouvait renouveler pareil effort d'héroïsme. La défection des Saxons et le manque de munitions (250.000 coups de canon, tirés), rendaient la retraite nécessaire.

Elle commence le 18 au soir, par Lindenau, vers Lutzen. Pour la couvrir, il fallait défendre à outrance Leipzig.

Le 11e *Corps* avec le 8e (Poniatowski), doivent former l'*extrême arrière-garde* appuyée à la Pleiss, et ne s'engager que vers 11 heures, dans le défilé des nombreux ponts, jetés sur la Pleiss, l'Elster et les canaux.

Le 1er de ces ponts, devait sauter après le passage de la colonne.

Malheureusement, l'armée alliée, apprenant la retraite des Français, se jette sur Leipzig.

Vers 8 heures, une lutte effroyable s'engage dans les faubourgs ; nos troupes, exaspérées, font tête de toutes parts, massacrent ce qui avait pénétré dans la ville et ne cèdent enfin, que sous l'irrésistible poussée du nombre. Dans l'horrible confusion de cette masse d'hommes, refluant vers un point unique, quelques tirailleurs ennemis, se glissent le long de l'Elster, et jettent l'alarme parmi les sapeurs ; ceux-ci font sauter le pont, coupant toute retraite à plus de 20.000 hommes.

Une partie du 11ᵉ corps périt, écrasée dans les faubourgs ou noyée, en voulant franchir les différents cours d'eau. *Macdonald*, plus heureux que Poniatowski, réussit à passer à la nage.

BATAILLE DE HANAU (30 Octobre)

Après une lamentable retraite, par la Saale, l'Unsrutt, Erfurt (où un peu d'ordre est remis dans l'armée), Napoléon, prend Mayence comme objectif ; les débris du 11ᵉ *Corps* reformé par *Macdonald*, marchent à l'avant-garde.

A *Hanau*, le 29, de *Wrède*, avec 60.000 austro-bavarois (la Bavière venait de se tourner contre nous), barre la route. L'Empereur, réunit une vingtaine de mille hommes, dont le 11ᵉ *corps*, et, après une violente canonnade (Drouot) les lance sur l'ennemi qui, enfoncé de toutes parts, s'enfuit en hâte derrière la Kintzig, perdant plus de 10.000 hommes (30 Octobre).

Le 31, Hanau est enlevé.

Le 1ᵉʳ novembre, de Wrède, cherche à la reprendre ; il ne réussit qu'à laisser 2.000 des siens, sur la place. Le chemin était définitivement ouvert. Le 4 novembre, on atteint Mayence, sans autre combat.

OPÉRATIONS SUR LE RHIN (Novembre-Décembre 1813)

Conformément aux ordres de l'Empereur, ce qui reste de la Grande Armée, se réforme à Strasbourg, Mayence et Cologne. *Macdonald*, rassemble ses troupes (dont le 102ᵉ) à *Cologne* et est spécialement préposé à la garde du Rhin.

En novembre, il transporte son quartier général à Clèves, pour défendre le cours du fleuve et couvrir les Pays-Bas.

Le 1ᵉʳ décembre, le 4ᵉ *Bataillon du* 102ᵉ, occupe *Clèves* et *Juliers*. Il fait partie de la 2ᵉ brigade, de la 31ᵉ Division, du 11ᵉ corps. Le quartier général, est alors à Nimègue.

A la fin de l'année, ces troupes, réduites à 900 combattants, sont en position, entre Crevelt et Nimègue. Le 102ᵉ, occupe *Whamel* non loin de Clèves.

LE BATAILLON, VERSÉ DANS LE 107ᵉ RÉGIMENT (1ᵉʳ Janvier 1814)

Le 1ᵉʳ janvier 1814, le 4ᵉ Bataillon est versé dans le 107ᵉ *Régiment d'Infanterie*. On n'a pas oublié que son numéro, est immédiatement repris, dans le Régiment, par le 6ᵉ bis Bataillon, dont nous avons vu la jonction, à Nimes, avec les 2 bataillons venant d'Espagne, à l'Armée de Lyon.

ARMÉE DES COTES DE LA MÉDITERRANÉE (1814)

5ᵉ ET 7ᵉ BATAILLONS

Nous avons laissé, le 1ᵉʳ janvier 1813, le 5ᵉ Bataillon à Savone et Toulon.

Il demeure sur cette côte, sans événement remarquable, pendant la plus grande partie de l'année, va tenir quelque temps garnison à Alexandrie et finalement, le 1ᵉʳ janvier 1814, se retrouve en entier à Savone.

Le 5 janvier 1814, un 7ᵉ Bataillon est formé à Savone.

SITUATION GÉNÉRALE

On sait combien, à cette époque, la situation était désespérée : Schwartzemberg par les Vosges ; Blücher par la Moselle ; Bernadotte par la Belgique ; les Autrichiens par la Vallée du Rhône ; les Anglo-Espagnols par les Pyrénées, se jetaient sur la France vaincue.

Nous avons vu l'Armée d'Italie, tenir bravement tête, et, malgré la défection du roi de Naples, arrêter sur cette frontière, les efforts des coalisés.

OPÉRATIONS AUTOUR DE GÊNES (Mars-Avril 1814)

Pendant que, dans l'intérieur de la Péninsule, le vice-roi Eugène, luttait contre Bellegarde et Murat, les Anglais, dont les flottes n'avaient cessé, depuis la première conquête, de croiser devant Gênes, envoient contre cette ville, une escadre de 9 vaisseaux de ligne et 4 frégates, suivis d'un grand nombre de transports.

Lord Bentinck, débarqué dans le golfe de la Spezzia, à Lerici, avec une division Anglo-Sicilienne, laisse un détachement devant le fort Sainte-Marie, qui capitule le 1ᵉʳ Avril et s'avance le long de la côte, pour attaquer Gênes du côté de la terre.

Le 28 mars, le général Rouyer, avec 2.500 hommes, avait pris position à Sestri (di Levante). — Il est refoulé par les forces ennemies très supérieures.

Le 5, une seconde brigade anglaise, venant de Sicile, avait débarqué à Livourne.

Le 6 avril, 200 *hommes du* 102ᵉ sont envoyés, par le général Callier, commandant le Département de Montenotte, pour protéger les batteries côtières de Voltri et de Sestri (di Ponente).

Ce détachement, à également pour mission, de s'opposer aux débarquements et d'empêcher toute communication des insurgés des montagnes, avec la mer.

Cependant l'amiral Pelew, était venu mouiller à Nervi, à une dizaine de kilomètres de la place, et les habitants paraissaient peu disposés à subir un nouveau siège.

Le général Callier, reçoit le 13 avril, l'ordre d'aller avec la garnison de Savone (le reste des 5e et 7e Bataillons), prendre position à *Sestri* (di Ponente), afin d'en défendre la baie et d'empêcher un débarquement à Saint-Pierre.

Les Gardes Nationales de Toulon, sont envoyées de Porto-Maurizio et Alassio, pour remplacer le 102e.

Le 10, l'escadre ennemie, croisant devant Gênes, s'était dirigée sur Savone ; l'inquiétude avait été grande. — Les *détachements du* 102e, établis à Arenzano, Voltri et Sestri, semblaient insuffisants, pour empêcher un débarquement, sur la magnifique plage, entre San-Pietro d'Arena et Arenzano. — Pourtant, dans la nuit du 12 au 13, ils repoussent une tentative faite en cet endroit.

Le 17, l'escadre et l'armée Anglo-Siciliennes, attaquent de toutes parts la position, pendant que les chaloupes, canonnent vivement les troupes établies entre Sestri et Saint-Pierre d'Arena. — Partout l'ennemi est repoussé.

REDDITION DE GÊNES (20 Avril)

Malheureusement, des insurgés s'étant emparés de deux forts, les Anglais jettent quelques bombes dans la ville même.

Menacé d'un soulèvement populaire et n'ayant aucun espoir d'être secouru, contre un ennemi d'effectif triple et sans cesse renforcé, le général Frezia, est obligé de rendre la place, le 20.

Aussi bien, venait-il d'avoir connaissance de la Convention, conclue entre le prince Eugène et Bellegarde.

ÉVACUATION DE L'ITALIE

Le 21, la garnison, avec armes, bagages et artillerie, prend la route de Savone. Elle atteint cette ville le 22 et continue aussitôt, son mouvement sur Acqui.

Savone même, capitule le 24, l'abdication de l'Empereur rendant toute résistance inutile.

Pour les 5e et 7e Bataillons, la campagne n'avait pas duré quinze jours. — Dirigés sur Marseille, ils entrent, le 1er septembre, dans le 83e Régiment.

CINQUIÈME PARTIE

LE 102ᵉ RÉGIMENT
PENDANT LES CENT-JOURS

LE 102ᵉ RÉGIMENT PENDANT LES CENT-JOURS

Campagne de 1815
CORPS D'OBSERVATION DU JURA

RECONSTITUTION DE L'ARMÉE IMPÉRIALE

NOUVELLE FORMATION DU 102ᵉ RÉGIMENT

Napoléon, à peine rentré aux Tuileries, rétablit les Régiments sur leur ancien pied et leur restitue les numéros qu'ils portaient avant la Restauration [1].

Des ateliers d'habillement, des fabriques d'armes sont, de toutes parts, ouverts.

La prodigieuse activité du génie militaire qui avait, si longtemps. étonné le monde, réalise ce miracle : mettre sur pied, en quelques semaines, 400.000 hommes, pourvus de tout et prêts à entrer en campagne.

Les places frontières sont armées, des retranchements élevés sur les points particulièrement menacés, les passages importants, gardés.

Deux mois après le départ de l'Ile d'Elbe, l'Empereur dispose de 414.000 hommes dont 363.000, pour l'Armée de Ligne.

Sur cet effectif, 217.000 hommes sont complètement équipés et instruits.

L'Infanterie est fractionnée en 7 Corps de première ligne, 4 Corps d'observation, 1 Corps de Vendée.

Le 102ᵉ (ex-83ᵉ), part de Marseille à la fin d'avril, à destination du *Corps d'Observation du Jura*, qui doit comprendre 2.500 soldats de ligne, 900 cavaliers et 4.500 Gardes nationaux.

Chargé de la défense du secteur Huningue-Fort l'Ecluse, le Corps du Jura est aux ordres du *général Lecourbe*, l'ancien lieutenant de Masséna en 1799, très habile tacticien, tenu à l'écart pendant l'Empire, à cause de ses opinions politiques.

---

[1] Sous Louis XVIII, il y avait 90 Régiments d'Infanterie de Ligne et 15 Légers, la plupart à 2 Bataillons.

LE RÉGIMENT A BELFORT

Les 2e et 3e Bataillons parviennent à Belfort le 2 mai ; le 1er y arrive le 4.

Le 6 mai, le 3e Bataillon est versé dans les deux autres (615 hommes à l'effectif, pour les trois Bataillons) et son *cadre*, envoyé le 9, au *Dépôt*, qui, de Toulon, est porté à *Chaumont*, où le 16 juin, un nouveau 3e Bataillon, ainsi que des 4e et 5e Bataillons et un cadre de 6e Bataillons, sont formés.

Le 15 mai, le 102e, à la 2e Brigade (Clavel) de la 18e Division (Abbé) est cantonné à *Giromagny* et aux environs. Il y demeure le reste du mois, et une partie de juin (Le 25 mai le 1er Bataillon est à Bourg libre et le 2e au Village-Neuf près Altkirch.

Le 31, le 1er Bataillon à Bourgfelde et Hugenheim, le 2e Bataillon à Bultschwiller et Hésingen.

Le 5 juin, le 1er Rataillon à Bourgfelde et Bourglibre, le 2e Balaillon à Neudorf.

Le 10 juin, le 1er Bataillon à Sobissengen, le 2e Bataillon à Nideranspach.

Le *colonel Maréchal*, est à ce moment remplacé, dans le commandement du Régiment, par le *colonel Susbielle*.

Les 20 et 25, le 102 est à Hésigen et Nideranspach.

PRMIÈRES OPÉRATIONS (Fin Juin 1815)

Le 26 juin, 12.000 Autrichiens, conduits par Colloredo, débouchent de Bâle.

Les 6e, 52e et 102e qui, sous les ordres des généraux *Abbé*, Martel et *Clavel*, observaient cette trouée, à Bourgfelde, Bourglibre et Hegenheim, sont contraints de se replier sur Altkirch, après un furieux combat. « Ces 3 Régiments », dit, dans son Rapport, le général en chef, « ont montré beaucoup de courage et de fermeté ».

Lecourbe, ne voulant pas compromettre la « poignée de braves », composant ses troupes de ligne, s'échelonne entre *Dannemarie* et Belfort.

COMBAT DE DANNEMARIE (27 Juin 1815)

Dannemarie, attaquée le 27, et d'abord emportée, allait être abandonnée par le général Abbé, quand le 102e *s'y jetant au pas de charge*, prend ou tue, tout ce qui y avait pénétré et répand une telle terreur, parmi les ennemis, que rien ne peut les ramener au combat.

SOUS BELFORT

Le 29 juin, Lecourbe, après une sanglante mêlée (*Division Abbé*), est obligé, devant des forces triples, de rétrograder sous Belfort, où il occupe la ligne Roppes-Oudimont. Le 102ᵉ prend position sur le plateau de *Besoncourt*. Pendant la bataille, il avait tenu jusqu'à la dernière extrémité, à *Chavannes*, puis à *Fonssemagne*, et mérité les éloges du général en chef.

Le 30 juin, les Impériaux cherchent encore à déborder les ailes. Ils ne peuvent parvenir à enlever aucun point important (le 102ᵉ n'est pas engagé).

Le 1ᵉʳ juillet, les 30.000 hommes de Colloredo et Hohenzollern, luttent toute la journée contre les 4 à 5.000 de Lecourbe.

Le soir, après une terrible mêlée, les braves défenseurs de Belfort, sont coupés de Montbéliard et se resserrent autour de la place.

Cette action, très remarquable, peut être considérée comme une victoire, vu l'extrême disproportion des effectifs.

Fort malmenés, les Autrichiens n'opèrent plus ensuite, qu'avec une extrême circonspection.

Lecourbe, prend même l'offensive, afin d'ouvrir un passage à un convoi de vivres, dont la pénurie commence à se faire sentir.

FIN DES OPÉRATIONS (11 Juillet 1815)

Le 11 juillet, Colloredo reçoit la nouvelle de la rentrée de Louis XVIII à Paris. Il en fait aussitôt part à son adversaire, qui, pour éviter une inutile effusion de sang, signe le même jour un *Armistice*, dont les termes sont tout à l'honneur et à l'avantage des nôtres.

Les Alliés, à cette date, disposaient de 40.000 hommes.

Les 8.000 de Lecourbe (deux tiers de Gardes Nationales), avaient, en quinze jours, mis hors de combat 17.000 hommes.

La postérité, frappée par l'énormité des masses, convergeant sur la Belgique et le caractère définitif de la catastrophe de Waterloo, n'a pas accordé, à cette campagne du Jura, la part de gloire qu'elle mérite bien légitimement, si l'on considère l'effort héroïque de cette poignée de braves.

Le 23 juillet, Lecourbe, dans un ordre du jour, recommande à ses soldats la soumission au nouveau Gouvernement et leur rappelle que la « force armée est essentiellement obéissante. »

Le 24, l'acte enregistrant l'adhésion des troupes, est envoyé au ministère, par le général Boyer, commandant la place.

L'ordre de *dislocation* est donné à la date du 20 août.

DISSOLUTION DU 102ᵉ (Septembre 1815)

En septembre, le 102ᵉ Régiment [1], licencié, disparaît complètement. Le 1ᵉʳ et 2ᵉ Bataillons, le sont à Belfort, le 15 septembre, en vertu de l'ordonnance royale du 30 août ; les 3ᵉ, 4ᵉ, 5ᵉ et le cadre du 6ᵉ Bataillons, à Niort, le 12 septembre ; enfin le Conseil d'administration et les officiers comptables vont à Mont-de-Marsan, où ils entrent dans la composition de la *Légion des Landes*.

---

[1] De 1792 à 1815, le 102 avait pris part à 35 batailles, 129 combats, 23 passages de rivières et 12 sièges. Plus de 8.000 des siens avaient répandu leur sang pour la Patrie. Près de 1.500 avaient trouvé, devant l'ennemi, la mort des braves.

SIXIÈME PARTIE

DE 1815
A LA PÉRIODE ACTUELLE

DE 1815 A LA PÉRIODE ACTUELLE

I. FORMATION DE 1855

Le 1ᵉʳ juillet 1855, lors de la guerre d'Orient, le 102ᵉ Régiment est reformé (voir aux Appendices sa composition).

Le Décret du 24 mars précédent, fixait à 4 le nombre des Bataillons, chacun comprenant 6 compagnies, dont, pour les 3 premiers, 2 compagnies d'élite (Voltigeurs et Grenadiers).

Le 102ᵉ ne fait pas Campagne. Sous les ordres du *Colonel Cardonne*, il demeure à Lyon (2ᵉ Division, 2ᵉ Brigade) et y est licencié, le 15 mai 1856, après la paix.

Les 24 compagnies du 102ᵉ avaient été prises dans les : 5ᵉ, 8ᵉ, 11ᵉ, 13ᵉ, 16ᵉ, 17ᵉ, 22ᵉ, 29ᵉ, 31ᵉ, 33ᵉ, 36ᵉ, 38ᵉ, 44ᵉ, 63ᵉ, 64ᵉ, 66ᵉ, 67ᵉ, 69ᵉ, 78ᵉ, 81ᵉ, 83ᵉ, 87ᵉ, 88ᵉ, 94ᵉ de ligne.

Le 1ᵉʳ Bataillon, était arrivé le 21 août 1855, au Camp de Sathonay ; l'Etat-Major et le 2ᵉ Bataillon, le 31 ; le 3ᵉ Bataillon, le 11 septembre.

II. FORMATION DE 1859

Le 1ᵉʳ juin 1859, le 102ᵉ est reconstitué à Besançon (voir les Appendices).

Venu à Lyon, au commencement de juillet (le 3ᵉ Bataillon arrive le 30 juin, le 2ᵉ, le 1ᵉʳ et l'Etat-Major le 3 juillet), il reçoit, le 10 juillet, son drapeau, des mains du maréchal Castellanne.

Le 102ᵉ ne prend point part à la *Guerre d'Italie* (Mai-Novembre).

Le 21 novembre, le colonel *Supervielle* reçoit l'ordre de mobiliser 2 Bataillons de 6 Compagnies, en complétant les effectifs à 800 hommes, et renforçant les cadres, d'un lieutenant ou sous-lieutenant, 2 sergents et 4 caporaux par compagnie, en vue d'une expédition en Chine.

EXPÉDITION DE CHINE

L'EUROPE EN CHINE

Sauf la colonie portugaise, tolérée à Macao, la Chine, jusqu'en 1842, était demeurée fermée au commerce européen.

A cette époque, à la suite d'une expédition, faite par l'Angleterre, Hong-Kong avait été cédée à cette puissance et cinq ports, ouverts à ses navires.

En 1844, par le traité de Wampoa, la France obtenait accès dans ces ports.

Un nouvel Empereur ayant violé les traités, une flotte anglo-française, s'était, en 1857, emparée de Canton, avait forcé l'entrée du Peï-Ho, pris Tsien-Tsin, et obtenu une nouvelle convention favorable (1858).

En 1859, les ambassadeurs, venus pour faire ratifier cette convention, sont reçus à coups de canon.

Il fallait en finir, avec l'entêtement et la mauvaise foi asiatiques.

L'Angleterre et la France, s'unissent pour une action commune et un Corps Expéditionnaire est rassemblé.

COMPOSITION DU RÉGIMENT MOBILISÉ

Le colonel *Supervielle*, ayant permuté avec le colonel *O'Malley*, c'est ce dernier, qui conduit le 102ᵉ en Extrême-Orient.

Les officiers dont les noms suivent, s'embarquent, avec les deux bataillons, mis sur le pied de guerre.

Lieutenant-Colonel : THÉOLOGUE.
Médecin-Major : LAMBERT.
Aide-Major : PITOU.

Capitaines adjudant-majors : GUYOT DE LEUCHEY. DUMONT-RÉVEIL.

1ᵉʳ *Bataillon*. — Chef de Bataillon : SOUVILLE.

Capitaines : JOLY. — D'ESCAYRAC-LAUTURE. — BARBIER. — YYER. — GOMICHON DES GRANGES. — CANEL.

Lieutenants : CLERC. — FELLEUX. — DAVEZAC. — NEGRONI. — BALLAY. — ITHURALDE. — MAUCHERAT DE LONGPRÉ. — GRECH. — GRANDPERRIER.

Sous-Lieutenants : MARTIN DE BONSONGE. — MOULIN. — MALHERBE. — DE BOURBOULON. — DUBOUSQUET. — HUSSON. — MOREL. — MÉRY. — BALME. — HOULÈS.

2º *Bataillon*. — Chef de Bataillon : Rossel.

Capitaines : Quégain. — Chevillard. — Charlot. — Thony de Reinach. — Boutillot. — Thomas.
Lieutenants : Quantin. — Bonnafous. — Binet. — Nicolas. — Clerc. — Lamorelle. — Pommeret des Varennes. — Fabre. — Loubet.
Sous-Lieutenants : Lachaux. — Rahoux. — Martin. — Oster. — Dévaux. — Tigger de Rouffigny. — Guyot. — Watremez. — Puyau.

DÉPART DU RÉGIMENT

Le 23 novembre, le 1ᵉʳ Bataillon, sous les ordres du Lieutenant-Colonel *Théologue*, part de Lyon. Il embarque, le 27, à Toulon, sur le transport mixte la *Dryade* qui, le 5 décembre, sort de rade et le 7 février 1860, sans avoir relâché, parvient au Cap de Bonne-Espérance.

Le 22 février, la *Dryade*, quitte son mouillage de Table-bay, passe à Singapour le 9 avril, et arrive à Hong-Kong le 24.

Le 2ᵉ Bataillon, avec le Colonel, part le 1ᵉʳ décembre, est à Toulon le 2, embarque le 5, sur le transport la *Garonne*, qui prend la mer le 8, relâche à Corée et rejoint la *Dryade* au Cap, le 7 février.

Dans le courant de la seconde quinzaine d'avril, les deux Bataillons sont réunis à Hong-Kong.

CONCENTRATION

Le Corps expéditionnaire, aux ordres du général de Division *Cousin de Montauban*, comprenait deux brigades d'infanterie, commandées par les généraux Jamin et *Collineau* (le 102ᵉ était affecté à cette dernière), des troupes d'artillerie et du génie et un peloton de 50 cavaliers, en tout 7.500 hommes (chiffre exact : 7.411). 14 transports l'avaient amené en Chine.

D'après le plan d'opérations, on devait se concentrer à Woosung, sur le Yang-Tse-Kiang, à 12 milles de Shang-Haï, puis, se diriger sur la presqu'île de Tché-Fou, dans le golfe de Petchili, à 60 lieues à l'est de l'embouchure du Peï-Ho et y prendre définitivement terre.

Le 1ᵉʳ mai, la *Garonne* (2ᵉ Bataillon), partie le 25 avril de Hong-Kong, entre en rade de *Woosung*, arrivant première au rendez-vous général. Le 19, la *Dryade* (1ᵉʳ Bataillon) la rejoint.

Le 1ᵉʳ juin, ces deux bâtiments, avec quelques autres, se dirigent sur *Tché-Fou*, où ils parviennent le 8, en avant-garde.

Après reconnaissance des côtes du Petchili, l'embouchure du Peh-Tang-Ho est choisie, comme point de débarquement, et le 26 juillet, toute l'escadre appareille pour cette destination.

DÉBARQUEMENT

Le 28 juillet, les deux flottes, comprenant plus de 200 bâtiments, sont réunies au mouillage de Sha-lui-Tien, au sud-ouest de l'île de ce nom.

Le 30, elles se placent à 6 milles de l'embouchure du *Peh-Tang-Ho*.

Le 1er août, une partie des troupes, dont le 1er Bataillon du 102, prend terre sous les forts de *Peh-Tang* et bivouaque dans un terrain marécageux, à une lieue de la ville.

Une reconnaissance, envoyée pendant la nuit, rend compte que les forts sont évacués.

Le 2 août, le reste de l'armée débarque et la ville de Peh-Tang est occupée.

DÉBUT DES OPÉRATIONS

Le 3, une colonne anglo-française, commandée par le général *Collineau*, et comprenant le 1er *Bataillon du* 102, sous les ordres directs du colonel *O'Malley*, s'avance sur la chaussée qui relie les lagunes à la terre ferme, dans la direction du Peï-Ho.

La cavalerie tartare, aperçue déjà le 1er, sur le rivage, se replie sans combattre.

A 7 kilomètres environ, la chaussée sort des marais et se bifurque, la branche gauche allant vers les forts de la rive gauche, la droite, barrée par un retranchement crénelé, couvrant le village de *Sin-Kho*.

Les troupes chinoises, établies derrière cette muraille, ouvrent sur les nôtres un feu assez vif. Le général, aussitôt, fait déployer et ordonne de pousser assez avant, pour se rendre compte de l'ensemble des ouvrages, sans toutefois en assaillir aucun.

L'opération terminée et les renseignements nécessaires recueillis, il fait faire face en arrière et rentre au camp, en couvrant sa retraite à l'aide des *Voltigeurs* et *Grenadiers du* 102e. Le sergent Simonnot, est cité pour sa brillante conduite et reçoit la médaille militaire.

AFFAIRES DE TANG-KOU (12 et 14 août 1860)

Le 12 août, deux colonnes sont lancées, contre les camps de Sin-Kho. La brigade Collineau demeure en réserve à Peh-Tang.

Tous les ouvrages sont forcés, la cavalerie ennemie taillée en pièces. Les Chinois battent précipitamment en retraite.

Le général anglais, se refusant à pousser plus avant, les troupes françaises marchent seules, sur les forts de la rive gauche.

A 5 kilomètres de Sin-Kho, elles se heurtent à un grand camp retranché, établi autour de *Tang-Kou* (ou Ta-Kou) et couvert par des inondations. Il est vivement répondu au feu de notre artillerie et le général de Montauban, ne voulant pas s'engager, sur une étroite chaussée, battue de tous côtés, ordonne d'arrêter l'action.

Le lendemain, 13 août, le 1er *Bataillon du* 102 laissé à *Peh-Tang*, pour aider au débarquement des subsistances, rejoint la brigade au bivouac à *Sin-Kho*.

Le 14, au matin, la position de Tang-Kou, est attaquée par la rive gauche du Peï-Ho ; les Anglais tenant la droite de la ligne de bataille.

Après une violente lutte d'artillerie, le feu des Chinois, étant à peu près éteint, les troupes d'assaut s'élancent, enlevées par le Lieutenant-Colonel Schmitz, franchissent un large et profond fossé plein d'eau, escaladent les retranchements et s'en emparent. (Le sous-lieutenant Devaux est cité).

Le 15, le 2e *Bataillon du* 102, repart pour *Peh-Tang*, dont le commandant Rossel, est nommé commandant d'armes.

ENLÈVEMENT DU CAMP RETRANCHÉ DU PEI-HO (21 Août 1860)

Entre les ouvrages enlevés le 14 et la mer, deux grands forts restaient intacts, dressés au milieu d'une plaine vaseuse. Les abords, en étant à peu près inaccessibles et l'aspect formidable, une reconnaissance générale est entreprise, avant d'en tenter l'attaque.

Un village fortifié est occupé, après une assez vive résistance et la construction d'un pont, commencée, sur le Peï-Ho.

Les ouvrages chinois, sont alors parfaitement reconnus : Sur chaque rive, à l'embouchure de ce fleuve, un fort considérable, bat la mer ; en amont, des deux côtés, un autre fort, couvre de feux les premiers, et enfile le fleuve. Enfin, à la limite des lagunes, sur la terre ferme, un grand camp retranché, complète l'ensemble du système.

Le 21 août, pendant que la brigade Jamin opère sur la rive droite, une partie du Corps anglais et les troupes du général *Collineau* (1er *Bataillon du* 102e, 1 Bataillon d'Infanterie de Marine, 1 section du Génie, 1 Batterie d'Artillerie), marchent sur le fort le plus proche de *Tang-Kou* (rive gauche). Le combat, débute par une violente lutte d'artillerie. Soudain, une formidable explosion se fait entendre. Une des poudrières vient de sauter.

Aussitôt, *trois Compagnies du* 102e s'élancent, et, profitant de la stupeur des Chinois, s'établissent à 300 mètres de la contre-escarpe, derrière un épaulement.

Revenu de sa panique, l'ennemi tout en répondant au feu de nos canonnières, embossées dans le fleuve, couvre le terrain d'une grêle de mitraille.

Voulant brusquer l'attaque à la faveur d'une seconde explosion, qui vient de se produire, les généraux *Collineau* et Napier, jettent en avant, leurs colonnes d'assaut.

Deux chaussées glissantes, de six pieds à peine de large, coupées par trois profonds fossés, remplis d'eau, conduisaient au fort. Entre les deux derniers fossés et la contre-escarpe, le terrain, fangeux, espèce de fondrière à peu près impraticable, se hérissait de bambous aigus, terrible défense, particulière à ces régions et que devaient plus tard, retrouver nos soldats au Tonkin.

Les *Voltigeurs* du 102ᵉ s'engagent sur un de ces étroits passages, suivis de près par la 4ᵉ *Compagnie* du 1ᵉʳ Bataillon.

Le *Colonel* et le *Lieutenant-Colonel*, marchent à la tête de ces braves.

En quelques instants, les coolies porteurs d'échelles, sont dispersés par le feu violent des assiégés.

Le lieutenant Grandperrier, tombe mortellement atteint ; le capitaine Canel, l'officier payeur Porte, les sous-lieutnants Méry et Balme, l'adjudant Lunet, sont grièvement blessés.

Rien ne peut arrêter le magnifique élan des nôtres. Ils ramassent les échelles, s'en servent d'abord, pour traverser les fossés, franchissent les défenses accessoires accumulées, parviennent enfin au pied des retranchements et en commencent l'escalade, sous une grêle de madriers, de pierres, de grenades et de boulets que les Chinois laissent tomber sur eux.

Un tambour de la 4ᵉ Compagnie, Krouch [1], saisit le drapeau que venait de laisser échapper le caporal Poncet, frappé de trois balles et, parvenu le premier sur la crête, réussit à l'y planter, au milieu d'une effroyable mêlée.

Le Colonel, le Lieutenant-Colonel, se jettent dans le fort, avec une poignée d'hommes, et s'y maintiennent. Le reste du Bataillon, puis un détachement d'infanterie de marine, les y suivent bientôt, et après un long et sanglant combat corps à corps, demeurent maître de la position, non sans avoir subi des pertes cruelles.

Le colonel O'Malley, les capitaines Canel et Gomichon des Granges, les sous-lieutenants Haulès, Mery et Balme, le sergent-major Labalme, le sergent Sibon, les caporaux Poncet, Demay, Fourcade, le tambour Fachard (par erreur), les fusiliers Mailly, Lorré et Jublot, sont cités à l'ordre de l'armée.

Lors de l'entrée à Pékin, le Régiment défila, la gauche (voltigeurs et 4ᵉ Compagnie) en tête, digne récompense d'un admirable courage.

Le nom de *Peï-Ho* brille au drapeau entre Valmy, Zurich et Wagram, tétralogie triomphale, épopée dont le dernier chapitre, reste à inscrire à notre Livre d'Or.

Bien qu'ayant remporté une complète victoire et pleinement accompli la difficile mission qui lui incombait, la brigade Collineau ne se tient pas pour satisfaite et après quelques instants de repos, se reformant en colonnes d'attaque, marche sur le second fort. Le *Lieutenant-Colonel*, prend la tête, avec les *Compagnies du* 102ᵉ, précédemment en seconde ligne.

Il semblait, qu'une nouvelle et terrible action, dût s'engager, car les difficultés naturelles n'étaient pas moindres, autour de ce nouveau boulevard.

Il n'en fut rien cependant, tellement la merveilleuse audace et l'intrépidité de nos gens, avaient frappé de stupeur la garnison, spectatrice du précédent combat, 3.000 hommes, disposant de 58 pièces de canon, derrière les murailles d'une forteresse formidable, se laissent prendre, sans essayer la moindre résistance.

L'ensemble des défenses du Peï-Ho, était en notre pouvoir (518 pièces sur la seule rive droite) et le soir même, le vice-roi du Petchili, rendait aux troupes alliées, les dernières positions de cet énorme camp retranché.

Ce résultat, dû en grande partie, à l'effroi, répandu par l'assaut du matin, nous valait cinq grands forts, deux camps et une masse énorme d'armes et de munitions.

---

(1) Le tambour Fachard de la 4ᵉ, fut, par erreur, cité à l'ordre de l'armée pour ce fait. Un rapport du commandant de la Compagnie, transmis au général en chef, pour rétablir la vérité, prouve nettement que Fachard, blessé en franchissant un fossé, n'arriva même pas à la contrescarpe et que tout l'honneur revient à Krouch.

PRÉLIMINAIRES DE PAIX INTERROMPUS ET REPRIS

Quelques jours plus tard, l'armée entre à Tien-Tsin, sans coup férir.
Les Chinois demandent la paix.
Les clauses en étaient arrêtées et les signatures devaient être échangées le 7 septembre, quand nos diplomates reçoivent avis, que les mandarins avec lesquels ils traitaient, n'avaient point qualité, pour parler au nom de l'empereur.
Les 8 et 9 septembre, les Alliés reprennent la marche sur Pékin.
Le 13, de nouvelles négociations s'engagent à Ho-se-wou ; le corps expéditionnaire recevant l'autorisation de pousser jusqu'à Tung-Tchéou.
Le 17 septembre, le général en chef escorté de 1.100 hommes, dont *une compagnie d'élite* du 102º Régiment, part d'Ho-se-wou pour *Tung-Tchéou*, où, suivant le désir, exprimé par les Chinois, les conditions de la paix seront définitivement arrêtées.
Les troupes anglaises le suivent de près.
A cette date, le 2º *Bataillon* du 102º (commandant Rossel), demeuré à *Peh-Tang* jusqu'au 6 septembre, vient de rejoindre l'armée sous *Tien-Tsin*, où *tout le Régiment* se trouve *réuni*. Le Lieutenant-Colonel Théologue, prend le commandement de la place de Tien-Tsin et y demeure pendant la marche sur Pékin.

GUET-APENS DE TUNG-TCHÉOU (18 Septembre 1860)

Cependant, le général Cousin de Montauban, s'avançant avec son escorte, trouvait devant lui, les villages abandonnés, la campagne absolument déserte. Quelques cavaliers tartares, se montraient seulement, de loin en loin, vite disparus, placés en vedette, semblait-il, pour surveiller la marche de la colonne.
Malgré ce qu'une semblable attitude, avait d'anormal et d'inquiétant, le général ne voulait point, en s'arrêtant, avoir l'air de craindre ses adversaires, fussent-ils mille contre un. Aussi bien, un certain nombre d'officiers et de fonctionnaires, envoyés en avant, devaient-ils être déjà parvenus à Tung-Tchéou, ou s'il y avait vraiment guet-apens, tombés aux mains des Chinois. Il ne pouvait être question de les abandonner ainsi, sur des craintes, que rien de précis, ne justifiait.
C'était bien, en effet, un guet-apens, qu'avait organisé, contre nous, la perfidie asiatique.
Le 18, les deux généraux en chef, se heurtent, en avant de *Tung-Tchéou*[1], à d'énormes masses d'Infanterie, dont le nombre, n'a pu être exactement évalué et à plus de 15.000 cavaliers tartares. Le corps expéditionnaire anglais, était au complet. Le général Cousin de Montauban, n'avait que son escorte.
Malgré l'extraordinaire disproportion numérique, au premier coup de canon tiré

(1) Ce combat porte aussi le nom de *Tchang-Kia-Wan*.

par les Chinois, auxquels on avait voulu laisser faire, bien nettement, acte d'hostilité, l'artillerie et la cavalerie des Alliés, prennent hardiment l'offensive.

3 Compagnies (1 du Génie, 1 du 101e, 1 *du* 102e : la compagnie d'élite de l'escorte) se jettent à la baïonnette sur un village fortement défendu et appuyées par quelque cavalerie (le petit détachement de chasseurs et spahis de l'escorte et 1 escadron de sickhs) s'en emparent. (Le capitaine Joly, le lieutenant de Bonsonge devaient être cités pour leur belle conduite à cette attaque). Les masses compactes de l'ennemi, poussées, par l'irrésistible élan des nôtres, se mêlent, se pressent, refluent vers les batteries anglaises, dont la mitraille, creuse en leurs rangs, de profondes trouées.

A trois heures de l'après-midi, il ne restait plus un ennemi, dans la plaine ; tout avait fui, dans une inexprimable confusion. Le désert, s'était refait, devant nos colonnes.

Notre Infanterie, exténuée par dix heures de marche pénible et de combat, campe à *Koat-Sung*, à deux lieues de Tung-Tchéou.

OPÉRATIONS AUTOUR DE PÉKIN

Cette ville de Tung-Tchéou, de plus de 400.000 âmes, n'est qu'à 12 kilomètres de Pékin, à laquelle la relie, une magnifique voie en granit, qui traverse le village de Palikao et le canal allant au Peï-Ho. Une série de camps retranchés, à cheval sur cette route, défendait les abords de la capitale. C'est là, que le prince San-Ko-li-Tsin commandant en chef (Sen-Wang), les armées Impériales, avait pris position, avec tout ce qu'il avait pu rassembler de monde.

COMBAT DE PA-LI-KAO (21 septembre 1860). Le 21 septembre, les Alliés, le Corps français en tête, marchent sur *Pa-li-Kao*. Le 102e, ne prend pas part à ce combat (1 compagnie du Génie, 2 de chasseurs, pontonniers, artillerie en avant-garde avec la général Collineau. Derrière, le général Jamin avec des chasseurs, des Fuséens, et le 101e Régiment d'Infanterie).

Enveloppées par l'énorme cavalerie tartare, nos colonnes, repoussent toutes les charges du Sen-Wang, s'emparent du village de Pa-li-Kao, parviennent au magnifique pont du canal, en forcent les défenses et taillent en pièces les 50 à 60.000 chinois, qu'elles ont eu l'audace d'attaquer.

Le prince Kong, frère de l'Empereur, vient lui-même, proposer la paix. Mais ce n'était encore qu'un moyen de nous arrêter et de gagner du temps. Les plénipotentiaires chinois, refusent, en effet, de nous rendre les officiers et fonctionnaires, envoyés à Tung-Tchéou, en vertu d'une convention formelle, pour devancer la colonne et arrêtés au mépris de tous droits, quelques jours auparavant.

Le 5 octobre, la marche sur Pékin, est reprise. Cet arrêt de treize jours à Pa-li-Kao, n'était point dû, aux manœuvres de la diplomatie chinoise, mais, à la nécessité absolue, en laquelle on s'était trouvé, de renforcer et réapprovisionner le corps expéditionnaire.

Le 102e *de Ligne*, était venu de Tien-Tsin, par Pou-Kao, Nau-Tsaï-Tsoum, Ho-si-Wou et Ma-ta-ou.

Il part de *Pa-li-Kao*, sous les ordres du commandant *Souville*, le Colonel étant malade et le Lieutenant-Colonel, resté, ainsi que nous l'avons vu, à Tien-Tsin.

Le 5 octobre, on bivouaque à l'est de Pékin, à une lieue des remparts.

Le 6, de deux côtés différents, les Alliés pénétrent dans un immense camp retranché, abandonné la veille.

LE PALAIS D'ÉTÉ

En plusieurs colonnes, on se dirige ensuite sur le palais de Yuen-Ming-Yuen (palais d'Eté), situé au nord-ouest de la ville.

Les Français y parviennent les premiers, le soir même, après une marche fort pénible, en l'inextricable labyrinthe, d'une banlieue hérissée des plus extraordinaires constructions : maisons de campagne, pagodes, kiosques, en briques, en bambou, en porcelaine, avec des jardins, des parcs, arrosés de minuscules rivières peuplés d'animaux monstrueux, modelés dans des céramiques éclatantes ; tout cela sans liaison, sans plan d'ensemble ; les chemins se coudant en d'extravagants crochets, de larges avenues aboutissant à des impasses et des venelles tortueuses, menant à d'énormes ronds-points.

Ce *Palais d'Eté*, dont la première enceinte est occupée le 6 au soir, était en Chine, quelque chose de fabuleux et de sacré. D'une richesse de construction inouïe avec, à l'intérieur, des trésors d'art et une accumulation de gemmes, de métaux précieux, d'objets uniques, par leur valeur intrinsèque ou leur rareté, il se dérobait aux yeux profanes, dans le mystère d'un parc immense planté de forêts, parcouru de véritables fleuves. Les gardiens, épouvantés du sacrilège de la présence, en un pareil lieu, des Barbares d'Occident, s'étaient enfuis, après un semblant de résistance.

Les 7 ou 8 octobre, les troupes françaises, occupent ce merveilleux édifice, sans pouvoir en reconnaître toutes les parties, tant le développement en était considérable, conformément à l'article 119 du Service en Campagne, les richesses en sont partagées, au prorata des grades (90 fr. par soldat).

Le 9, la marche est reprise sur Pékin, dont le général anglais Grant, avait atteint l'angle nord-ouest, depuis deux jours. En quittant le Palais d'Eté, on y met le feu, justes représailles du guet-apens de Tung-Tchéou.

Le 9 au soir, le corps expéditionnaire français, campe devant la porte de Hang-Tin, au nord de Pékin, à 3 kilomètres des remparts.

Les Alliés entament aussitôt et poussent avec vigueur, les préparatifs de siège. Aussi bien, aucune proposition nouvelle, n'avait-elle été faite, par les Chinois. A la vérité, quelques-unes des victimes de Tung-Tchéou, avaient été rendues, mais le récit des indignes traitements dont elles portaient les marques, n'était point pour nous inciter à entrer en arrangement. Disons de suite, que parmi les autres prisonniers, les uns devaient être mis en liberté le 7 octobre (MM. Parkes, d'Escayrac de Lauture et quelques soldats) ; quant aux autres, ils avaient été assassinés, après d'affreuses tortures (parmi eux : MM. Dubut, intendant militaire, de Grandchamp, colonel d'artillerie, Ader, officier comptable). — L'incendie du Palais d'Eté, était un bien faible châtiment, pour un acte aussi abominable.

FIN DES OPÉRATIONS

Le 13 septembre, en vertu d'une Convention, le rempart, des deux côtés de la porte Hang-Tin, est occupé.

Enfin, le 25 octobre, notre ambassadeur signe avec le prince Kong, le traité qui devait être définitif, et l'armée entre à Pékin.

LE 102ᵉ A TIEN-TSIN

Le 6 novembre, le 102ᵉ qui, avec le reste du Corps expéditionnaire, était reparti de Pékin, le 31 octobre, parvient à *Tien-Tsin* où le *Lieutenant-Colonel*, promu au grade supérieur, prend le *commandement*. Cet officier, qui est vivement félicité par le général en chef, pour la manière dont il a exercé ses fonctions de commandant d'armes, est remplacé à *Tien-Tsin*, par le chef de bataillon Souville.

Cent quatre-vingt-quatre hommes, arrivant de France, sous les ordres du sous-lieutenant Lavergne, rejoignent à cette époque, le Régiment.

Le 2 avril 1861, un détachement, composé de : 3 officiers, 3 sous-officiers, 4 caporaux et 54 hommes, est envoyé à Bourbon, pour y installer un Dépôt de convalescents.

DÉPART DU 1ᵉʳ BATAILLON POUR SHANG-HAI (Mai 1861)

Le 6 mai 1861, après avoir passé l'hiver à Tien-Tsien, le 1ᵉʳ *Bataillon* part avec le colonel Théologue, pour relever à *Shang-Haï*, un Bataillon du 101ᵉ Régiment, rentrant en France.

Il parvient dans cette ville, le 21 du même mois.

Le 2ᵉ *Bataillon*, continue à tenir garnison à *Tien-Tsin*, aux ordres du commandant Souville, passé lieutenant-colonel, en remplacement du colonel Théologue.

Demeuré à Shang-Haï, jusqu'en avril 1862, le 1ᵉʳ Bataillon a beaucoup à souffrir du climat. Plus de 100 hommes et plusieurs officiers (les capitaines Loubet, Barbier, Canel) meurent de maladie, pendant cette période de moins d'un an. Les Chinois, fort impatients du joug de cette garnison étrangère, essaient à plusieurs reprises de se révolter. La fermeté et l'habileté du colonel, les contiennent, jusqu'au dernier jour.

RENTRÉE EN FRANCE ET LICENCIEMENT (1862)

Le 13 novembre 1861, le 2º *Bataillon* part de Tien-Tsin, pour s'embarquer sur la *Dryade*. Il arrive à Toulon, le 17 février 1862, est dirigé sur Montélimart, où il reste 8 jours, pour renvoyer les hommes libérables, puis, sur le Camp de Sathonay, où 400 hommes reçoivent des congés. Les cadres et 120 hommes restants, après 4 jours passés à Sathonay, sont transportés à Caen.

Le Régiment ayant été licencié, par décret du 1ᵉʳ avril 1862, le 2º *Bataillon* disparaît aussitôt.

Quant au 1ᵉʳ *Bataillon* que nous avons laissé à *Shang-Haï*, il prend passage sur le *Rhône*, le 15 avril 1862, arrive à Hong-Kong le 21, en repart le 24, est à Singapour le 4, y reste quatre jours, et parvient à Ceylan le 20. Il y séjourne une semaine, retardé par des réparations au navire et y apprend le licenciement du régiment.

Ayant repris la mer, le 25 mai, le Bataillon passe à Aden le 16 juin, franchit le détroit de Bab-el-Mandeb le 18 ; entré à Suez le 28, y débarque le lendemain, est transporté à Alexandrie par voie ferrée, en repart le 30 juin, sur l'*Eldorado*, et parvient enfin à Toulon le 10 juillet.

Trois jours après, le 1ᵉʳ Bataillon se rend à Caen par le chemin de fer, et y est licencié.

III. LE 2ᵉ PROVISOIRE

(1871-1877)

FORMATION DU 2ᵉ PROVISOIRE

L'armistice avec l'Allemagne, avait été signé le 28 janvier 1871. Au commencement d'avril, le général Clinchant, organise à Cambrai, 2 Divisions, avec les prisonniers rentrant d'Allemagne.

Le *Colonel Vilmette*, est chargé de constituer le 2ᵉ Régiment Provisoire d'Infanterie, à 3 Bataillons de 6 Compagnies. Les éléments, lui en sont principalement fournis par les anciens corps numérotés de 51 à 75, auxquels il fait adjoindre un certain nombre d'officiers, sous-officiers et soldats de son ancien Régiment, le 90ᵉ.

DÉPART POUR SATORY

Le 18 avril, prêt à faire campagne, le 2ᵉ quitte Cambrai, en deux détachements, qui sont transportés par voie ferrée à Poissy, d'où ils se dirigent à pied, sur le camp de Satory.

Le 19, installé sous la tente, à ce camp, le 2ᵉ Provisoire, prend rang à la 1ʳᵉ Brigade (*de Courcy*), de la 1ʳᵉ Division (Duplessis), du 5ᵉ Corps (Clinchant), de l'Armée de Versailles, rassemblée pour rétablir l'ordre dans Paris et réprimer l'insurrection dite « de la Commune ».

PREMIÈRES OPÉRATIONS

Le 2 mai, à 8 heures du matin, le 2ᵉ, marche sur le plateau de Bel-Air, où il campe le soir, fournissant 200 travailleurs, qui, d'abord envoyés au Val, rentrent dans le courant de la nuit, sans avoir été employés.

Le 3 mai, un détachement de même force, est envoyé au Val, le soir. Pendant la nuit, il y creuse une tranchée aboutissant au château d'Issy.

Le 5, tout le Régiment prend la garde de tranchée, la droite à Châtillon, la gauche au Moulin de Pierre, en passant par les Plâtrières, Clamart et les Yans.

PRISE D'UN REDAN (5 Mai)

Vers 10 h. 1/2 du soir, une vive fusillade éclate, partant des maisons avancées de Clamart, du côté de Yans, et d'un Redan, élevé entre Vanves et Issy.

Débouchant de leurs positions, les insurgés attaquent vigoureusement les travailleurs des 13ᵉ et 14ᵉ Provisoires, qui se replient en désordre.

Le colonel *Vilmette*, lance aussitôt contre le Redan, une colonne, commandée par le lieutenant-colonel *Fauchon*, et, suivant l'avenue de Paris, se jette lui-même à la tête de la 4ᵉ *Compagnie* du 1ᵉʳ *Bataillon*, sur les maisons de l'avant-ligne, les tourne et les enlève à la baïonnette.

Une quinzaine de Fédérés sont tués; cinq, dont un capitaine, faits prisonniers. Le reste, s'enfuit précipitamment.

Le Lieutenant-Colonel, pendant ce temps, avec la 3ᵉ *Compagnie* du 2ᵉ *Bataillon*, avait pénétré au pas de charge dans le Redan, sous une grêle de balles, et s'en était rendu maître. Les défenseurs perdent 20 hommes tués, 8 prisonniers dont 1 officier, et abandonnent le fanion du 199ᵉ Bataillon. Poursuivis jusqu'aux glacis du fort de Vanves, ils laissent encore derrière eux, plusieurs des leurs.

Le Colonel, fait immédiatement commencer les travaux, nécessaires pour fermer la gorge de l'ouvrage et en tourner le front défensif vers Paris, après avoir établi une communication avec la tranchée précédemment creusée.

Quantité d'armes, de munitions, d'effets et d'objets de literie, ainsi qu'une énorme provision d'eau-de-vie, étaient accumulés dans les magasins du fortin. Pendant toute la nuit du 6 au 7 mai, on travaille activement à l'édification de retranchements rapides, destinés à abriter du feu des forts voisin, les deux Compagnies, qui, sous les ordres du capitaine adjudant-major Celle-Duby, sont désignées, pour occuper l'ouvrage.

Le lendemain, le Régiment, relevé de la garde de ce secteur, part pour le *Camp de Bel-Air*, laissant derrière lui 23 blessés, dont 1 officier : le sous-lieutenant Ballé, de la 4ᵉ du 2, grièvement atteint.

OPÉRATIONS DANS LE BOIS DE BOULOGNE (Du 11 au 12 Mai)

Le 11 mai, le 2ᵉ Provisoire vient camper au *Bois de Boulogne*, la gauche à hauteur de la cascade.

Une section par Bataillon, est chargée du service de sûreté. Des petits postes sont établis dans les maisons de gardes, en arrière des lacs. La nuit, le système se rapproche du gros et se relie par des sentinelles, aux troupes établies dans une tranchée, couvrant le front.

Le 12 mai, à onze heures du soir, le Régiment prend les armes, laissant ses tentes dressées et tous les impedimenta, au camp. Des vivres, des cartouches, les ustensiles de cuisine strictement indispensables, sont seuls emportés et arrimés, de façon à ne pas faire de bruit, en s'entrechoquant. Dans le plus grand silence, on marche vers la Place, le 1er Provisoire tenant la tête de la colonne, qui pousse presque jusqu'aux remparts, se couche dans le bois et demeure ainsi deux heures, attendant l'ordre de se porter à l'assaut. Des échelles avaient été préparées, pour descendre dans le fossé et gravir l'escarpe ; on se fût emparé immédiatement d'une porte, par laquelle l'artillerie eût pu rejoindre et appuyer l'infanterie.

Le moment ne parut pas opportun à l'Etat-Major et à 3 heures du matin, la brigade reprenait ses positions.

Dans la nuit du 13 mai, les insurgés ouvrent un feu violent et de nombreux obus viennent éclater dans le camp.

Le 14, au soir, le Régiment prend la garde de tranchée. Le feu de l'ennemi, redoublant d'intensité, il faut abriter toutes les troupes.

Le 16 mai, relevé par le 13e Provisoire, le Régiment quitte le Bois de Boulogne et vient s'établir au-dessus de *Suresnes*, sur la nouvelle route de Rueil.

Les 17, 18, 19, 500 travailleurs sont employés aux ouvrages en terre, et au transport des gabions et fascines. Plusieurs sont blessés, au cours de ces différents travaux.

Le 20 mai, le Régiment fournit un détachement de 20 hommes, destinés à servir l'artillerie auxiliaire, dans les batteries du 5e Corps ; 14 hommes passent aux francs-tireurs du même corps.

Ce même jour, les 2e et 3e Bataillons partent de Suresnes, pour revenir bivouaquer au *Bois de Boulogne*, où ils relèvent les Bataillons correspondants de la 2e Division.

Le 21 mai, le 1er Bataillon exécute le même mouvement.

C'est sous une grêle d'obus et de boîtes à balles que les 2e et 3e Bataillons, conduits par le général de Courcy et le colonel Vilmette, prennent à 3 heures du matin, la garde de tranchée, du rond-point Mortemart, à Bagatelle. Pendant toute la journée du 21 et la nuit suivante, un feu extraordinaire, de mousqueterie et d'artillerie, est entretenu par les insurgés. Le sous-lieutenant Saint-Martin et le capitaine Le Noble, adjudant-major du 2e Bataillon, sont blessés dans la tranchée.

ENTRÉE DANS PARIS (22 Mai)

Le 22 mai, ayant appris que la partie ouest de l'enceinte était abandonnée, on marche de nouveau sur Paris. Le Régiment y pénètre, par la porte de Passy, suit le boulevard Lannes, l'avenue de l'Impératrice (actuellement : du Bois de Boulogne) et parvient à l'Arc de Triomphe, où toute la Division se masse.

Le Régiment, après avoir fait la grand'halte, sur la Place de l'Etoile, se dirige vers le *parc Monceau*, par l'avenue de la reine Hortense (Hoche).

PRISE DE LA CASERNE DE LA PÉPINIÈRE (22 Mai)

Un Bataillon, déployé en tirailleurs, borde bientôt la grille du parc, jusqu'au boulevard de Courcelles, chassant devant lui, quelques bandes d'insurgés.

Le commandant Robinet, est alors, par l'avenue de Messine, lancé sur la Caserne de la Pépinière, fortement occupée et qu'on supposait devoir opposer une vigoureuse résistance.

Il enlève deux barricades, défendant les abords de la Place Saint-Augustin, l'église mise aussi en état de défense et enfin la *Caserne* même.

Le capitaine Marty, commandant la 3e du 1er, est mortellement atteint, en enlevant sa compagnie, à l'attaque de la première barricade, rue Abbatucci.

PRISE DU COLLÈGE CHAPTAL (22 Mai)

Le Colonel, après avoir laissé quelques troupes, pour garder la Pépinière, se porte avec la colonne Robinet, renforcée du 2e *Bataillon*, à l'attaque du *Collège Chaptal*, énorme masse de bâtiments en construction, sur le boulevard des Batignolles.

Occupé par des forces considérables et appuyé sur de nombreuses barricades, il constituait une véritable forteresse.

Un furieux combat s'engage, pendant lequel, de maison à maison, on se fusille avec acharnement.

Enfin le capitaine Salvan, commandant la 5e compagnie du 2e Bataillon, ayant fait enfoncer une porte, donnant sur la rue Andrieu, pénètre dans la place, que les défenseurs, abandonnent en toute hâte.

Le Régiment s'y établit fortement, le 3e Bataillon ayant rejoint les deux autres.

Deux compagnies, entretiennent le feu avec les insurgés, établis dans les rues Lévis, Lebouteux et Legendre, les chassent de plusieurs maisons et déblaient les alentours du collège.

Pendant la nuit, une compagnie est établie en grand'garde, dans la rue Lévis, surveillant les barricades, élevées aux débouchés des rues voisines.

De plusieurs maisons du boulevard des Batignolles, un feu très-incommode avait été dirigé sur les nôtres, pendant toute l'action. Malheureusement, il était difficile d'attaquer ces maisons, à cause de la barricade de la place Clichy, une des plus redoutables de toute la défense, qui balayait le boulevard, et depuis l'enlèvement du collège, s'efforçait même d'y envoyer des obus (un de ceux-ci démolit une corniche, dont les débris firent plusieurs victimes, dans une cour intérieure).

ENLÈVEMENT DE LA PLACE CLICHY (23 Mai)

Au point du jour, le Colonel fait établir, au moyen de sacs de son, trouvés dans les caves, une barricade, destinée à permettre la traversée du boulevard des Batignolles. Le lieutenant Chrestien de Poly, de la 1re du 1er, est tué au cours de cette opération.

Grâce à l'abri, ainsi improvisé, une colonne peut franchir le boulevard, s'emparer des maisons situées en face le collège, et par la rue des Dames, parvenir à la *mairie du 17e arrondissement*, qui est enlevée après un combat assez vif.

Le Lieutenant-Colonel, pendant ce temps, cheminait à travers les constructions, dans la direction de la place Clichy.

A un signal donné, les deux colonnes s'élancent sur les barricades qui la défendent. Une lutte furieuse, s'engage ; de toutes les fenêtres, sans se soucier d'atteindre en même temps les leurs, les Fédérés font pleuvoir sur nos troupes, une grêle de balles.

Rien n'arrête les braves du 2e, qui demeurent enfin, maîtres de la position.

Un détachement, aux ordres du commandant Demonchy, s'empare du *Dépôt des Omnibus*, gagne le lavoir Saint-Pierre et, à travers les maisons, atteint le *cimetière Montmartre*.

AFFAIRE DE LA PLACE BLANCHE (23 Mai)

Une énorme barricade, hérissée de canons et de mitrailleuses, se dressait sur la Place Blanche.

Le 2e, victorieux, se jette sur elle et l'escalade, malgré un feu terrible.

Les défenseurs, s'enfuient dans toutes les directions. Mais un certain nombre d'entre eux, embusqués dans les maisons voisines, et tirant, presque à coup sûr, à cette faible distance, obligent les nôtres à repasser la barricade, pour s'abriter derrière.

Une vive fusillade s'engage alors, qui se termine, assez rapidement, par la retraite des insurgés.

Le Lieutenant-Colonel, est blessé à cette affaire.

Des monceaux d'armes, plusieurs tonneaux de cartouches, des canons, des mitrailleuses, tombent entre nos mains.

La nuit du 23 au 24, se passe sur les positions conquises : rue et Place Blanche et Place Clichy.

LES DEUX BARRICADES DE LA RUE LAFAYETTE (24 Mai)

Le 24 mai, à 2 heures de l'après-midi, le Régiment reprend son mouvement en avant. Il suit la rue Saint-Lazare, passe derrière Notre-Dame de Lorette et, par la rue Lamartine, arrive au square Montholon, poussant devant lui les Fédérés, auxquels, il ne donne pas le temps de s'arrêter pour faire tête.

Au-dessus du square, barrant la rue Lafayette, une formidable barricade avait été élevée. Percée de meurtrières et d'embrasures nombreuses, derrière chacune desquelles, apparaissait la bouche d'un fusil, ou d'un canon, elle présentait un obstacle, à peu près infranchissable de front. Un second retranchement, établi à l'intersection du boulevard Magenta et de la rue Lafayette, accroissait encore sa valeur défensive.

Un détachement aux ordres du capitaine Celle-Duby, est chargé de cheminer, par les rues Baudin et Bellefond, pour tourner par la gauche, l'ensemble de ces ouvrages, pendant qu'une colonne du 1er de ligne, s'avancera par les rues Bleue et Lafayette.

Ces deux attaques combinées, convergent avec tant de bonheur et d'énergie, que malgré une défense désespérée, les insurgés sont bousculés et contraints de fuir en toute hâte.

Le soir, à 8 heures, le Régiment occupe la rue du Faubourg Poissonnière. Il y passe la nuit, la gauche à la rue Paradis, poussant des postes dans les rues d'Enghien et des Petites-Ecuries.

ENLÈVEMENT DE LA PLACE ET DE LA CASERNE DU CHATEAU-D'EAU (25 Mai)

Le 25 mai, dès le matin, le 2e se remet en marche, traverse le faubourg Saint-Denis, sous une pluie de balles et pénètre dans le passage Brady, qui aboutit au boulevard de Strasbourg. Une ligne de tirailleurs, cheminant à travers les maisons, vient occuper les fenêtres donnant sur le boulevard.

Un bataillon, protégé par leur feu, traverse au pas de course cette large artère, faisant ainsi tomber la barricade, établie à l'angle du boulevard et de la rue du Château-d'Eau. Le Colonel, prend le commandement de cette colonne.

Avançant toujours de la même façon, on débouche dans la rue du faubourg Saint-Martin, en face la *Mairie du 10e Arrondissement*, signalée comme position très forte.

Surpris par la rapidité de nos mouvements, les Fédérés n'ont heureusement pas le temps de se mettre en défense et, après une courte lutte, s'enfuient vers la place du Château-d'Eau, abandonnant quantité d'armes et plusieurs canons, Le lieutenant Buisson de la 3e du 1er, est grièvement blessé à cette affaire.

Le 2e, traverse ensuite le marché Saint-Martin, et débouche dans la rue de Bondy, dont une partie est en flammes, (le théâtre de la Porte-Saint-Martin entr'autres).

De maison en maison, on avance toujours. La rue de Lancry est franchie, on passe derrière le théâtre des Folies-Dramatiques, à travers le Grand Café Parisien, pour tomber sur la barricade construite à l'angle de la rue du Chateau-d'Eau et du Boulevard Magenta.

Celle-ci, après une terrible lutte corps à corps, est conquise, premier pas, des plus importants, vers la chute de l'énorme place d'armes du Château-d'Eau.

Pendant ce temps, le lieutenant-colonel Fauchon, à la tête d'un autre Bataillon, avait suivi la rue de Bondy, enlevé le théâtre de l'Ambigu et était venu donner l'assaut à la grande barricade établie sur la Place, au débouché du boulevard Saint-Martin. Blessé pour la seconde fois, il tombe devant celle-ci. Mais ses hommes, furieux, se jettent sur les Fédérés, et les mettent en complète déroute.

Des tirailleurs, placés aussitôt aux fenêtres, ouvrent le feu, sur les défenseurs des barricades, tournées vers le Faubourg du Temple et le boulevard du Prince Eugène.

Ainsi, les deux colonnes, avaient atteint la place du Château-d'Eau, enlevé plusieurs de ses défenses et commencé à contre-battre les autres, dont elles prenaient à revers une bonne partie.

Pour que ce boulevard de l'insurrection, tombât entièrement entre nos mains, il fallait, avant tout, s'emparer de la caserne du Prince Eugène. Aussi bien, savait-on, qu'elle contenait une énorme quantité de poudre, à laquelle on craignait de voir les Fédérés, mettre le feu, dans leur rage de destruction, ce qui eût fait sauter tout le quartier.

En hâte, les troupes du colonel, partant de la barricade du boulevard Magenta, traversent cette voie, la rue Magnan, et poussent leurs tirailleurs, dans la rue de la Douane, en face la caserne, sur laquelle un feu violent est ouvert. Sous la protection de ses tirailleurs, le Colonel s'élance avec quelques braves, fait enfoncer une porte et pénètre dans les bâtiments, suivi bientôt, de tout le Bataillon.

C'est, dans la cour, dans les couloirs, dans les chambres, une lutte sauvage. Tout ce qui n'a pu fuir, est massacré. Le Colonel, est légèrement blessé à cette affaire.

A peine maître de la position, on se hâte d'arracher les mèches placées aux tonneaux de poudre, d'abriter ceux-ci au plus profond des caves, ainsi que les obus et une masse de gargousses et de matières explosives de toutes sortes. L'opération était à peine terminée, que les batteries des Buttes-Chaumont, du Père-Lachaise et du boulevard du Prince Eugène, ouvraient un feu terrible, sur la caserne dont elles venaient d'apprendre la chute. Plusieurs fois, il fallut éteindre des commencements d'incendie, allumés par des obus pleuvant de toutes parts. On avait d'ailleurs, pris soin, de remplir d'eau, tous les ustensiles pouvant en contenir et de les disposer sur les points particulièrement menacés.

La 2º colonne, que nous avons laissée à la barricade du boulevard Saint-Martin, avait rejoint la 1ʳᵉ, peu après son entrée dans la caserne, où tout le Régiment se trouve ainsi.

Pendant le reste du jour et toute la nuit du 25 au 26, le feu continue, entre nos tirailleurs, placés aux fenêtres de la caserne et les insurgés, occupant les Magasins-Réunis et les barricades, qui tiennent encore.

Le Colonel, voulant se rendre maître de la première de ces positions, fait élever dans la rue du Temple, un rempart de matelas, à l'abri desquels, une colonne d'assaut s'avance, sans perdre un homme et débusque les Fédérés. Le même procédé, est employé, avec autant de succès, contre l'*Entrepôt de la Douane*.

Le 26 mai, au point du jour, les autres barricades défendant la Place, sont à leur tour enlevées. Ce succès nous coûte la vie du sous-lieutenant de Puifférat de la 3º du 3, mortellement blessé. Le capitaine Schuster de la 5ᵉ du 3, tombe aussi, grièvement atteint.

Le reste de la journée, est employé à fortifier les positions conquises, à cheminer vers le Canal Saint-Martin et à fouiller les maisons, dans lesquelles on découvre quantité d'armes et de munitions.

Les 27 et 28, ces perquisitions continuent. Aucun retour offensif, n'est tenté. La Commune était définitivement vaincue.

Le 28 mai, à sept heures du soir, le Régiment est relevé. Il passe la nuit sur le boulevard Magenta, la droite à l'église Saint-Laurent, la gauche à hauteur de la rue d'Albouy.

Le 29, il part le matin pour le *camp de Satory*, où il s'établit de nouveau.

Le 2e Provisoire, en cette courte campagne, avait perdu près de 200 hommes (exactement 195) et 12 officiers, tués ou blessés.

Le sous-lieutenant Ballé et le lieutenant Buisson, devaient, dans le courant du mois de juin, succomber à leurs blessures, portant ainsi à cinq le nombre des officiers tués.

Le 16 juillet, le Régiment, venant de Satory, arrive à cette caserne de la Pépinière, qu'il avait si vaillamment conquise, deux mois plus tôt et s'y installe. Il occupe aussi les bastions 39, 40, 43 et 46, puis la caserne de Penthièvre.

Le 28 mars 1872, il est envoyé à *Courbevoie*.

IV. 102ᵉ RÉGIMENT D'INFANTERIE

FORMATION ACTUELLE

Par décret du 1ᵉʳ mai 1872, le 2ᵉ *Provisoire est numéroté* 102ᵉ *Régiment d'Infanterie de ligne* et forme les deux premières compagnies d'un 4ᵉ Bataillon.

Par décret du 26 Septembre, de la même année, les quatre dernières compagnies du 4ᵉ Bataillon sont constituées.

Le 1ᵉʳ octobre, le *tiercement* est opéré.

En 1873, trois compagnies passent au 130ᵉ Régiment.

Conformément à la loi du 13 mars 1875, le Régiment est constitué à 4 Bataillons de 4 Compagnies, plus 2 Compagnies de dépôt. Pour ce faire, 3 Compagnies sont supprimées (avril 1875), les hommes versés dans les autres compagnies, les officiers mis à la suite.

Le 102ᵉ Régiment demeure dans le gouvernement militaire de Paris, avec détachement à Laval (1873-1877) jusqu'en 1878.

En 1878, il est envoyé à Mayenne (4ᵉ corps d'armée).

Actuellement, le Régiment occupe tour à tour : Mayenne (2 Bataillons)-Domfront (1 Bataillon) et Paris (2 Bataillons)-Chartres (1 Bataillon).

PIÈCES JUSTIFICATIVES

PROCÈS-VERBAUX

DE FORMATION

SITUATIONS

PIÈCES JUSTIFICATIVES

PROCÈS-VERBAUX DE FORMATION

PROCÈS-VERBAL DE LA FORMATION DU 102ᵉ RÉGIMENT D'INFANTERIE

L'an mil sept cent quatre-vingt-douze, le vingt-quatre janvier, les compagnies soldées de la Garde Nationale Parisienne : de Cadignan (grenadiers), Bru, Le Doux, Woustoura, Bezuchet, Mondot, Beaulieu, Henry Groizard, Devillot, Lumière, Elie, Dalosta, Lebœuf, Auvray, Cressart, Le Guay et Bancks (grenadiers), destinées par le résultat du tirage fait en la Maison Commune, le 3 octobre dernier, suivant le dispositif de la loi du 28 août précédent, à former le cent-deuxième Régiment d'infanterie de ligne, ont pris les armes, sur la demande qui en a été adressée par M. d'Affry, lieutenant général commandant la 17ᵉ Division militaire, à M. de Belair, commandant général de la Garde Nationale Parisienne. Elles se sont rassemblées à dix heures du matin, Place Royale.

Nous avons, à l'instant, en notre qualité de commissaire général de la Garde Nationale Parisienne, passé la revue des dites compagnies, pour servir au payement des appointements et solde jusqu'à ce jour, il a été dressé un état nominatif des hommes qui doivent se retirer avec la pension de retraite, ou une gratification une fois payée, aux termes du décret du 18 septembre.

La revue terminée, M. de Belair nous a donné ordre de proclamer à la tête des dites compagnies, qu'elles cessent de faire nombre dans la Garde Nationale Parisienne, pour faire partie de l'armée et former le 102ᵉ Régiment d'Infanterie de ligne, ce qui a été exécuté après avoir fait battre un ban.

M. de Boivieu, Maréchal de camp commandant en second la 17ᵉ Division militaire a fait alors déployer les drapeaux du régiment, placer les Compagnies au rang qu'elles doivent tenir dans les deux bataillons d'après leurs numéros résultant du tirage, il a désigné à chaque compagnie les officiers qui y seront attachés, et après avoir pris les ordres de M. d'Affri, présent à cette formation, le Général a reçu et fait reconnaître à la tête du régiment, M. Jean Charton, Colonel nommé par le Roi. MM. Delayard, Delaleu et Chadelar, adjudants-généraux de la Division de la Capitale, créée par le titre 6 de la loi du 28 août, ont été également reconnus.

Le Colonel a reçu et fait reconnaître : à la tête du second Bataillon, M. Claude-Antoine Cappon de Châteauthierry, premier Lieutenant-Colonel ; à la tête du premier Bataillon, M. Michel Villot, second Lieutenant-Colonel, et à la tête du régiment : M. Alexandre Barré, quartier-maître trésorier, avec rang de capitaine,

M. Labarthe, adjudant-major avec rang de capitaine de la 3ᵉ classe, M. Dietrich, adjudant-major.

M. Villot a reçu et fait reconnaitre à la Compagnie des grenadiers du 1ᵉʳ Bataillon : M. Victor Boudin, capitaine ; M. Joseph Duparc, lieutenant ; à la première Compagnie des fusiliers, M. Claude Robiquet La Chapelle, capitaine ; M. Louis Roland, lieutenant ; à la seconde Compagnie, M. André-Augustin Levret, capitaine ; M. Louis-Nicolas Jambe, lieutenant ; à la troisième, M. Antoine Boulogne, capitaine ; M. Pierre-Noël Lachenait, lieutenant ; à la quatrième, M. Pierre-François Dussere, capitaine, M. Jean-Baptiste-Benjamin Maré, lieutenant ; à la cinquième, M. Jean-Joseph Cathol, capitaine ; M. Favre, lieutenant ; à la sixième, M. Thomas Charton, capitaine ; M. Blaise Mercier, lieutenant ; à la septième, M. Charles-Edme Debert, capitaine ; M. Jacques Janvier, lieutenant ; à la huitième, M. François Charpentier, capitaine ; M. Jean-Baptiste Brenot, lieutenant.

M. de Châteauthiery a reçu et fait reconnaitre : à la première Compagnie du 2ᵉ Bataillon, M. Baltazar Roumans, capitaine ; M. Jean Colin, lieutenant ; à la deuxième Compagnie, M. Antoine-Joseph Blanchart, capitaine ; M. François Labourien, lieutenant ; à la troisième, M. Jean-Marie Humbert, capitaine ; M. Jean-Louis-Pierre Loisel, lieutenant ; à la quatrième, M. Jean-Baptiste Boyer, capitaine ; M. Nicolas Personnier, lieutenant ; à la cinquième, M. Dominique d'Eguilly, capitaine ; M. Humbert-Joseph Dujonquois, lieutenant ; M. Etienne Georget, sous-lieutenant ; à la sixième, M. Jean-Baptiste-Nicolas Beaurée, capitaine ; M. Paul Singlé, lieutenant ; à la septième, M. Joseph-François Brienne, capitaine ; M. Charles Louis Prevost, lieutenant ; à la huitième, M. Jean-Baptiste Gastine, capitaine ; M. Jean-Baptiste Sabatier, lieutenant ; à la seconde Compagnie de Grenadiers, M. Jean-François Dequet, capitaine ; M. Jean-Pierre Marquet, lieutenant.

M. Charton, colonel, a proposé à MM. d'Affry et de Boissieu, le sieur Joseph Richard, pour adjudant sous-officier, au rang de sous-lieutenant, le sieur François-Joseph Manesse, second adjudant sous-officier, ils ont été acceptés, reçus et reconnus.

Le Colonel a ordonné aux Capitaines de faire reconnaitre à la tête leurs compagnies respectives, les sous-officiers qui s'y sont trouvés dans les grades désignés par l'article V du titre IV, de la susdite loi du mois d'août ; les sections et escouades ont été formées suivant la teneur de l'article 13 du règlement sur la formation et la solde du Régiment, en date du 20 novembre dernier. Ces différentes opérations terminées, le Général a ordonné que le Régiment fut formé en bataillon carré.

MM. les Officiers se sont placés sur une ligne, avec les drapeaux, à quatre pas en avant de la troupe, et après que nous avons été reconnus, aux termes de l'article VII du titre VI de la même loi du mois d'août, en notre nouvelle qualité de Commissaire général des guerres, attaché aux troupes du département de Paris, il a été battu un ban, nous avons lu le serment prescrit pour les officiers, par la loi du 23 septembre dernier ; tous les officiers ont levé la main droite et ont dit tout haut « je le jure ». Nous avons ensuite lu la formule du serment des soldats, prescrit par la même loi du 23 septembre ; les sous-officiers, grenadiers, fusiliers et tambours ont levé la main droite et ont dit tout haut « je le jure. »

Après la prestation du serment, le Régiment s'est reformé en bataille ; M. le Lieutenant général d'Affry a passé la revue. Nous en avons aussi passé la revue de

Commissaire, pour servir au nouvel état d'appointement et de solde prescrit par le règlement, et dont l'extrait sera joint au présent; il en résulte que le régiment est composé d'un colonel, deux lieutenants-colonels, d'un quartier-maître trésorier, de deux adjudants-majors, deux adjudants sous-officiers, d'un tambour-major, d'un caporal-tambour, huit musiciens, dix-huit capitaines, dix-huit lieutenants, un sous-lieutenant, treize sergents-majors, cinquante-huit sergents, soixante-trois caporaux, quatre-vingt-dix appointés, six cent cinquante grenadiers ou fusiliers, vingt-trois tambours. Total : neuf cent cinquante-deux hommes, dont trois cent quatre-vingt-six ont demandé à jouir de la pension de retraite ou de la gratification accordée par la loi à leurs services.

M. de Boissieu a ensuite ordonné la formation du Conseil d'administration, dont la première séance a été indiquée à six heures de relevée, en son hôtel; le Régiment a défilé devant M. d'Affry qui a ordonné à M. Charton de le conduire dans ses quartiers.

De tout quoi nous avons rédigé procès-verbal pour en être adressé un double à M. le Ministre de la Guerre et un autre au Trésorier de la Guerre, pour le payement de la solde et des appointements ; ainsi clos et arrêté à Paris ledit jour 24 janvier 1792.

Signé :

102ᵉ DEMI-BRIGADE D'INFANTERIE DE LIGNE

Ce Septidi de la Troisième Décade du Mois de Brumaire An II de la République Française

AU CAMP DE BAOLET

Autrefois pays de Nice, maintenant du District de Manton (sic) département des Alpes-Maritimes

En exécution de la loi du 21 février 1790 concernant la nouvelle organisation de l'Armée française, de celle du 12 août suivant qui détermine le mode d'amalgame pour l'infanterie de la République, de l'instruction à la suite, aux officiers généraux chargés d'opérer la formation des demi-brigades, et de l'ordre donné par le Commandant Dumerbion, Général de Division, commandant par interim l'Armée d'Italie, il a été par Nous François Macquard, adjudant-général commandant en chef l'Aile droite de la dite armée, campé au camp de Broyar, assisté de Jean-François Bouquier, Commissaire des guerres, de service à la dite aile, procédé à la Malgame (sic) de l'état des canonniers devant composer la 102ᵉ demi-Brigade, composée du 2ᵉ Bataillon du 51ᵉ régiment autrefois La Sarre, des 3 et 6ᵉ Bataillons du Var.

Les Bataillons assemblés il a été battu un ban et fait lecture des lois, instructions et ordre ci-dessus. Le Commissaire des guerres a prévenu la troupe qu'elle allait être formée en demi-Brigade et de suite il a été procédé par appel nominal comme il suit :

Etat-Major :	Officiers : 6 présents, 2 absents....................	8
Petit Etat-Major :	— 10 présents............................	10
Surnuméraires	{ Ardisson, aumônier Aignier, quartier-maître Aimé et Raymond, adjudants-majors }	4

	1ᵉʳ BATAILLON				2ᵉ BATAILLON				3ᵉ BATAILLON		
	Officiers	Troupes	Total		Officiers	Troupes	Total		Officiers	Troupes	Total
1ʳᵉ Compⁱᵉ	3	64	67	1ʳᵉ Compⁱᵉ	3	64	67	1ʳᵉ Compⁱᵉ	3	64	67
2ᵉ —	3	64	67	2ᵉ —	3	64	67	2ᵉ —	3	64	67
3ᵉ —	3	63	66	3ᵉ —	3	63	66	3ᵉ —	3	63	66
4ᵉ —	3	64	67	4ᵉ —	3	62	65	4ᵉ —	3	62	65
5ᵉ —	3	62	65	5ᵉ —	3	62	65	5ᵉ —	3	62	65
6ᵉ —	3	62	65	6ᵉ —	3	62	65	6ᵉ —	3	62	65
7ᵉ —	3	64	67	7ᵉ —	3	64	67	7ᵉ —	3	64	67
8ᵉ —	3	62	65	8ᵉ —	3	61	64	8ᵉ —	3	61	64
								Canonniers	3	55	58

RÉCAPITULATION

	Officiers	Troupes
Etat-Major........................	8	10
Surnuméraires.....................	4	2
1ᵉʳ Bataillon.......................	24	505
2ᵉ Bataillon.......................	24	502
3ᵉ Bataillon.......................	24	502
Canonniers........................	3	55
Totaux....................	87	1576

1663 hommes, officiers compris.

La demi-Brigade ainsi formée, un ban a été battu et le serment prescrit par l'Article 56 de la dernière instruction, a été prêté par les Officiers, Sous-Officiers et Soldats.

Fait, clos, rédigé et arrêté ce Septidi de la 3ᵉ Décade du mois de Brumaire, An II de la République Française, une et indivisible.

Signés à l'original : MACQUARD.
BOUQUIER, Commissaire des Guerres.

PROCÈS-VERBAL DE LA FORMATION DE 1859

L'an mil huit cent cinquante-neuf, le 1er juin, jour de l'arrivée du 1er contingent.
Nous, Amédée Heissa, sous-intendant militaire, employé à la résidence de Besançon.
Vu les ordres de Son Excellence le Ministre de la Guerre, en date du 5 mai 1859, et ceux de M. le Général de Division relatifs à la formation du 102e de ligne.

Nous nous sommes transportés à l'effet de constater l'organisation définitive du 102e de ligne à laquelle il a été procédé successivement, d'après les instructions et la direction de M. le Général de Brigade, commandant le département, et à partir du 1er juin, jour où ce nouveau corps a commencé à exister. Nous avons trouvé sous les armes les officiers et la troupe appelés à former le 102e de ligne, et M. le Général de Brigade a désigné devant nous les officiers, sous-officiers, caporaux, tambours et soldats qui, aux termes des ordres précités, feraient désormais partie du 102e de ligne, savoir :

102ᵉ RÉGIMENT D'INFANTERIE

SITUATION

ÉTAT de MM. les Officiers composant ledit régiment, au 8 Juin 1792

ÉTAT-MAJOR

MM.		OBSERVATIONS
Jean Charton.	Colonel.	Ne demandera son brevet que lorsque tous les officiers de ce régiment auront les leurs.
Claude-Antoine Cappon de Châteauthiery.	1er Lieutenant-Colonel.	
Michel Villot.	2e Lieutenant-Colonel.	
Alexandre Barré.		Demande un brevet de capitaine et le croit très fondé dans sa demande.
Antoine Labarthe.	1er Adjudant-Major.	
Pierre Dietrich.	2e Adjudant-Major.	
Jean-François Morel.	Aumônier.	
Philippe-Jean Pelletan.	Chirurgien-Major.	
Dominique Daste.	Chirurgien aide-major.	
Joseph Richard.	Adjudant sous-officier.	Aux appointements de sous-lieutenant, 22 janvier 1792.
François-Joseph Manesse.	Adjudant sous-officier.	

1ᵉʳ BATAILLON

COMPAGNIE DE GRENADIERS

MM. Victor Boudin,	capitaine de 2ᵉ classe.	
Joseph Dupar,	lieutenant de 1ʳᵉ classe.	
Joseph-Philippe de Lavenne,	sous-lieutenant,	22 janvier.

1ʳᵉ COMPAGNIE

Claude Robiquet de la Chapelle,	capitaine de 1ʳᵉ classe.	
Louis Roland,	lieutenant de 1ʳᵉ classe.	
Jean Dupin,	sous-lieutenant,	22 janvier.

2ᵉ COMPAGNIE

André-Augustin Levret,	capitaine de 2ᵉ classe.	
Louis-Nicolas Jambe,	lieutenant de 1ʳᵉ classe.	
Salomon-François-Julien Petit,	sous-lieutenant,	22 janvier.

3ᵉ COMPAGNIE

Antoine Bouloone,	capitaine de 3ᵉ classe.	
Pierre-Noël La Chenait,	lieutenant de 2ᵉ classe,	16 février, ci-dev. s.-lieut. des chasseurs.
Anoᵗᵉ-François-Charles Foucault,	sous-lieutenant,	22 janvier.

4ᵉ COMPAGNIE

Pierre-François Dusserre,	capitaine de 3ᵉ classe.	
Jean-Baptiste-Benjamin Maré,	lieutenant de 1ʳᵉ classe.	
Régis Privat,	sous-lieutenant,	16 février, en remplacement de M. La Chenait.

5ᵉ COMPAGNIE

Jean-Joseph Cathol,	capitaine de 5ᵉ classe.	
Jean-François Favre,	lieutenant de 1ʳᵉ classe.	
André-Charles Morel,	sous-lieutenant,	22 janvier.

6ᵉ COMPAGNIE

Thomas Charton,	capitaine de 3ᵉ classe.	
Blaise Mercier,	lieutenant de 2ᵉ classe,	22 janvier.
Maurice-Roch Vergonet,	sous-lieutenant,	22 janvier.

7ᵉ COMPAGNIE

Edme-Charles Debert,	capitaine de 5ᵉ classe.	
Jacques Janvier,	lieutenant de 2ᵉ classe.	
Pierre-Simon Rendu,	sous-lieutenant,	22 janvier.

8ᵉ COMPAGNIE

François Charpentier,   capitaine de 5ᵉ classe.
Jean-Baptiste Brenot,   lieutenant de 2ᵉ classe.
Auguste-Raphaël Leclerc,   sous-lieutenant,   22 janvier.

2ᵉ BATAILLON

(Les noms n'ont pu être retrouvés.)

ÉTAT des Officiers du 102ᵉ Régiment d'Infanterie, le 21 Avril 1793

MM.
Villot, colonel. — Officier avant 1789.
Boudin, lieutenant-colonel. — Sergent aux Gardes françaises.
Despie, quartier-maître trésorier. — Sergent d'infanterie avant 1789.
Labarthe, capitaine-adjudant-major. — Sergent d'infanterie avant 1789.
Vergnet, lieutenant-adjudant-major. — Caporal d'infanterie avant 1789.
Dequet, capitaine. — Sergent-major d'infanterie avant 1789.
Blanchard, capitaine. — Négociant.
Boulogne, capitaine.— Sergent avant 1789.
Duserre, capitaine. — Professant les belles-lettres.
Deguilly, capitaine. — Bourgeois de Paris.
Beauzée, capitaine. — Directeur de correspondance dans les postes.
Boyer, capitaine. — Ancien soldat.
Humbert, capitaine. — Ancien dragon.
Cathol, capitaine. — Sergent avant 1789.
Brienne, capitaine. — Serg.-majʳ id.
Débert, capitaine. — Sergent id.
Charpentier, capitaine. — Sergent id.
Gastine, capitaine. — Sergent id.
Jambes, capitaine. — Sergent id.
Favre, capitaine. — Ancien sold. id.
Dietrict, capitaine. — Sergent id.
Roland, capitaine. — Sergent id.
Maré, capitaine. — Sergent id.
Dupart, lieutenant. — Sergent id.
Marquié, lieutenant. — Sergent id.
Colin, lieutenant. — Sergent id.
Loisel, lieutenant. — Sergent id.

MM.
Dujonquoy, lieutenᵃⁿᵗ. — Serg. avant 1789.
Brenot, lieutenant. — Sergent id.
Janvier, lieutenant. — Sergent id.
Labouricux, lieutenant. — Serg. id.
Sabatier, lieutenant. — Caporal id.
Lepersonnier, lieutenᵃⁿᵗ. — Sold. id.
Georget, lieutenant. — Sergent id.
Bernadou, lieutenᵃⁿᵗ. — Caporal id.
Foucault, lieutenant. — Soldat id.
Delacroix, lieutenant. — Sergent id.
Delavenne, lieutenant.
Rochelle, lieutenant.
Randu, lieutenant. — Sergent avant 1789.
Delaporte, lieutenant.
Privat, sous-lieutenant. — Caporal avant 1789.
Thévenet, sous-lieutenant. — A servi dans la marine.
Schouartz, sous-lieut. — Cap. avant 1789.
Lambinet, sous-lieut. — soldat id.
Pierron, sous-lieut. — Caporal id.
Maignien, s.-lieut. — Cap.-four. id.
Lagorce, sous-lieut. — Caporal id.
Richaux, sous-lieut. — Caporal id.
Osmont, sous-lieut. — Caporal id.
Dastier, sous-lieutenant.
Oudenot, sous-lieut. — Cap. avant 1789.
Noury, sous-lieutnant. — Soldat id.
Denoyé, sous-lieut. — Ancien soldat.
Beaugrand, sous-lieutenant. — Sergent avant 1789.
Daste, chirurgien-major. — Chirurgien-Major avant 1789.

ÉTAT des Officiers de la 102ᵉ *demi-Brigade de bataille, le* 14 *Février* 1795

MM.

Lebrun, chef de brigade. — Général de brigade le 6 ventôse an II.
Maille, chef du 1ᵉʳ bataillon.
Barthelemi, chef du 2ᵉ bataillon, — Chef de brigade le 7 ventôse an II.
Figuier, chef de 3ᵉ bataillon.
Godard, adjudant-major (lieutenant).
Aimé, adjudant-major (capitaine).
Raimond, adjudant-major (lieutenant).
Bertrand, quartier-maître.
Desolmes, capitaine. — Chef de bataillon le 27 brumaire an II.
Bonne, lieutenant.
Henry, sous-lieutenant.
Essautier, capitaine.
Baille, lieutenant.
Reboul, sous-lieutenant. — Mort le 20 pluviose an II.
Rideau, capitaine.
Ramias, lieutenant. — Mort le 28 floréal an II.
Daniel, sous-lieutenant.
Clavier, capitaine.
Delord, lieutenant. — Adjudant général le 18 pluviose an II.
Lavagne, sous-lieutenant.
Langlois, capitaine. — Adjudant général le 7 ventôse an II.
Roux, lieutenant.
Germain, sous-lieutenant.
Amiel, capitaine.
Frotter, lieutenant. — Passé au corps de la Marine le 1ᵉʳ ventôse an II.
Berrut, sous-lieutenant.
Magne, capitaine.
Mérier, lieutenant.
Dalidon, sous-lieutenant.
Eguier, capitaine.
Reinaud, lieutenant.

MM.

Leydet, sous-lieutenant.
Baille, capitaine de grenadiers.
Moraud, lieutenant de grenadiers.
Millet, sous-lieutenant de grenadiers.
Pascal, capitaine. — A remplacé le capitaine Desolmes, fait chef de bataillon.
Bernard, sous-lieutenant. — A remplacé le sous-lieutenant Reboul, mort.
Boulard, sous-lieutenant. — A remplacé le sous-lieutenant Henry, fait lieutenant.
Lavagne, sous-lieutenant. — A remplacé le lieutenant Ramias, mort.
Henry, sous-lieutenant. — A remplacé le lieutenant Delord, fait adjudant général.
Courtès, sous-lieutenant. — A remplacé le lieutenant Clairin, nommé lieutenant.
Olivri, capitaine. — A remplacé le capitaine Langlois, fait adjudant général.
Véroc, lieutenant. — A remplacé le lieutenant Frotter, passé dans la marine.
Philippe, capitaine. — Retraité le 18 prairial an II.
Olivri, lieutenant.
Artus, sous-lieutenant.
Pascal, capitaine. — Passé à la 1ʳᵉ Compagnie du 1ᵉʳ Bataillon.
Bernard, lieutenant.
Perruche, sous-lieutenant.
Brunet, capitaine.
André, lieutenant.
Clément, sous-lieutenant.
Bertet, capitaine.
Féraud, lieutenant.
Astier, sous-lieutenant.
Agnel, capitaine.
Adriau, lieutenant.
Colle, sous-lieutenant.
Alègre, capitaine.
Constant, lieutenant.

MM.	MM.
Fontanaud, sous-lieutenant.	Petitfrère, sous-lieutenant.
Malvilan, capitaine.	Pinel, capitaine.
Portail, lieutenant.	Spénaut, lieutenant.
Dupuy, sous-lieutenant.	Ginouvès, sous-lieutenant.
Pelegrin, capitaine.	Vincent, capitaine.
Lambert, lieutenant.	Maunier, lieutenant.
Mazelle, sous-lieutenant.	Plantin, sous-lieutenant.
Jonneaux, capitaine de grenadiers.	Roumey, capitaine.
Minfret, lieutenant de grenadiers.	Syès, lieutenant.
Agneli, sous-lieutenant de grenadiers.	Hugues, sous-lieutenant.
Gauthier, capitaine.	Perreymond, capitaine.
Armurat, lieutenant.	Lamanois, lieutenant.
Peche, sous-lieutenant.	Labretonnière, sous-lieutenant.
Boyer, capitaine.	Boyer, capitaine.
Ferratery, lieutenant.	Fontanier, lieutenant.
D'Hur, sous-lieutenant.	Vérac, sous-lieutenant.
Fortet, capitaine.	Fournier, capitaine de grenadiers.
Robinot, lieutenant. — Mort le 22 Vendémiaire an II.	Bérenger, lieutenant de grenadiers.
	Cavasse, sous-lieutenant de grenadiers.

A Sospellote (Sospello), le 26 Pluviose An III (15 Février 1795.

Officiers de la 102ᵉ Demi-Brigade d'Infanterie de ligne. — Le 1ᵉʳ Vendémiaire an VII (22 Septembre 1798)

Jalras, chef de brigade.
Ortlieb, quartier-maitre-trésorier, capitaine.
Désirez, quartier-maitre, sous-lieutenant.

1ᵉʳ Bataillon. — X..., chef de bataillon.			1ᵉʳ Bataillon. — Furat, adjudant-major.		
2ᵉ	—	Moulin,	2ᵉ	—	Riva,
3ᵉ	—	Jacob,	3ᵉ	—	Boulle,

Gallette, Guinet (jeune), Guinet (aîné), officiers de santé de 2ᵉ classe.

1ᵉʳ BATAILLON

Grenadiers. —	Pelisson,	capitaine	Porst, lieutenant	Kessler,	sous-lieut.
1ʳᵉ Compagnie. —	Barnabé,	—	Stamuler, —	Recordet,	—
2ᵉ —	Binard,	—	Ebertz, —	Ruet,	—
3ᵉ —	Prevost,	—	Peine, —	Desticux,	—
4ᵉ —	Quellence,	—	Jamot, —	Rousseau,	—
5ᵉ —	Dumont,	—	Pignierre, —	Raybel,	—
6ᵉ —	Lagger,	—	Pignard, —	Dufresne,	—
7ᵉ —	Rabaliatty	—	Aduys, —	Kuss,	—
8ᵉ —	Roëdelsperger,	—	Thomassin, —	Filias,	—

2ᵉ BATAILLON

Grenadiers. —	Chapeaux,	capitaine.	Irsch,	lieutenant.	Fabre,	sous-lieut.
1ʳᵉ Compagnie. —	Verdin,	—	Panissot,	—	Rhein,	—
2ᵉ —	Thomas,	—	Soutif,	—	Remier,	—
3ᵉ —	Denis,	—	Cochet,	—	Porlier,	—
4ᵉ —	Brenon,	—	Remy,	—	Fuest,	—
5ᵉ —	Gauthier,	—	Paillet,	—	Stein,	—
6ᵉ —	Metrat,	—	Thillemand	—	Colliard,	—
7ᵉ —	Martinot,	—	Schœuling,	—	Delaisse,	—
8ᵉ —	Viret,	—	Lennuer,	—	Lamarche,	—

3ᵉ BATAILLON

Grenadiers. —	Penne,	capitaine.	Baltié,	lieutenant.	Verrier,	sous-lieut.
1ʳᵉ Compagnie. —	Muller,	—	Pons,	—	Manichel,	—
2ᵉ —	Jundt,	—	Payremoste,	—	Romann,	—
3ᵉ —	Guillot,	—	Cousin,	—	Lasalle,	—
4ᵉ —	Pfeiffer,	—	Allery,	—	Sarcey,	—
5ᵉ —	Vells,	—	Schielé,	—	Mehls,	—
6ᵉ —	Nisius,	—	Démougin,	—	Blin,	—
7ᵉ —	Paillet,	—	Vendremotte,	—	Duprès,	—
8ᵉ —	Buhl,	—	Moisson,	—	Rojeon,	—

Composition du 102ᵉ Régiment à la formation de 1855

MM.

Cardonne, colonel.
Rivet, lieutenant-colonel.
Dubois, chef de bataillon.
Forest, chef de bataillon.
Tillet, chef de bataillon.
Vuillet, major.
Froussard, médecin-major de 2ᵉ classe.
Chauvot de Beauchêne, capitaine adjudant-major.
De Lignières, capitaine adjudant-major.
Bignon, capitaine adjudant-major.
Duboscq, capitaine adjudant-major.
Germain, capitaine trésorier.
Massoulié, capitaine d'habillement.
Dachary, sous-lieutenant adjoint au trésorier.
Auban, sous-lieutenant porte-drapeau.

CAPITAINES	LIEUTENANTS	SOUS-LIEUTENANTS
MM.	MM.	MM.
Pleignier.	Péguillan.	Bouquet.
Simon.	Koche.	Darnaud, grenadiers.
Coriol.	Glosset.	De Tinténiac.
Paulin.	Delatour.	Mougeot, grenadiers.
Lecomte.	Dujardin.	Berthet.
Claude, grenadiers.	Ducoin.	Schœndœffer.
De St-Julien, voltigeurs.	Senouilhet.	Ezemar, grenadiers.
Lacrouts, voltigeurs.	Charrier.	Bernardi.
Payen, grenadiers.	Piérard, grenadiers.	Degroux, voltigeurs.
Hardy, grenadiers.	Guilloton.	Lasserre, voltigeurs.
Carlier.	Bellenger.	Darry.
Tesson.	Vial.	Benoit.
Bohu.	Geoffroy.	Lelièvre.
Choquo.	Bénigni·	Reille.
Philippe.	Marentić, voltigeurs.	Tadieu.
Desprels, voltigeurs.	Gois, voltigeurs.	Cazac, voltigeurs.
Bauchant.	Fontanie.	Masson.
Lecerf.	Simonet, grenadiers.	Châle.
Richard.	Pognon, voltigeurs.	Guillo de Bodan.
Bolot.	Humblet.	Suaudeau.
Ligeret.	Malafaye.	Kurz.
Eysartel.	Abraham.	Louot.
Rodet.	Grech.	Leverne.
Vinciguerra.	Treilhon.	Nauton.
	Delgrange, chef de musique.	

Composition du 102ᵉ Régiment d'Infanterie de Ligne à la formation de 1859

MM.
Supervielle, colonel.
Théologue, lieutenant-colonel.
Maire, chef de bataillon.
Rossel, chef de bataillon.
Champion, chef de bataillon.
Fayol, major.
Guyot de Leuchey, capitaine adjudant-major.
Thomas, capitaine adjudant-major.
Dumont-Réveille, capitaine adjudant-major.
Algan, capitaine adjudant-major.
Grincourt, capitaine trésorier.
Carrère, capitaine d'habillement.
Nicolas, médecin-major de 1ʳᵉ classe.
Pancrazé, médecin-major de 2ᵉ classe.
Deneaux, chef de musique.

CAPITAINES	LIEUTENANTS	SOUS-LIEUTENANTS
MM.	MM.	MM.
Raullet.	Gaillard.	Houlès.
Schaerdel.	Gorju.	Wiscart.
Canel.	Loubet.	Foerster.
Quégain.	De Strada.	Watremez.
Guillerault.	Grech.	Lachau.
Gomichon des Granges.	Fossoyeux.	Porte.
Bernardot.	Fellens.	Rahou.
Boutillot.	Maucherat de Longpré.	Martin (A.).
Charlot.	Clerc.	Husson-Morel.
Chipres.	Bouquet.	Martin de Bonsonge.
Dubois.	Martin.	Puyau.
Corréard.	Lesgourgues.	Méry.
Servet.	Fabre.	Balme.
Joly.	Gelly.	Benoit.
Dabry.	Billès.	Oster.
Petit.	Davezac.	Guyot.
Perroy.	Nicolas.	Robert.
Audin.	Lerebours.	Figer de Roufigny.
Lestang.	Couty.	Malherbe.
Thoni de Reinach.	Binet.	Rochas.
Yver.	Collin.	Renaut.
Husson.	Quantin.	Michel.
Rippert.	Gache.	Devaux.
Sarre-Filhoulaud.	Grandperrier.	
	Rouzeaud.	

Composition du 2ᵉ Régiment Provisoire d'Infanterie le 15 Avril 1871

MM.

Vilmette, colonel.
Fauchon, lieutenant-colonel.
Boyer, chef de bataillon.
Robinet, chef de bataillon.
Demonchy, chef de bataillon.
Celle-Duby, capitaine adjudant-major.
Le Noble, capitaine adjudant-major.
Maurice, capitaine adjudant-major.
Bressan, sous-lieutenant trésorier.
Hacherelle, médecin-major de 1ʳᵉ classe.
Delon, médecin-major de 2ᵉ classe.
Delamarre, médecin aide-major de 1ʳᵉ classe.

CAPITAINES	LIEUTENANTS	SOUS-LIEUTENANTS
MM.	MM.	MM.
Vignaud.	Chrestien de Poly.	Montenat.
De Cantillon.	Biancardini.	Berdoulas.
Marty.	Buisson.	Soubeste.
Bonnefoy.	De Milleville.	Vilpelle.
Lobert.	Pinier.	Louvet.
Nicolle.	Loyer.	Colombani.
Merle.	Salva.	Chapon.
Descat.	Bonneaux.	Garric.
Bourdin.	Savary.	Roudil.
Roca.	Soubeyrand (J.-P.-A.).	Ballé.
Salvan.	Delon.	Soubeyran (J.-L.).
Trumet.	Coppens.	Roghez.
Lucand.	Sagey.	Morin.
Vuillaume.	Vienot de Vaublanc.	Solera.
Dally.	De Bellefon.	Puiférat.
Reynaud.	Mollard.	Bermond.
Schuster.	Badin.	Spitique.
Schmedter.	Davoine.	Simonin.

Composition du 102ᵉ Régiment d'Infanterie le 1ᵉʳ Octobre 1872

(2ᵉ Provisoire devenu 102ᵉ, le 1ᵉʳ Mai, en vertu d'un Décret du 4 Avril 1872)

MM.

Vilmette, colonel.
Champion, lieutenant-colonel.
Boyer, chef de bataillon.
Robinet, chef de bataillon.
Oliveau, chef de bataillon.
Ducheyron du Pavillon, chef de bataillon.
Faure-Biquet, chef de bataillon.
Latreille, major.
Celle-Duby, capitaine adjudant-major.
Le Noble, capitaine adjudant-major.
Maurice, capitaine adjudant-major.
Hardy, capitaine adjudant-major.
Edighoffen, capitaine trésorier.
Bois, capitaine d'habillement.
Colombani, sous-lieutenant porte-drapeau.
Hacherelle, médecin-major de 1ʳᵉ classe.
Regnier, médecin-major de 2ᵉ classe.
Delamarre, aide-major de 1ʳᵉ classe.

CAPITAINES	LIEUTENANTS	SOUS-LIEUTENANTS
MM.	MM.	MM.
Nicolle.	Debrun.	Pantalacci.
Gerard.	Bressan.	Raould.
Reynaud.	Berdoulas.	Bué.
Clamorgan.	Mercier.	Basset.
Roca.	Montenat.	De Fortsner.
Salva.	Fauqueux.	Spitique.
Merle.	Soler.	Lebert.
Dargelès.	Davoine.	Drouet.
De Cantillon.	Pinier.	Cauvin.
Bouve.	De Milleville.	Simonin.
Lobert.	Bermond.	Manaut.
Sagey.	Colombain.	Marcelot.
Dally.	Saint-Martin.	Charrot.
Fabre.	Gruau.	Evrard.
Trumet.	Morin.	Frogher.
Badin.	Viénot de Vaublanc.	Fédemagnon.
Lépaule.	Bonade.	Léger.
Reynard.	Coppens.	Soléra.
Bourdin.	Delon.	Morand-Dupuch.
Vaganay.	Louvet.	Nobili.
Salvan.	Mader.	Petit.
Mollard.	Bonneaux.	Verniolles de Notis.
Causse.		Garric.
Méric de Bellefon.		

LISTE

DES OFFICIERS TUÉS ET BLESSÉS[1]

MM.

Pfeiffer	capitaine	blessé	le 1er décembre 1795 à Creuznach.
Hammuler	lieutenant	blessé	le 22 décembre 1795 à Rheinbellen.
Gauthier	capitaine	blessé	le 22 août 1795 à Ehrenbreitstein.
Nisius	capitaine	—	—
Blin	sous-lieutenant	—	—
Giel	sous-lieutenant	—	—
Denis	capitaine	—	—
Leudet	lieutenant	mort. blessé	le 16 septembre 1795 sur la Lahn.
Bordat	—	—	—
Schmitt	—	—	—
Paillet	sous-lieutenant	blessé	—
Desthieux	—	—	—
Schiélé	lieutenant	blessé	le 26 octobre 1796 à Creuznach.
Pons	—	—	—
Protain	lieutenant	blessé	le 25 mars 1799 à Lieptingen (Stockach).
Guillot	capitaine	—	—
Schœnling	lieutenant	—	—
Soutif	—	tué	—
Hemme	—	blessé	—
Leloutre	—	—	—
Pignières	—	tué	—
Denis	capitaine	blessé	—
Gauthier	—	—	—
Schœnlein	lieutenant	—	—
Puzat	capitaine	blessé	le 17 août 1799 à Dettingen.
Rousseau	sous-lieut.	mort. blessé	—
Blin	sous-lieutenant	blessé	—
Pignard	lieutenant	—	le 25 septembre 1799 à Zurich.
Brosch	chef de bat.	mort. blessé	le 26 septembre 1799 à Zurich.
Puzat	capitaine	blessé	—
Martinot	—	mort. blessé	—
Jundt	—	blessé	—

[1] Pour ces Listes, établies en dépouillant les États de Services de plus de 27.000 militaires, nous nous sommes strictement conformé aux dates portées sur les matricules *(Archives administratives de la Guerre)*.

MM.

Zell	capitaine	blessé	le 26 septembre 1799 à Zurich.
Hammuler	—	tué	— —
Jamot	lieutenant	mort. blessé	— —
Hemmer	—	blessé	— —
Porlier	sous-lieut.	mort. blessé	— —
Dufresne	sous-lieutenant	tué	— —
Lamarche	—	—	— —
Remier	—	blessé	— —
Julian	—	tué	— —
Jacob	chef de bat.	blessé	le 1er octobre 1799 à Muttenthal.
Prevost	capitaine	—	— —
Viret	—	—	— —
Dumont	—	—	— —
Eyler	—	—	— —
Demougin	lieutenant	—	— —
Romann	sous-lieutenant	—	— —
Rouvière	—	—	— —
Prévost	capitaine	—	le 7 octobre 1799 à Constance.
Fabre	sous-lieutenant	—	le 23 mai 1800 à Ragatz.
Moulin	chef de bat.	—	le 20 décembre 1800 à Mozambano.
Allery	lieutenant	tué	— —
Rhein	sous-lieutenant	—	— —
Jalras	chef de brig.	blessé	le 26 décembre 1800 au passage du Mincio.
Blin	lieutenant	mort. blessé	— —
Baume	—	blessé	le 29 décembre 1800 sous Vérone.
Jundt	capitaine	—	— —
Irsch	lieutenant	—	le 14 juin 1800 à Marengo.
Boucher	sous-lieutenant	—	— —
Buhl	capitaine	—	le 18 octobre 1805 passage de l'Adige.
Laroque	lieutenant	—	— —
Berchoud	—	—	— —
Gaugé	sous-lieutenant	—	— —
Barré	capitaine	—	le 30 octobre 1805 à Caldiero.
Baume	lieutenant	—	— —
Vincenot	—	—	— —
Laroque	—	—	— —
Modot	—	—	— —
Guillaumie	—	—	— —
Rochette	sous-lieutenant	—	— —
Moncel	—	—	— —
Rouvier	lieutenant	—	— —
Deville	sous-lieutenant	—	— —
Voirin	lieutenant	tué	— —
Calamaud	—	—	— —

MM.

Modot	lieutenant	blessé	le 3 août 1806 à Rocca-Gloriosa (Naples).
Regnié	lieut.-adj.-major	tué	
Sonis	chef de bat.	—	le 16 avril 1809 à Sacile.
Boudier	lieutenant	—	—
Foissin	—	—	—
Quellence	capitaine	mort. blessé	—
Sallingue	lieutenant	—	—
Schiélé	capitaine	blessé	—
Kessler	—	—	—
Fulcheron	lieut.-porte-aigle	—	—
Berchoud	lieut.-adj.-major	—	—
Modot	lieutenant	—	—
Delorme	—	—	—
Trenet	sous-lieutenant	—	—
Nippert	—	—	—
Huntzbuchler	capitaine	mort. blessé	le 29 avril 1809 à Soave.
Chames	sous-lieutenant	—	—
D'Arnault	capitaine	blessé	—
Baltié	—	—	—
Merget	lieutenant	—	—
Tronquoy	chef de bat.	tué	le 8 mai 1809 à la Piave.
Rochette	lieutenant	—	—
Chamers	—	mort. blessé	—
Abadie	sous-lieutenant	tué	—
Roustan	sous-lieutenant	—	le 17 mai 1809, fort de Malborghetto.
Garnier	lieutenant	mort. blessé	le 14 juin 1809 à Raab.
Espert	colonel	blessé	—
Sicre	chef de bat.	—	—
Deslandes	cap.-adj.-major	—	—
Richebé	lieut.-adj.-major	—	—
Hemmer	capitaine	—	—
Remier	—	—	—
Keller	lieutenant	—	—
Grandfils	—	—	—
Roustan	sous-lieutenant	—	—
Aymé	—	—	—
Gasquet	—	—	—
Gaudet	—	—	—
Porst	capitaine	tué	le 5 juillet 1809 à Wagram.
Rabaliatti	—	mort. blessé	—
Deslandes	cap.-adj.-major	blessé	—
Hien	capitaine	—	—
Hemmer	—	—	—
Leloutre	—	—	—

MM.

Modot	capitaine	blessé	le 5 juillet 1809 à Wagram.
Richebé	lieut.-adj-major	—	—
Delorme	lieutenant	—	—
Klein	sous-lieutenant	—	—
Aymé	—	—	—
Callamaud	—	—	—
Bousicot	lieutenant	blessé	le 25 janvier 1811 combat de Lléora.
Delorme	capitaine	mort. blessé	le 6 mars 1811 à Olot (Catalogne).
Lasson	lieutenant	tué	—
Lutz	—	mort. blessé	—
Rouvillois	sous-lieutenant	blessé	—
Tosquinet	—	—	le 23 mars 1811 aux avant-postes en Catalogne.
Rigolet	—	—	le 16 avril 1812 devant Olot.
Aymé	lieutenant	—	le 25 —
Tarette	capitaine	mort. blessé	le 8 octobre 1812 —
Noël	lieutenant	blessé	le 25 octobre 1812 —
Merget	capitaine	mort. blessé	le 17 janvier 1813 à Olot.
Gaudet	—	tué	le 7 mai 1813 à Ribas.
Schlœsing	—	blessé	—
Viardin	lieutenant	—	—
Regnaud	chirurgien-major	—	—
Giffey	sous-lieutenant	—	—
De Pineton de Chambrun	lieut.	—	—
Lepage	lieutenant	—	le 9 mai 1813 devant Neustad.
De Chambrun	—	—	le 11 mai 1813 affaire contre les brigands catalans.
Géant	—	mort. blessé	le 11 mai 1813 passage de l'Elbe.
Ducel	capitaine	blessé	—
Laire	lieut.-adjud.-maj.	—	—
Mocquard	lieutenant	—	—
Sottison	sous-lieutenant	—	—
Deville	capitaine	—	le 24 septembre 1813 près Bautzen.
Collin	—	—	le 8 octobre 1813 à Tarvis.
Tosquinet	lieutenant	—	—
Penant	sous-lieutenant	—	—
Lelièvre	—	tué	le 18 octobre 1813 à Leipzig.
Prévost	capitaine	blessé	le 29 octobre 1813 à Hanau.
Bombarde	sous-lieutenant	—	—
Devautier	major	—	le 2 novembre 1813 affaire d'Erbezo.
Malabre	sous-lieutenant	tué	le 5 novembre 1813 devant Tarvis.
Hallot	lieutenant	mort. blessé	le 6 novembre 1813 devant Mayence.
Fournel	capitaine	—	le 15 novembre 1813 à Caldiero.
Scharff	chef de bat.	tué	—
Renier	sous-lieutenant	blessé	—
Combalusier	—	—	—

MM.			
Lozes	sous-lieutenant	blessé	le 15 novembre 1813 à Caldiero.
Schneider	lieutenant	tué	le 19 novembre 1813 à Saint-Michel.
Delaisse	chef de bat.	blessé	—
Debay	capitaine	—	—
Rey	lieutenant	—	—
Balzetti	sous-lieutenant	—	—
Silvan	lieutenant	—	le 30 novembre 1813 à Arnheim.
Viardin	capitaine	—	le 8 décembre 1813 à Rovigo.
Roustan	lieut.-adjud.-maj.	—	—
Routier.	lieutenant	—	—
Levasseur	—	—	—
Kessler	sous-lieutenant	—	—
Collin	capitaine	—	le 8 déc. 1813 en avant de Rovigo.
Tosquinet	capitaine	—	le 8 février 1814 au Mincio.
Bascans	sous-lieutenant	—	le 10 février 1814 combat de Volta.
Prévost	capitaine	—	le 12 février 1814 à la Ferté-sous-Jouarre.
Bousicot	cap.-adjud.-major	—	le 14 avril à la Sturla (Gênes).
Pigal	capitaine	tué	le 27 juin 1815 à Dannemarie (sous Belfort).
Callamand	—	blessé	—
Schlœsing	—	—	—
Roustan	—	—	—
Fulcheron	—	—	—
Maring	sous-lieutenant	—	—
Grégoire	—	—	—
Deletté	—	—	—
Trouillard	sous-lieutenant	tué	le 29 juin 1815 à Valdieu (sous Belfort).
Dechaux	chef de bat.	blessé	le 29 juin 1815 à Valdieu, mort le 30.
Guillot	lieut.-adjd.-major	—	—
Arndt	lieutenant	—	—
Leconte	sous-lieutenant	—	—
Brisset	—	—	—
Lapujade	lieutenant	—	le 1er juillet 1815 devant Belfort m. 1er sept.
Gellé	sous-lieutenant	tué	—
Derson	capitaine	blessé	le 4 juillet —
Bernardin	lieutenant	—	—
Génie	lieutenant	—	—

EXPÉDITION DE CHINE

Grandperrier	lieutenant	tué	le 21 août 1860 à la prise des forts du Peï-Ho.
Canel	capitaine	blessé	—
Grech	lieutenant	—	—
Balme	sous-lieutenant	—	—
Porte	—	—	—

MM.

Méry	sous-lieutenant	blessé le 21 août 1860 à la prise des forts du Peï-Ho.
Mancherat de Longpré	lieut.	— — —
Loubet	capitaine	mort à Shang-Haï.
Barbier	—	— le 11 mars 1862 à Shang-Haï de la variole.
Canel	—	— le 24 mars 1862 à bord de l'*Andromaque*, venant de Saïgon.

INSURRECTION DE 1871

Ballé	sous-lieutenant	blessé le 5 mai 1871 à Issy, mort le 4 juin.
Saint-Martin	sous-lieutenant	— le 21 mai 1871 Bois de Boulogne.
Marty	capitaine	tué le 22 mai 1871 rue Abatucci.
Le Noble	cap.-adj.-major	blessé le 22 mai 1871 Bois de Boulogne.
Chrestien de Poly	lieutenant	tué le 23 mai 1871 boulevard des Batignolles.
Fauchon	lieut.-colonel	blessé le 23 mai 1871 place Blanche.
Buisson	lieutenant	— le 25 mai 1871 à la mairie du Xe arrond^t, mort le 19 juin.
Vilmette	colonel	— le 25 mai 1871 Château-d'Eau.
De Puifférat	sous-lieutenant	tué le 26 mai 1871 Château-d'Eau.
Fauchon	lieut.-colonel	blessé le 26 mai 1871 Château-d'Eau.
Schuster	capitaine	— le 26 mai 1871 Château-d'Eau.

LISTE
DES SOUS-OFFICIERS ET SOLDATS TUÉS [1]

Manesse	serg.-major, tué le 21 septembre 1792, au camp de la Lune (Valmy).				Maladier	fusilier	tué le 20 fructidor an IV,	à Erenbreitstein.
Chabrun	fusilier, tué le 11 juin 1793, à Arlon.				Lamotte	—	mort. blessé le 20 fructidor an IV.	
Bruyant	—	— le 27 août 1793, à Tourcoing,			Lecamus	—	tué le 21 fruct. an IV,	à Erenbreitstein.
Lutel	—	—	—	—	Goëthgen	sergent	— le 30	— affaire de Limbourg.
Bouvrat	—	—	—	—	Saunier	grenad.	—	—
Boulé	sergent	tué le 13 septembre 1793, à l'affaire de Warwick.			Sibille	caporal	—	—
					Larbouillat	fusilier	—	—
Voirin	fusilier	tué le 23 octobre 1793, à Savernes.			Thierry	—	—	—
Bourreau	—	—	—	—	Griveau	—	—	—
Becker	—	— le 28	—	sur le Rhin.	Munier	—	—	—
Poulette	—	—	—	—	Drujoux	—	—	—
Barrié	—	— le 31	—	à Marchiennes	Lesainte	—	—	—
Thibault	—	— le 19 novembre 1793.			Rabadet	—	—	—
Mutin	—	— le 27	—		Surbled	—	—	—
Vulcain	—	—	—		Bertrand	—	—	—
Garnier dit Desgarets, fusilier, tué dans la nuit du 3 au 4 décembre 1793, dans une affaire d'avant-postes, dans le bois de Pfaffenhoffen (Rhin).					Boulanger	—	—	—
					Lecorps	—	—	—
					Valot	—	—	—
					Denis	—	—	—
					Canu	—	—	—
Le Blanc	grenadier, tué le 26 décembre 1793, devant Wissembourg.				Barot	—	tué le 1er vendém. an V.	
					Sitter	grenad.	— le 17	à Bingen.
Dechamp	fusilier tué le 31 octobre 1794.				Choen	fusilier	mort. blessé en vendémiaire an V.	
Juelles	—	— le 1er novembre 1794.			Leclerc	—	tué le 5 brum. an V, à Creuznach.	
Guerre	—	— le 24 décembre 1794, devant Manheim.			Roussel	caporal	— le 6 brumaire an V.	
					Fourgeron	grenad.	— le 21	—
Rondien	caporal	— le 2 floréal an IV, à Mondovi.			Hoff	canonn., mort. blessé en frimaire an V.		
Nicolas	fusilier	— le 11 thermidor an IV, blocus d'Erenbreitstein.			Isabel	fusilier	tué le 15 nivôse an V.	
					Béon	—	— le 10 pluviôse an V.	
Voire	fusilier tué le 15 thermidor an IV, blocus d'Erenbreitstein.				Laroux	sergent	— le 9 vendémiaire an VII.	
					Lacroix	—	— le 4 germ. an VII, à Stockach.	
Spiéry	fusilier tué le 5 fructidor an IV,	devant Mayence.			Speisser	—	—	—
Salamon	caporal	—	—	—	Longuchaye	caporal	—	—
Stéphanne	fusilier	—	—	à Erenbreitstein.	Lainé	—	—	—
Nussbaum	sergent	— le 9	—		Lehmann	sergent	— le 5	—
Blanc	fusilier	—	—		Lamey	—	—	—
Paris	—	—	—		Thiébaut	—	—	—
Huquet	—	—	—	devant Mayence.	Damon	caporal	—	—
Brumter	caporal	—	—		Bontems	—	—	—
Thébaud	fusilier	— le 15	—	à Erenbreitstein.				

[1] Est-il besoin de faire remarquer que ces Listes, sont forcément très incomplètes ? Des campagnes entières n'y figurent même pas !

Beaufils	fusilier	tué le 5 germ. an VII, à Stockach.	Gaubin	fusilier	tué le 29 septembre 1799, à Zurich.	
Rebourg	—	—	Mircourt	—	—	
Mottay	—	mortellement blessé le 5 germinal an VII, à Stockach.	Terrier	caporal	—	
			Hugonin	—	—	
Revert	fusilier	tué le 5 germ. an VII, à Stockach.	Horther	fusilier	—	
Massiot	—	—	Goujon	—	—	
Joly	—	—	Schmidt	caporal	—	
Peuchot	—	—	Vittot	fusilier	—	
Repecet	—	—	Henry	—	—	
Coujours	—	mortellement blessé le 5 germinal an VII, à Stockach.	Gérard	—	—	
			Coutasseaux	—	—	
Elise	fusilier	tué le 5 germ. an VII, à Stockach.	Bette	—	—	
Dumont	—	—	Vacher	—	—	
Tabot	—	—	Flamand	—	—	
Trouillet	—	— le 6 —	Beaufils	—	—	
Fravalon	—	mort. blessé le 2 floréal an VII.	Bouchard	—	—	
Brun	caporal	tué le 4 prairial an VII, à Zurzach.	Joubert	—	—	
Rafanot	fusilier	— le 15	Dumoulin	—	—	
Lorin	—	— le 21 thermidor an VII, à Dettingen.	Barbeau	—	—	
Proux	—	— le 30	Manoury	—	—	
Lebert	—	—	Charles	—	—	
Jacob	—	—	Cuby	—	—	
Beraud	—	—	Bouvier	—	—	
Colonzel	—	—	Volant	—	—	
Beck	—	—	Cherel	—	—	
Baille	—	—	Duval	—	—	
Bourdot	—	—	Silauret	—	—	
Merlin	—	—	Tetrait	—	—	
Parent	—	—	Goupy	—	—	
Jardin	—	—	Lionneck	—	—	
Bidot	—	—	Marguenaitre	—	—	
Guinelle	—	mortellement blessé le 30 thermidor an VII, à Dettingen.	Vasselet	—	—	
			Ruette	—	—	
Bosset	fusilier	tué le 30 thermidor an VII, à Dettingen.	Bavoine	—	—	
Guyon	—	—	Dufeu	—	—	
Bernard	—	—	Morel	—	—	
Clérot	—	—	Castille	—	—	
Bourcette	—	—	Douard	—	—	
Felivet	—	—	Gigelin	—	—	
Duteurtre	—	—	Poinçotte	—	—	
Baron	—	—	Besançon	—	—	
Marteau	—	—	Ferrey	—	—	
Husson	caporal	—	Maugin	—	—	
Roray	sergent	— le 26 septembre 1799, à Zurich.	Loiseau	—	—	
Schneider	—	—	Beguin	—	—	
Rouchit	—	—	Lepinot	—	—	
Sechojean	grenad.	—	Blavot	—	—	
Halter	caporal	—	Punelle	—	mortellement blessé le 29 septembre 1799, à Zurich.	
Guégoin	fusilier	—				
Gantzhirt	sergent	—	Richard	—	—	

Kehrmann	caporal	tué le 1er octob. 1799, à Muttenthal.	Guéniot	voltigeur	tué le 26 vend. an XIV, passage de l'Adige.
Rendu	fusilier	— — —	Berthon	—	— — —
Guillot	—	— — —	Quaivron	—	— — —
Turcas	—	—	Huet	—	— — —
Quadet	—	— — —	Jubeau	—	— — —
Teilloux	—	— — —	Peyrieux	sergent	— le 8 brumaire an XIV, Caldiero.
Boutot	—	— le 10 brumaire an VIII.	Petitjean	voltigeur	—
Marcher	—	— le 2 floréal an VIII.	Hatton	fusilier	— — —
Mélinotte	grenad.	— le 15 —	Missonnier	—	— — —
Meunier	fusilier	— le 27 — à Ragatz.	Gagnon	caporal-tambour	—
Delanst	—	— — —	Bacon	fusilier	— — —
Annesot	caporal	— le 3 prairial an VIII, affaire du passage du Rhin.	Lelonz	—	— — —
			Digard	caporal	— — —
Bernouin	grenad.	— à Marengo, 14 juin 1800.	Letellier	fusilier	— — —
Cambeau	fusilier	— — —	Lepicard	voltigeur	— — —
Dumont	grenad.	— . — —	Vidal	—	— — —
Meunier	tambour de grenad.	— — —	Favin	—	— — —
Malservé	fusilier	— — —	Lepage	—	— — —
Renard	—	— — —	Gentil	tambour	— — —
Han	—	— — —	Brunet	voltigeur	— — —
Gauthier	sergent	— le 15 vendémiaire an IX.	Rimbeau	fusilier	— — —
Signal	grenad.	— — —	Marchand	tambour	— — —
Odet	fusilier	— le 30 frimaire an IX, à Mozambano.	Richard	fusilier	— — —
Vacher	—	— — —	Renou	—	— — —
Dard	grenad.	— le 1 nivôse an IX, passage du Mincio.	Brun	—	— — —
Legrand	fusilier	— le 2 —	Jeannin	—	— — —
Bast	caporal	— le 5 — passage du Mincio.	Specht	sergent	— le 3 juin 1806 par les Anglais, étant de garde à la poudrière de Pansilippe (Naples).
Bonnet	—	— — —			
Josse	fusilier	— — —			
Weissenbach	Tambour	— le 9 nivôse an IX, devant Verone.	Noblet	voltigeur	— le 30 août 1806 Roccagloriosa.
Lemarchand	fusilier	— — —	Pinçon	—	—
Guérinet	—	— — —	Hilaire	fusilier	— le 11 août 1806 à Scirizza (Calabre)
Bernard	fusilier	— — —	Pingot	—	— le 18 — en Calabre.
Paraillé	caporal	— le 2 pluviose an IX.	Coussique	voltigeur	— le 6 décembre 1806, au village de Terriole (Calabre).
Villiarmet	caporal	assassiné le 3 floréal an IX, par un paysan.			
			Plessis	fusilier	— le 7 février 1807 à Brancaleone (Calabre).
Cornin	fusilier	tué le 3 prairial an IX.			
Rotier	—	assassiné en Italie le 9 frimaire an XI.	Rogue	voltigeur	— le 20 mars 1807, à Rogliane (Calabre).
			Chevalier	—	— — —
Dubras	—	tué le 5 brumaire an XII par des brigands.	Paulet	—	— — —
			Sameron	—	— — —
Fusch	—	avait été blessé le 30 mars 1759, à Bergen ; était au régiment (Royal Deux-Ponts) depuis 1755, mort à Alexandrie, au dépôt, le 30 nivôse an XIII (janvier 1805).	Chupin	fusilier	— le 11 juin 1807, étant à la poursuite de brigands, près d'Ancône.
			Boisson	—	— le 26 sept. 1807, en Italie, à San-Benedetto.
			Gouapert	voltigeur	— le 4 oct. 1808, prise de Capri.
			Corbières	—	— — —
Moreau	fusilier	blessé le 8 vendémiaire an XIV, à Caldiero, mort le 1er frimaire.	Tiedeville	—	— — —
			Nippert	serg.-maj.	— le 16 avril 1809, à Sacile.
Julliard	voltigeur	tué le 26 vendémiaire an XIV.	Got	sergent	mort. blessé le 16 avril 1809, à Sacile.

Bourdon	sergent	tué le 16 avril 1809, à Sacile.		
Sigogne	grenadier	—	—	—
Grandier	—	—	—	—
Patinger	fusilier	—	—	—
Boumier	—	—	—	—
Dubois	—	mort. blessé	—	—
Cantin	—	tué	—	—
Rutten	—	—	—	—
Houben	—	—	—	—
Jacob	—	—	—	—
Méraud	—	—	—	—
Thiéry	—	mort. blessé	—	—
Roch	—	tué	—	—
Perrier	serg.-maj.	—	—	—
Balent	fusilier	—	—	—
Savit	voltigeur	—	—	—
Bouscarel	fusilier	—	—	—
Labat	—	—	—	—
Ribouret	—	—	—	—
Roudes	—	—	—	—
Cassé	—	—	—	—
Arquier	grenad.	—	—	—
George	voltigeur	—	—	—
Lafontan	fusilier mort. blessé	—	—	—
Mathieu	—	tué	—	—
Depra	—	—	—	—
Mercier	—	—	—	—
Bornibus	—	—	—	—
Pinot	—	—	—	—
Debelfort	—	—	—	—
Béguin	—	—	—	—
Bresson	—	—	—	—
Godefroy	sergent	— le 29 avril 1809 à Soave.		
Mans	voltigeur	mort. blessé le 29 avril 1809, à Soave		
Boissier	—	tué le 29 avril 1809, à Soave.		
Dalençon	—	—	—	—
Burgevin	—	—	—	—
Mayen	caporal	—	—	—
Reyne	fusilier	—	—	—
Richard	voltigeur	—	—	—
Girard	—	—	—	—
Breton	fusilier	—	—	—
Bauril	—	—	—	—
Julian	—	—	—	—
Pratviel	—	—	—	—
Borcy	—	—	—	—
Gautardière	voltigeur	—	—	—
Taillandier	caporal	—	—	—
Malabre	caporal-four.	—	—	—
Heitz	caporal	—	—	—
Suguet	voltigeur	tué le 29 avril 1809, à Soave.		
Mourey	fusilier	—	—	—
Thoumin	sergent	— le 8 mai 1809, bataille de la Piave.		
Franges	fusilier	—	—	—
Cadet	voltigeur	—	—	—
Hardouin	grenad.	—	—	—
Coudroux	—	—	—	—
Préaux	voltigeur	—	—	—
Soulain	fusilier	—	—	—
Macé	caporal	—	—	—
Rondu	voltigeur	—	—	—
Denechau	—	—	—	—
Esnault	fusilier	—	—	—
Mary	tambour mort. blessé	—	—	
Berger	voltigeur	tué	—	—
Baré	—	—	—	—
Bieulet	—	—	—	—
Breheret	—	—	—	—
Berdier	—	—	—	—
Roquebrune	fusilier mort. blessé	—	—	
Perthuet	grenad.	tué le 17 mai 1809, Malborghetto.		
Louhard	fusilier	—	—	—
Verniot	grenad.	— le 14 juin 1809, Raab.		
Gislais	voltigeur	—	—	—
Gaudin	grenad.	—	—	—
Lemoine	—	—	—	—
Hamelin	fusilier	—	—	—
Bigeard	grenad.	—	—	—
Leblanc	voltigeur	—	—	—
Peclers	fusilier	—	—	—
Doucet	—	—	—	—
Salmon	grenad.	—	—	—
Jobin	fusilier	—	—	—
Dieuzedé	voltigeur	—	—	—
Dubourg	caporal	—	—	—
Lambert	grenad.	—	—	—
Beltz	adjudant	—	—	—
Fourmit	fusilier	—	—	—
Soulo	—	—	—	—
Lebœuf	—	—	—	—
Joncheray	voltigeur	assassiné par les brigands tyroliens, le 15 juin 1809.		
Hutot	fusilier	mort. bles. le 5 juillet 1809, Wagram		
Dupont	—	tué le 6 juillet 1809, à Wagram.		
Gilet	—	—	—	—
Sonnet	—	—	—	—
Savary	—	—	—	—
Auger	grenad.	—	—	—
Walraeven	—	—	—	—
Guitonneau	fusilier	—	—	—

HISTOIRE DU 102ᵉ RÉGIMENT

Nom	Grade	Détails
Meffray	grenad.	tué le 6 juillet 1809, à Wagram.
Gerfeau	voltigeur	— — —
Pascal	fusilier	— — —
Pellin	—	— — —
Voeters	—	mort. blessé le 6 jnil. 1809, à Wagram.
Betin	—	— — —
Challande	—	tué — —
Besnard	—	— — —
Gauthier	voltigeur	— — —
Carles	fusilier	— — —
Jacquin	caperal	— — —
Griset	fusilier	— — —
Rigaux	—	— le 24 août 1809, dans le Tyrol.
Guérineau	—	— le 16 février 1811, près Girone.
Bonavia	—	— le 5 mars 1811, Espagne.
Dantin	—	— par les Espagnols.
Dufrechoue	—	— le 6 mars 1811, Espagne.
Filastre	—	— — —
Fayet	—	— — —
Decheu	voltigeur	— — —
Belouineau	fusilier	— le 8 avril 1811, près Girone.
Billet	voltigeur	— le 12 avril 1811, en escortant un convoi de Girone à Bascara.
Russis	caporal	— le 3 mai 1811, pr les Espagnols.
Cailloux	voltigeur	— le 31 mai 1811, près Girone (Catalogne).
Ravary	fusilier	— le 12 septembre 1811, Espagne.
Boutault	voltigeur	— le 8 février 1812, Espagne.
Brandières	fusilier	— le 2 mars 1812, pr les Espagnols
Buzard	sergent	— le 3 mars 1812, —
Ferrero	fusilier	— — Espagne.
Albignac	—	— — par les Espagnols.
Mejanès	—	— — Espagne.
Desmortes	sergent	— — —
Daydes	voltigeur	— le 10 avril 1812, entre Gérone et Bagnols.
Lange	fusilier	— par les Espagnols.
Chalopin	voltigeur	— le 20 avril 1812 à Olot (Catalogne).
Raviset	sergent	— le 28 avril 1812, pr les Espagnols
Ricardi	fusilier	assassiné le 15 oct. 1812, à Alexandrie.
Morin	voltigeur	tué le 25 oct. 1812, pr les Espagnols
Aupetit	grenad.	tué le 2 mai 1813, Lutzen.
Malavial	grenad.	— — —
Lietzler	fusilier	— — —
Simonet	voltigeur	— le 7 mai 1813, affaire de Ribas.
Sourès	fusilier	— — —
Pelfort	—	— — —
Leguerne	—	— — —
Bordes	voltigeur	— — —
Dharragorrigaray	fusilier	— — —
Fournier	caporal	— le 7 mai 1813, combat de Ribas (Catalogne).
Vanhove	fusilier	— — —
Kikens	fusilier	tué le 7 mai 1813, combat de Ribas (Catalogne).
Faivre	caporal	— — —
Bourne	caporal-four.	— le 8 mai 1813, au pont de Dresde
Vidal	grenad.	— le 8 mai 1813, devant Dresde.
Sculier	fusilier	— — au pont de Dresde.
Moncassin	voltigeur	— — —
Lavernhe	fusilier	— le 9 — Saxe.
Vernaz	caporal	— le 11 — combat en avant de Neustadt.
Guecco	caporal-four.	— le 11 mai 1813, Neustadt (passage de l'Elbe.
Confignal	voltigeur	— le 11 mai 1813, Neustadt.
Besset	fusilier	— — —
Cransac	—	— — —
Viarouge	—	— — —
Jerin	—	— — —
Derrider	voltigeur	— — —
Grandjean	fusilier	— — —
Philis	—	— — —
Christophe	voligeur	— — —
Courieux	—	— — —
Renaud	—	— — —
Grappe	fusilier	— le 29 août 1813, près de Villach.
Barbuzat	—	— le 4 septembre 1813, Saxe.
Duval	grenad.	— — —
Gayraud	—	— le 5 — —
Varrier	fusilier	— le 7 — affaire de Tarvis.
Borie	—	— — Tarvis.
Choubeau	sergent	— le 18 — en Italie.
Pavard	caporal	— — Saxe.
Barthet	voltigeur	assassiné le 18 septembre 1813, en Saxe, par les paysans.
Pastourel	grenad.	tué le 22 septembre 1813, Saxe.
Combes	fusilier	— le 23 — —
Cancé	—	— — —
Martin	voltigeur	— le 18 octobre 1813 à Leipzig.
Caday	—	— le 19 — —
Gerbaud	voltigeur	— — —
Radoux	fusilier	— — —
Cambon	—	— — —
Menuau	fusilier	— le 20 octobre 1813, pendant la retraite de Saxe.
Barost	caporal	— le 30 octobre 1813, Hanau.
Perrin	voltigeur	— — —
Courtiat	fusilier	— — —
Crosse	grenad.	— — —
Aversang	fusilier	— — —
Froment	—	— — —
Vigneron	sergent	— le 1ᵉʳ nov. 1813, près de Mayence.
Chanal	fusilier	— — Italie.

Blanchi	fusilier	tué le 2 novembre 1813, près de Mayence.		Guignon	caporal	tué le 10 février 1814, Volta.	
Penavaire	serg.-maj.	— le 15 novembre 1813, Caldiéro.		Sabarthes	serg.-maj.	— le 25 juin 1815, sous Belfort.	
Delage	fusilier	—	—	Sonchant	fusilier	— le 27 —	Dannemarie
Pilavenc	—	—	—	Teraube	—	—	—
Bremond	—	—	—	Fournier	—	—	—
Laynaud	—	—	—	Proult	—	— le 29 juin 1815, Valdieu.	
Gautherot	—	—	—	Boullé	—	—	—
Pérot	—	—	—	Tardif	—	—	—
Varlet	—	—	—	Georgelle	—	—	—
Chanel	—	—	—	Ganal	grenad.	—	—
Giffrey	—	— le 18 nov. 1813, en Italie.		Manceau	fusilier	— le 1er juillet 1815, sous Belfort.	
Ruffier-Desaine	fus.	— le 19 nov. 1813, affaire de St-Michel (Italie).		Masson	caporal	— le 4	—
				Colin	grenad.	—	—
Poutu	caporal	— le 19 nov. 1813, en Italie.		Cloux	fusilier	—	—
Chalessin	fusilier	—	Italie.	Giraud	—	—	—
Allard	sergent	— le 30 nov. 1813, combat d'Arnheim.		Armande	sergent	—	—
Vivarat	fusilier	— le 8 décembre 1813, Italie.		Callouard	grenad.	— le 6	—
Maurel	grenad.	—	à Rovigo.	Gaillard	—	—	—
Martin	fusilier	— le 10 février 1814, Volta.					

EXPÉDITION DE CHINE

Crublé	grenad.	blessé à Sin-Khô, le 3 août 1860.		Puységur	voltigeur	blessé au Peï-Ho, le 21 août 1860.	
Josselin	—	—	—	Tesson	—	—	—
Simonnot	sergent	— médaillé cité, à Sin-Khô, le 3 août 1860.		Allain	—	—	—
				Berchtoll	—	—	—
Hemsen	fusilier	— à Sin-Khô, le 3 août 1860.		Olive	fusilier	—	—
Peltier	—	—	—	Lebouteiller	—	—	—
Arrault	voltigeur	—	—	Heysch	caporal	—	—
Labalme	serg.-maj.	— au Peï-Ho, le 21 août 1860.		Bellarède	fusilier	—	—
Sibon	sergent	—	—	Neverjoux	—	—	—
Duclos	caporal	—	—	Fourcade	caporal	—	—
Poncet	—	—	—	Mailly	fusilier	—	—
Cournée	voltigeur	—	—	Brasset	—	—	—
Beaupied	—	—	—	Fachard	tambour	—	—
Simonnet	—	—	—	Andrieux	fusilier	—	—
Dallain	clairon	—	—	Bonnet	—	—	—
Lebihan	voltigeur	—	—	Leroy	—	—	—
Angibault	—	—	—	Gentil	—	—	—
Brachet	—	—	—	Gallot	—	—	—
Emery	—	—	—	Laurier	—	—	—
Barrer	—	—	—	Cross	—	—	—
Bréard	caporal	—	—	Lunet	adjudant	—	—
Hervet	voltigeur	—	—	Lièvre	voltigeur	—	—
Colin-Maire	—	—	—	Piat	—	—	—
Albrecht	—	—	—	Boschat	—	—	—
Demay	caporal	—	—	Ferrez	—	—	—
Arrault	voltigeur	—	—	Baudot	—	— mort. blessé au Peï-Ho, le 21 août 1860.	
Hodeyer	—	—	—	Leroy	fusilier	—	—
Dupoux	—	—	—	Miternique	voltigeur	tué	—
Barthe	—	—	—	Godonèche	—	—	—
Lenodec	—	—	—	Villain	fusilier	disparu le 30 septembre 1860.	

INSURRECTION DE 1871

Desbureaux	soldat	blessé, mort le 18 août.	Sonnet	soldat	disparu le 22 mai.
Mabe	—	— le 22 mai, disparu.	Augereau	—	blessé le 15 mai, mort le 10 juin.
Gandon	—	— le 26 mai, mort le 6 juin.	Hubeine	caporal	disparu le 22 mai.
Baumgarten	cap.-sapeur	— le 23 mai, mort le 30 mai.	Consté	soldat	blessé, mort le 19 juin.
Fraudin	soldat	— mort le 9 juin.	Maître	—	— le 26 mai, mort le 11 juin.
Ducel	caporal	— mort le 22 mai.	Claudon	—	tué le 22 mai.

102ᴱ RÉGIMENT

COLONELS

ÉTATS DE SERVICES

102ᵉ RÉGIMENT

ÉTATS DE SERVICES DES COLONELS

CHARTON

8 messidor an II (26 juin 1794)

Jugement [1] qui condamne à la peine de mort J. Charton, âgé de 45 ans, né à Commune Affranchie, ex-négociant, ex-colonel du 102ᵉ Régiment (avait été nommé à ce grade le 3 août 1791), et commandant de la Garde Nationale de Paris.

VILLOT (Michel) ou VILLOT DE LATOUR

Né le 16 juin 1752, à Quintilly (Côte-d'Or

Entré au service	le 3 janvier 1770.
Sergent	le 15 février 1771.
Sergent dans l'artillerie des Volontaires Etrangers	le 1ᵉʳ décembre 1778.
Gendarme dans la Compagnie de la Reine	le 13 février 1784.
Licencié	le 1ᵉʳ avril 1788.
Lieutenant au bataillon de garnison de l'Ile de France	le 15 juillet 1788.
Capitaine au 10ᵉ bataillon de la 2ᵉ Division de la Garde Nationale soldée	le 14 août 1789.
Lieutenant-Colonel au 102ᵉ Régiment d'Infanterie	le 3 août 1791.
Colonel du même régiment	le 8 mars 1792.
Général de brigade	le 15 mai 1793.

Campagnes : 1781, 1782, 1783, en Amérique ; 1792, 1793.

---

(1) Aucune indication n'a pu être découverte sur les motifs et les suites dudit jugement.

DE CHATEAU-THIERRY

Colonel le 26 mars 1793

Néant

LEBRUN (François-Léon)

Né le 10 octobre 1731, à Rians (Var)

Lieutenant au Bataillon de Milice d'Aix	le 25 février 1750.
Lieutenant au régiment de Béarn	le 11 mars 1756.
Capitaine	le 5 juin 1760.
Réformé à la composition	de 1763.
Remplacé capitaine en la compagnie Colonelle	le 29 février 1768.
Capitaine titulaire	le 2 avril 1768.
Capitaine en second de la compagnie des Grenadiers à la formation	de 1776.
Capitaine-Commandant	le 1er septembre 1777.
Lieutenant-Colonel	le 25 juillet 1791.
Colonel du 73e Régiment	le 22 février 1793.
Général de Brigade provisoire	le 3 juillet 1793.
Colonel de la 102e demi-Brigade	le 27 brumaire an II. (17 novembre 1793.)
Retraité (comme chef de brigade)	le 1er floréal an II. (20 avril 1794).
Mort à Vendôme	le 15 messidor an VIII. (4 juillet 1800).

Campagnes : 1756, 1757, 1758, 1759, 1760, 1761, 1762, armée d'Allemagne ; 1792, 1793, armée du Nord et des Ardennes ; défense de Valenciennes.

Chevalier de Saint-Louis	le 1er avril 1775.

BARTHELEMI (Etienne-Joseph)

Né le 12 Septembre 1757, à Brignole (Var).

Soldat au 71e Régiment.	le 1er mars 1772.
jusqu'au	6 décembre 1784.
Chef du 3e Bataillon du Var	le 14 septembre 1791.
Chef de Bataillon à la formation de la 102e demi-Brigade.	le 16 novembre 1793.
Chef de Brigade de la 102e demi-Brigade	le 25 février 1794.
Passé à la 69e demi-Brigade	le
Tué	le

Campagnes: 1780, 1781, 1782, 1783, sur les vaisseaux le *Guerrier*, la *Couronne* et le *Pluton*.

Blessures: blessé au combat du 12 avril 1782, étant sur le vaisseau la *Couronne*, près de la Guadeloupe.

MONNET (Georges)

Né le 5 décembre 1751, à Pomarez (Landes)

Soldat au 46e Régiment d'Infanterie.	le 6 mars 1772.
Caporal.	le 2 novembre 1774.
Sergent.	le 17 mars 1775.
Sergent-fourrier.	le 1er août 1777.
Sergent-major.	le 2 septembre 1780.
Adjudant sous-officier.	le 24 mai 1782.
Lieutenant.	le 23 février 1788.
Adjudant-major.	le 5 avril 1792.
Capitaine.	le 25 mai 1792.
Chef de bataillon au 3e bataillon du Bas-Rhin.	le 1er juillet 1793.
Chef de brigade.	le 14 floréal an II. (4 avril 1794).
Général de Brigade.	le 16 messidor an III.

Campagnes : 1781, 1782, 1783 en Amérique ; 1792, 1793, 1794, armées du Rhin et de Sambre-et-Meuse.

BELTZ (Eustache)
Né le 30 mars 1758, à Soulz (Haut-Rhin)

Soldat au 96ᵉ Régiment d'Infanterie	le 10 février 1780.
Sergent-fourrier	le 10 décembre 1780.
Congédié	le 8 décembre 1788.
Capitaine au 1ᵉʳ bataillon de Volontaires Nationaux du Haut-Rhin	le 3 octobre 1791.
Chef de bataillon	le 16 juillet 1792.
Chef de brigade de la 177ᵉ demi-brigade	le 19 prairial an III.
Passé à la 59ᵉ demi-brigade	le 11 ventôse an IV.
Devenue 102ᵉ demi-brigade	le 20 floréal an IV. (10 mai 1796).
Passé à la 16ᵉ demi-brigade de ligne	le 9 frimaire an VI.

Campagnes : 1782, Amérique ; 1792, 1793, 1794, 1795, aux armées du Rhin et de Sambre-et-Meuse.

JALRAS (François)
Né le 10 mai 1750, à Albi (Tarn)

Soldat au régiment du Perche (Infanterie)	le 10 mars 1767.
Caporal	le 17 juin 1773.
Sergent	le 1ᵉʳ novembre 1773.
Sergent-major	le 1ᵉʳ janvier 1788.
Adjudant	le 14 août 1788.
Sous-lieutenant	le 15 septembre 1791.
Lieutenant	le 16 décembre 1791.
Capitaine	le 1ᵉʳ mai 1792.
Chef de bataillon à la 59ᵉ demi-brigade, devenue 102ᵉ demi-brigade	le 11 ventôse an IV.
Chef de brigade	le 11 messidor an IV. (29 juin 1796).
Général de brigade	le 12 pluviôse an XIII.
Retraité	le 7 août 1814.
Commandant du département de la Somme	le 6 juin 1815.
Rentré dans sa position de retraite	le 3 août 1815.
Mort à Paris	le 18 avril 1817.

Campagnes : 1769, Corse ; 1781, 1782, 1783, campagnes sur mer ; 1792, 1793, armées du Centre et de la Moselle ; 1794, 1795, armée de Sambre-et-Meuse ; 1796, 1797, 1798, armées du Rhin et Moselle, du Danube et d'Helvétie ; 1801, armée d'Italie ; 1805, 1806, 1807, 1808, 1809, 1810, armées d'Italie, de Naples et de Dalmatie ; 1812, Grande Armée.

Blessures : blessé le 5 nivôse an IX, passage du Mincio.

Décorations : Chevalier de la Légion d'Honneur........ le 19 frimaire an XII.
Officier................ le 25 prairial an XII.

CATTANÉO

Né le 26 mai 1766 à Ajaccio (Liamone)

Cadet gentilhomme au Régiment de Vermandois (ci-devant 61ᵉ Régiment)............	le 5 août 1779.
Sous-Lieutenant au même Régiment............	le 3 mai 1784.
Lieutenant en 2ᵒ au même Régiment............	le 1ᵉʳ septembre 1789.
Capitaine............	le 27 mai 1792.
Chef de Bataillon au Bataillon de Chasseurs corses.....	le 22 brumaire an VIII.
Colonel du 102ᵉ Régiment d'Infanterie de ligne..........	le 12 pluviose an XIII. (2 février 1804).
Mort à Cosenza (Calabre)............	le 3 septembre 1806.

Campagnes : 1792, 1793, 1794, 1795, 1796, 1797, 1798, 1799, 1800, aux différentes armées ; 1805, armée d'Italie ; 1806, armée de Naples.

Citations : s'est distingué d'une manière éclatante à la prise de Loretto dans le courant de vendémiaire an VIII.

A montré une valeur et un dévouement rares, en escaladant, à la tête des grenadiers, sous le feu très vif, la ville de Fano, dans le courant de vendémiaire an VIII. Cet acte d'intrépidité lui valut le grade de chef de bataillon sur le champ de bataille.

Décoration : Chevalier de la Légion d'honneur le 3 messidor an XII.

ESPERT (Pierre)

Né le 25 février 1772, à Mirepoix (Ariège)

Sergent-Major au 2ᵉ bataillon de l'Ariège............	le 22 janvier 1792.
Sous-Lieutenant............	le 27 novembre 1792.
Adjoint aux adjudants généraux............	le 27 pluviose an III.
Lieutenant............	le 4 floréal an IV.
Aide de Camp du Général Serrurier............	le 1ᵉʳ pluviose an V.
Capitaine............	le 16 messidor an V.
Chef de bataillon............	le 6 floréal an VII.
Passé à la 85ᵉ demi-brigade de ligne............	le 1ᵉʳ vendémiaire an XI.
Major au 101ᵉ Régiment d'Infanterie de ligne..........	le 16 germinal an XII.
Colonel du 102ᵉ Régiment d'Infanterie............	le 24 septembre 1806.
Général de brigade............	le 6 août 1811.
Retraité............	le 18 février 1812.
Commandant la succursale des Invalides de Louvain..	le 28 décembre 1812.
Passé à la succursale d'Arras............	le 15 janvier 1814.
Placé dans la position de retraite............	le 2 février 1831.

Campagnes : 1792, 1793, 1794, 1795, 1796, 1797, 1798, 1799, 1800, 1801, aux différentes armées ; 1806, 1807, 1808, armée de Naples, 1809, armée d'Allemagne ; 1811, armée d'Espagne.

Blessures : Blessé le 14 juin 1809, à la bataille de Raab.

Décorations : Membre de la Légion d'Honneur.......... le 5 germinal an XII.
Officier............................... le 27 juillet 1809.
Chevalier de la Couronne de fer.......... le 23 décembre 1807.
Chevalier de Saint-Louis................ le 26 août 1814.
Commandeur de l'Ordre Royal des deux Siciles................................ le 20 mai 1808.
Commandeur de la Légion d'Honneur.... le 23 mai 1825.
Baron de l'Empire....................... le 15 août 1809.

MARÉCHAL (André)

Né le 27 octobre 1764, à Lyon (Rhône)

Soldat au 5e Bataillon d'Infanterie légère................. le 2 janvier 1781.
Caporal... le 9 août 1783.
Sergent... le 1er juin 1785.
Sergent-fourrier....................................... le 11 mai 1788.
Sergent-major... le 1er juin 1791.
Sous-Lieutenant....................................... le 6 novembre 1792.
Lieutenant........ .... le 21 juin 1793.
Adjudant-major.. le 1er juillet 1793.
Chef de bataillon (5e bataillon de l'Eure devenu 17e Régiment d'Infanterie de ligne)........................... le 21 brumaire an III.
Major au 102e Régiment d'Infanterie de ligne............. le 19 avril 1806.
Colonel du 102e Régiment d'Infanterie de ligne........... le 5 mai 1812.
Colonel du 83e de ligne (ex 102e)........................ le 1er septembre 1814.
Adjudant-commandant .... le 24 avril 1815.

Campagnes : 1792, 1793, 1794, 1795, armée d'Espagne ; 1796, Vendée ; 1797, 1798, 1799, armées du Rhin, d'Helvétie et d'Angleterre ; 1800, armée d'Italie ; 1801, 1802, Batavie ; 1805, 1806, Grande-Armée et Italie ; 1809, Italie : 1811, 1812, 1813, 1814, armée d'Espagne.

Blessures : Blessé le 15 avril 1793, à Buriton (Espagne).
Blessé le 26 vendémiaire an III, en Espagne.
Blessé le 2 floréal an V au passage du Rhin.

Décorations : Chevalier de la Légion d'honneur, le 2 messidor an XII.
Officier de la Légion d'honneur, le 19 mars 1815.
Chevalier de Saint-Louis, le 3 octobre 1814.
Chevalier de l'Empire, le 1er décembre 1809.

CARDONNE (Elie-Théodore-Clairmonté)
Né le 19 janvier 1800, à Versailles (Seine-et-Oise)

Entré au service dans les Gardes du Corps (Cie de Noailles)....	le 19 février 1816.
Rang de Sous-lieutenant...................................	le 19 février 1816.
Lieutenant..	le 19 février 1820.
Garde de 1re classe............................	le 11 avril 1821.
Garde rang de capitaine...................................	le 19 février 1828.
Capitaine au 53e Régiment d'Infanterie de ligne..............	le 20 avril 1831.
Chef de bataillon, au 15e Régiment d'Infanterie légère........	le 3 juillet 1843.
Passé au 63e Régiment d'Infanterie de ligne..................	le
Lieutenant-Colonel au 24e Régiment d'Infanterie de ligne.....	le 2 avril 1851.
Passé au 59e Régiment d'Infanterie de ligne.................	le 26 août 1852.
Colonel du 102e Régiment d'Infanterie......................	le 12 avril 1855.
Mis en non-activité par licenciement......................	le 16 avril 1856.
Retraité...	le 28 janvier 1857.

Campagnes : 1823, 1824, Espagne ; 1840, 1841, 1842, 1843, en Afrique.

Décoration : Chevalier de la Légion d'Honneur.......... le 25 avril 1841.

SUPERVIELLE (Charles-René-Stanislas)
Né le 18 décembre 1814, à Poitiers (Vienne)

Elève à l'Ecole Spéciale Militaire de Saint-Cyr............	le 20 novembre 1832.
Sous-Lieutenant au 1er régiment d'infanterie de ligne......	le 20 avril 1835.
Lieutenant...	le 31 août 1840.
Capitaine..	le 1er mars 1847.
Capitaine adjudant-major.................................	le 31 mars 1849.
Chef de bataillon au 6e Régiment d'Infanterie de ligne.....	le 5 septembre 1854.
Lieutenant-colonel au 9e Régiment d'Infanterie de ligne...	le 11 juillet 1855.
Colonel du 102e Régiment d'Infanterie de ligne............	le 5 mai 1859.
Passé au 73e Régiment d'Infanterie de ligne...............	le 29 novembre 1859.
Mort des suites de blessure...............................	le 30 août 1870.

Campagnes : 1837, 1838, 1839, 1840, 1841, 1842, en Afrique ; 1854, 1855, 1856, armée d'Orient ; 1859, Algérie ; 1870, contre l'Allemagne.

Blessure : Blessé le 18 août 1870, bataille d'Amanvillers.

Décorations : Chevalier de la Légion d'honneur.............	le 10 mai 1852.
Officier...................................	le 13 août 1863.
Commandeur..............................	le 11 août 1869.

Décoré de l'ordre du Medjidié et de la médaille de Crimée.

Citation : Cité à l'ordre général de l'armée du Rhin, n° 20, le 25 août 1870 ; a pris lui-même le drapeau du Régiment, le 16 août 1870, pour le porter en avant dans un moment décisif.

O'MALLEY (Auguste-André)

Né le 7 septembre 1815, à Paris

Elève à l'Ecole Militaire de Saint-Cyr	le 20 décembre 1833.
Sous-Lieutenant	le 1er octobre 1835.
Passé au 15e Régiment d'Infanterie légère	le 13 octobre 1835.
Sous-Lieutenant de Voltigeurs	le 1er décembre 1838.
Lieutenant	le 19 février 1839.
Capitaine	le 22 janvier 1843.
Passé au 51e Régiment d'Infanterie de ligne	le 12 mars 1847.
Passé au 3e Bataillon d'Infanterie légère d'Afrique	le 29 novembre 1851.
Chef de bataillon au 7e Régiment d'Infanterie légère	le 26 décembre 1853.
Lieutenant-Colonel au 18e Régiment d'Infanterie de ligne	le 30 juin 1855.
Colonel du 73e Régiment d'Infanterie	le 4 avril 1856.
Passé au 102e Régiment d'Infanterie	le 25 novembre 1859.
Général de brigade	le 6 novembre 1860.
Retraité	le 27 juillet 1868.
Décédé à Paris	le 16 mars 1869.

Campagnes : De 1839 à 1854, en Afrique ; de 1854 à 1856, armée d'Orient ; 1859, armée d'Italie ; 1860, expédition de Chine ; 1863, 1864, Afrique.

Décorations : Chevalier de la Légion d'honneur .... le 6 mars 1846.
Officier .... le 10 octobre 1858.
Commandeur .... le 25 juin 1859.

Décoré de l'ordre du Medjidié de 4e classe et des médailles de Crimée et d'Italie, de Chine, de la Valeur militaire de Sardaigne.

THÉOLOGUE Georges-Hippolyte

Né le 1er Novembre 1812, à Paris

Soldat au 62e régiment d'Infanterie de ligne	le 7 mai 1831.
Caporal	le 1er juillet 1832.
Caporal-fourrier	le 1er septembre 1832.
Sergent-fourrier	le 21 mars 1833.
Sergent-major	le 6 mars 1837.
Sous-lieutenant	le 20 décembre 1839.
Lieutenant	le 20 novembre 1844.
Capitaine	le 29 novembre 1849.
Capitaine adjudant-major	le 11 décembre 1851.
Chef de bataillon au 91e Régiment d'Infanterie de ligne	le 23 août 1855.
Lieutenant-colonel au 102e Régiment d'Infanterie	le 5 mai 1859.

Colonel du 102e Régiment d'Infanterie...................	le 6 novembre 1860.
Mis en non-activité par suite de licenciement.............	le 1er avril 1862.
Colonel du 18e Régiment d'Infanterie de ligne	le 12 août 1862.
Colonel du 1er Régiment de Grenadiers de la Garde.........	le 1867.
Général de brigade.....................................	le 15 septembre 1870.
Retraité...	le 7 janvier 1879.

Campagnes : de 1836 à 1841, en Afrique ; 1855, 1856, armée d'Orient ; 1859, Italie ; 1860, 1861, 1862, en Chine et Cochinchine ; 1870-1871, contre l'Allemagne.

Décorations : Chevalier de la Légion d'honneur.........	le 26 novembre 1852.
Officier................................	le 16 avril 1856.
Commandeur............................	le
Décoré du Medjidié de 4e classe, des médailles de Crimée, d'Italie et de Chine.	

Blessures : Contusion à la jambe gauche par un coup de feu, le 8 septembre 1855, Sébastopol.

VILMETTE (Christophe-Victor)

Né le 19 février 1822, à Lunéville (Meurthe)

Elève à l'école spéciale militaire.......................	le 20 novembre 1840.
Sous-lieutenant au 13e de ligne..........................	le 1er octobre 1842.
Lieutenant...	le 7 février 1847.
Capitaine..	le 5 mai 1853.
Passé au 2e bataillon de Chasseurs à pied....	le 25 décembre 1853.
Passé au 22e bataillon de Chasseurs à pied...............	le 14 août 1855.
Passé au 3e bataillon de Chasseurs à pied................	le 10 novembre 1855.
Passé au bataillon de Chasseurs à pied de la Garde	le 7 mars 1857.
Chef de bataillon au 6e Régiment de ligne................	le 30 juin 1859.
Passé au Régiment Etranger.............................	le 4 août 1865.
Lieutenant-colonel au 90e Régiment de ligne.............	le 6 novembre 1867.
Colonel..	le 26 septembre 1870.
Passé au 2e Régiment provisoire d'Infanterie............	le 4 avril 1871.
Devenu 102e Régiment d'Infanterie de ligne..............	le 1er mai 1872.
Général de Brigade.....................................	le 3 mai 1875.
Commandant la 56e Brigade d'Infanterie........	le 14 mai 1875.
Général de Division	le 11 novembre 1880.
Inspecteur général du 2e Arrondissement d'Infanterie.....	le 12 mai 1881.
Commandant la 28e Division d'Infanterie (14e Corps)	le 11 janvier 1882
Commandant la Division de Constantine ......·..........	le 7 juillet 1882.
Commandant le 2e Corps d'Armée.......................	le 1er avril 1884.

Admis sur sa demande à faire valoir ses droits à la retraite, à dater du 19 février 1887.

Campagnes : Du 12 décembre 1842 au 16 février 1848, en Afrique ; du 15 mai 1849 au 3 novembre 1852, à Rome ; du 30 novembre 1855 au 29 janvier 1856, Orient ; du 22 août 1865 au 4 mars 1866, en Afrique ; du 5 mars 1866 au 22 mars 1867, Mexique ; du 23 mars au 7 septembre 1867, Afrique ; du 18 juillet au 28 octobre 1870, contre l'Allemagne ; 1871, Intérieur (Paris) ; du 2 août 1882 au 1er avril 1884, Afrique.

Citations : Cité à l'ordre de l'armée de Versailles, le 16 mai 1871, pour s'être particulièrement distingué en enlevant une position en avant du fort de Montrouge.

Décorations : Chevalier de la Légion d'honneur.......... le 28 décembre 1855.
Officier................................. le 27 décembre 1865.
Commandeur........................... le 24 juin 1871.
Grand Officier........................ le 24 juin 1886.

Autorisé, par décret du 21 mars 1881, à accepter et à porter la décoration de Commandeur de Saint-Maurice et Lazare, d'Italie.

Grand officier du Nicham Iftikhar de Tunis.

Médailles d'Italie et du Mexique.

Prisonnier de guerre, du 29 octobre 1870 au 15 mars 1871.

JOBEY (Mathieu-Gabriel-Jules)

Né le 22 mai 1824, à Paris

Elève à l'Ecole Spéciale Militaire......................... le 20 avril 1841.
Sous-Lieutenant au 40e de ligne .... le 1er avril 1843.
Lieutenant... le 27 avril 1847.
Capitaine.. le 23 décembre 1853.
Capitaine adjudant-major................................ le 10 août 1854.
Major au 61e de ligne..................................... le 12 mars 1866.
Lieutenant-Colonel au 40e Régiment de Marche .... le 6 novembre 1870.
A commandé la 2e Brigade de la 2e Division du 17e corps... le 14 février 1871.
Lieutenant-Colonel au 51e de ligne...................... le 14 mars 1871.
Passé au 69e de ligne..................................... le 23 novembre 1871.
Colonel du 102e Régiment d'Infanterie .... le 12 mars 1875.
Général de brigade.. le 6 juillet 1882.
Commandant la 39e brigade d'Infanterie .... le 30 juillet 1882.
Admis dans la section de réserve .... le 22 mai 1886.
Retraité... le 27 mai 1886.

Campagnes : Du 26 octobre 1852 au 9 octobre 1861, à Rome ; du 6 novembre 1870 au 7 mars 1871, contre l'Allemagne ; 1871, Intérieur.

Décorations : Chevalier de la Légion d'Honneur........ le 24 décembre 1869.
Officier................................. le 26 avril 1871.
Commandeur........................... le 12 juillet 1880.
Chevalier de 2e classe de l'Ordre de Pie IX.

KOCH (Frédéric)

Né le 5 juin 1830, à Paris

Elève à l'Ecole Spéciale Militaire	le 6 décembre 1848.
Sous-Lieutenant au 6e léger	le 1er octobre 1850.
Lieutenant	le 30 décembre 1852.
Passé au 81e Régiment d'Infanterie de ligne	le 1er janvier 1855.
Capitaine	le 1er septembre 1857.
Capitaine adjudant-major	le 2 mai 1859.
Chef de bataillon au 59e de ligne	le 11 septembre 1870.
Lieutenant-colonel au 141e de ligne	le 26 juin 1877.
Colonel au 102e Régiment d'Infanterie	le 9 juillet 1882.
Général de Brigade	le 29 mars 1889.
Commandant la 61e Brigade d'Infanterie	le 11 mai 1889.
Décédé à Montpellier	le 21 mars 1890.

Campagnes : Du 27 octobre 1855 au 5 juillet 1856, en Orient ; du 29 avril 1859 au 28 juin 1862, en Afrique ; du 19 juillet 1870 au 24 mars 1871, contre l'Allemagne.

Décorations : Chevalier de la Légion d'honneur........... le 11 avril 1870.
Officier................................. le 7 juillet 1885.

LANGLOIS (François-Jules-Gustave)

Né le 22 Septembre 1835 à Alfort (Seine)

Engagé volontaire	le 30 octobre 1855.
Ecole Spéciale Militaire	le 3 novembre 1855.
Sous-Lieutenant au 1er Tirailleurs Algériens	le 1er octobre 1857.
Lieutenant au 1er Tirailleurs Algériens	le 14 mars 1864.
Lieutenant au 55e Régiment d'Infanterie	le 26 février 1869.
Capitaine au 55e Régiment d'Infanterie	le 4 août 1870.
Capitaine adjudant-major au 55e Régiment d'Infanterie	le 24 août 1870.
Chef de Bataillon au 117e Régiment	le 15 avril 1876.
Lieutenant-Colonel au 2e Régiment	le 29 juillet 1885.
Colonel du 102e Régiment	le 29 mars 1889.
Nommé commandant militaire du Sénat	le 29 avril 1891.
Général de Brigade	le 28 septembre 1893.

Campagnes : En Afrique, du 30 décembre 1857 au 11 mai 1863.
En Afrique, du 17 avril 1864 au 30 juin 1865.
Au Mexique, du 1er juillet 1865 au 24 août 1867.
En Afrique, du 25 avril 1867 au 14 juin 1867.
En Afrique, du 5 juin 1868 au 25 février 1869.
Contre l'Allemagne, du 17 août 1870 au 11 avril 1871.

Décorations : Chevalier de la Légion d'Honneur le 8 septembre 1866.
Médaille du Mexique.
Officier de la Légion d'Honneur, le 5 juillet 1882.
Commandeur du Nicham Iftikhar.

Prisonnier de guerre du 1er septembre 1870 (Sedan) au 11 avril 1871.

ROULIN (Louis-Léon-Christophe)

Né le 19 novembre 1835, à Napoléonville (Pontivy) (Morbihan)

Elève à l'Ecole Spéciale Militaire	le 20 janvier 1855.
Sous-Lieutenant au 40e de ligne	le 1er octobre 1856.
Lieutenant au 40e de ligne	le 23 janvier 1864.
Capitaine au 40e de ligne	le 24 juillet 1870.
Passé au 3e Provisoire	le 7 avril 1871.
Passé au 103e de ligne	le 1er mai 1872.
Capitaine adjudant-major au 103e de ligne	le 31 mai 1875.
Chef de bataillon au 28e de ligne	le 18 janvier 1879.
Major au 102e de ligne	le 18 janvier 1879.
Passé au 124e de ligne	le 12 juin 1880.
Passé à l'Etat-Major du 10e Corps d'Armée	le 12 avril 1883.
Lieutenant-Colonel au 125e Régiment d'Infanterie	le 1er juillet 1887.
Passé à l'Etat-Major du 5e Corps d'Armée	le 1er juillet 1889.
Colonel du 102e Régiment d'Infanterie	le 13 juillet 1891.

Campagnes : A Rome, 25 décembre 1856 au 9 octobre 1861 ; contre l'Allemagne, 19 juillet 1870 au 28 octobre 1870 ; à l'Intérieur, 19 avril 1871 au 7 juin 1871.

Blessures : Blessé à l'épaule par un coup de feu le 6 août 1870, à Spickeren.

Décorations : Chevalier de la Légion d'Honneur .... le 26 avril 1871.
Officier .... le 28 décembre 1885.
Officier de l'Instruction publique .... le 13 juillet 1889.
Officier de l'Ordre royal d'Orange-Nassau.

AMBROSINI (François)

Né le 24 janvier 1844, à Speloncato (Corse)

Elève à l'Ecole Spéciale Militaire........................	le 11 novembre 1863.
Sous-lieutenant au 69ᵉ Régiment d'Infanterie..............	le 1ᵉʳ octobre 1865.
Lieutenant au même Régiment...........................	le 24 août 1870.
Lieutenant au 20ᵉ Bataillon de Chasseurs	le 9 novembre 1870.
Capitaine au même corps...............................	le 24 août 1871.
Capitaine au 27ᵉ Bataillon de Chasseurs..................	le 11 mai 1872.
Capitaine au 20ᵉ Bataillon de Chasseurs..................	le 6 juin 1872.
Admis par Décision du 3 mai 1876 à suivre les cours d'enseignement militaire supérieur, transformés en Ecole Militaire Supérieure.	
Major au 4ᵉ Régiment d'Infanterie	le 6 juillet 1883.
Chef de Bataillon au même corps........................	le 8 juillet 1886.
Lieutenant-Colonel au 96ᵉ Régiment d'Infanterie..........	le 9 avril 1892.
Colonel du 102ᵉ Régiment d'Infanterie....................	le 30 décembre 1895.

Fait prisonnier de guerre à Metz le 29 octobre 1870, évadé le 2 novembre 1870.

Campagnes : à Rome (3 janvier 1866 au 2 décembre 1866), contre l'Allemagne (20 juillet 1870 au 7 mars 1871).

Blessures : coup de feu au bras droit le 2 janvier 1871 au combat d'Achiet (Pas-de-Calais). Coup de feu à la cuisse droite et contusion au-dessus du genou droit le 14 août 1870, à la bataille de Borny (Moselle).

Lettre d'éloges du Ministre en date du 28 février 1881 (Ecole de travaux de campagne).

Décoration : Chevalier de la Légion d'Honneur, du 19 octobre 1870.

SOUS-OFFICIERS, CAPORAUX & SOLDATS

Membres de la Légion d'Honneur (1804-1805)

Lambinet	sergent	chevalier	le 13 thermidor an XIII.
Grandmougin	—	—	le 21 mars 1806.
Klein	—	—	le 26 prairial an XII.
Martin	adjudant	—	le 21 mars 1806.
Maubert	sergent	—	le 26 prairial an XII.
Lasson	—	—	le 21 mars 1806.
Mansot	grenadier	—	le 26 prairial an XII.
Pelthier	sergent	—	—
Portat	—	—	le 17 juillet 1809.
Bouchu	fusilier	—	le 26 prairial an XII.
Daufresne	grenadier	—	le 19 ventôse an XI, breveté d'un fusil d'honneur.
Allard	sergent	—	le
Commeau	sergent-major	—	le 26 septembre 1813.
Droguin	—	—	le
Davy	sergent	—	le 28 septembre 1813.
Gesnis	—	—	le 19 juillet 1809.
Gaudet	sergent-major	—	le 26 prairial an XII.
Thiesson	fusilier	—	—
Roussey	caporal	—	le 21 mars 1806.
Deramée	—	—	le 19 juillet 1809.

APPENDICES

APPENDICES

APPENDICE I

RÉGIMENTS DE L'ANCIENNE MONARCHIE AYANT EU LE RANG DE 102º

Régiment du Robeck (ou Robecque)		1688-1715.
—	de Courten	1715-1720.
—	de Montcasset	1720-1749.
—	de Travers	1749-1750.
—	de Karrer	1750-1763.

Karrer est licencié le 1er juin 1763.

Régiment de Bouillon étranger	}	1776.
— de Gastinois étranger		
— de Lochmann		1776-1788.
— Royal-Deux-Ponts		1788-1790.
— d'Eptingen		1790-1791.
— du Roi		1791.

Lors de la formation du 102e des 1er et 2e Bataillons des Gardes-Françaises et du 1er Bataillon du Haut-Rhin, le Régiment du Roi ayant le 102e rang prend le nº 105.

APPENDICE II

GARDES FRANÇAISES

Composé de 33 Compagnies (effectif 300 hommes) dont 3 de Grenadiers, en 6 Bataillons, ce Régiment d'élite, appartenant à la Maison du Roi, avait le pas sur toutes les autres troupes d'Infanterie.

Dans les batailles, le poste d'honneur lui revenait de droit et il le choisissait; dans les sièges, il ouvrait la tranchée, marchait le premier aux assauts et entrait en tête de colonne dans les places ayant capitulé. Le commandement des Gardes fut souvent exercé par un Maréchal de France; cet officier, ne travaillait qu'avec le roi. Le lieutenant-colonel, était lieutenant-général; les capitaines, colonels; les lieutenants, avaient le pas, sur tous les capitaines de l'armée.

A partir de Louis XIV, les sergents eurent rang de lieutenants. Les tambours des Gardes, ne battaient aux champs, que pour le Saint-Sacrement, le Roi et la Reine.

Le premier colonel des Gardes (1er août 1563) fut M. de Charry ; le dernier, le duc du Châtelet (1788).

La première Compagnie de Gardes, fut créée en mars 1560, au moment de la Conjuration d'Amboise, pour « veiller à la sûreté du Roi ».

Si succincte qu'on la puisse faire, une monographie de ce célèbre Corps sortirait de notre cadre. Rappelons cependant, les noms glorieux d'Ivry, du Pas de Suze, Lens, Steinkerque, Nerwinden et Fontenoy. On sait le rôle des Gardes, à la prise de la Bastille.

En combattant contre la forteresse royale, ils avaient eux-mêmes décidé leur dissolution. Le 15 juillet en effet, tous les officiers remettaient leur démission à Louis XVI. Une ordonnance du 31 août, déclarait que ce Corps avait cessé d'exister.

Lafayette, en organisant la Garde Nationale, ne manqua pas de faire appel aux anciens soldats des Gardes Françaises, dans l'espoir de donner quelque cohésion aux bourgeois qu'il était chargé de militariser.

Cette combinaison n'ayant donné que de médiocres résultats, un décret du 3 août 1791, confirmé par une loi du 28 août, décida que les Compagnies soldées de la Garde Nationale (anciennes Gardes Françaises) serviraient à former *deux Divisions de Gendarmerie Nationale à pied*, 3 Régiments d'Infanterie de ligne et 12 Bataillons de chasseurs.

Le 3 octobre, par voie de tirage au sort, il fut procédé à la désignation des Compagnies devant entrer dans ces divers Corps, le 11 octobre.

Les Divisions de gendarmerie à pied furent les 29e et 30e.

Les Régiments : les 102e, 103e, 104e.

Les Bataillons de chasseurs : les 13e et 14e.

APPENDICE III

ORGANISATIONS SUCCESSIVES DE L'ARMÉE. — RÈGLEMENT DE FORMATION DU 1er AVRIL 1791

Les Régiments d'Infanterie de ligne, sont composés de la façon suivante :
2 bataillons, comprenant chacun une compagnie de grenadiers et 8 de fusiliers.
L'Etat-Major du Régiment se compose de :

1 Colonel, 2 Lieutenants-Colonels, 1 Quartier-Maître (payeur).
2 Adjudants-Majors, 1 Aumônier, 1 Chirurgien-Major.
2 Adjudants, 1 Tambour-Major, 1 Caporal-Tambour.
8 Musiciens dont 1 chef.
1 Maître-Tailleur, 1 Maître-Armurier, 1 Maître-Cordonnier.
Chaque Compagnie comprend :

1 Capitaine, 1 Lieutenant, 1 Sous-Lieutenant, 1 Sergent-Major, 2 Sergents, 1 Caporal-Fourrier, 4 Caporaux, 4 Appointés, 40 Grenadiers ou Fusiliers, 1 Tambour.
Au total : 3 Officiers et 53 hommes. Sur le pied de guerre : 86 hommes.
A la suite de cette formation, l'armée française compte 104 régiments et quelques bataillons de chasseurs.

Dès le 28 *janvier* 1791, un Décret, sanctionné le 4 février, avait prescrit la levée par engagement volontaire, de 100.000 auxiliaires, destinés à entrer dans les divers corps, au prorata de leurs besoins.

Réduits à 75.000 pour l'armée de terre (Décret et loi des 4 et 12 juin), ces auxiliaires ne furent jamais levés ou, plutôt, devinrent par suite des résolutions contradictoires de l'Assemblée, les premiers *Volontaires Nationaux*.

L'Assemblée constituante, supprime le 4 mars 1791 (Loi du 20 mars) les Milices ou troupes provinciales.

Pour reconstituer solidement et rapidement l'armée désorganisée, l'Assemblée par Décrets du 11 et 13 juin, 3 et 22 juillet, 2, 4 et 17 août 1791, organise la *Garde Nationale*.

101.000 volontaires, tirés de cette milice et engagés pour 1 an, devaient fournir 169 bataillons de 9 compagnies (1 de grenadiers) à effectif de 574 hommes (officiers élus ainsi que sous-officiers).

Les premiers bataillons, s'organisèrent rapidement sous le nom de *Volontaires Nationaux*.

Le 20 avril 1792, au moment de la Déclaration de Guerre, l'organisation était loin d'être complète.

Pourtant, en mai, l'Assemblée décrète la création de 45 nouveaux bataillons et porte l'effectif à 800 hommes.

Les *Légions* sont organisées, par Décret du 27 avril.

Le 11 juillet 1792, la Patrie est déclarée « en danger » et les décrets des 17, 19 et 20 juillet, commencent à instituer le Principe nouveau de la « *réquisition* » substituée aux engagements volontaires.

Autorisée par la loi du 21 août 1792, la réquisition devient permanente, à partir du 24 février 1793 et bientôt la *Levée en masse* est décrétée, sur la proposition de Carnot (tout homme de 18 à 25 ans doit aller combattre).

Le 21 février 1793, la Convention, vote la loi sur l'organisation de l'armée, prescrivant la fusion des troupes de ligne, avec les bataillons formés depuis 1791 et qui continuaient, fort improprement, à être qualifiés de volontaires.

L'exécution de cette loi, rencontra des difficultés insurmontables, malgré les décrets complémentaires des 10 juin et 12 août 1793.

La loi du 16 et 23 août 1793, étend la réquisition à tous les Français, en état de porter les armes.

Le 8 janvier 1794, l'exécution immédiate de l'embrigadement est votée et le 28 janvier, les détails de la nouvelle organisation sont réglés (les bases en sont, du reste, les mêmes que celles du 12 février 1793).

La *Demi-Brigade de Bataille*, à 3 bataillons, dont un, venant des anciennes troupes de Ligne et 2 des volontaires nationaux, comprend :

1 Chef de Brigade, 3 Chefs de bataillon, 2 Quartiers-Maîtres, 3 Chirurgiens-majors, 3 Adjudants-Majors, 1 Tambour-Major, 1 Caporal-Tambour, 8 Musiciens, 3 Maîtres-Tailleurs, 3 Maîtres-Cordonniers.

Il y a 9 compagnies par Bataillon (1 de Grenadiers). L'effectif complet est de 2.437 hommes.

Le 21 février 1793, 6 canons de 4, sont attachés à chaque demi-brigade ; la loi du 7 mai 1795, réduit ces canons à 1 par bataillon. Le 2 mai 1803, ces canons de bataillon disparaissent.

DEMI-BRIGADE DE LIGNE. — DEUXIÈME FORMATION

Les arrêtés du Directoire des 8 et 19 janvier 1796, instituent 140 Demi-Brigades (110 de ligne et 30 de légère) dites de *deuxième formation*. Pour le numérotage, on procède par voie de tirage au sort.

Ce nouvel embrigadement, commencé en 1796, n'est terminé qu'en 1799. Le 24 septembre 1803, un arrêté des Consuls, rend à ces Demi-Brigades, le nom de *Régiments*.

APPENDICE IV

UNIFORMES

En 1789, les régiments, tout en conservant leurs uniformes particuliers, prennent la cocarde tricolore, bleue au centre, rouge, blanche à l'extérieur.

Le 15 juin 1792, toute l'infanterie de ligne a :

Habit blanc avec collet, revers, parements et pattes bleu-de-roi, boutons jaunes au numéro.

Le 21 février 1793 on donne aux Demi-Brigades de Bataille, l'uniforme des bataillons de volontaires : habit long en drap bleu national à revers blancs, passepoilés de rouge, parements bleu national, collet montant, pattes écarlates, boutons jaunes « à la République », culotte et gilet blancs ; longues guêtres noires ou bleues ; chapeau de feutre noir, surmonté d'un panache de crins rouges.

(Dans la réalité, on exécuta cet ordre comme on put, et le pantalon long en toile ou coutil rayé fut d'un usage fréquent).

Cet uniforme dura jusqu'à l'Empire.

APPENDICE V

DRAPEAUX

Le décret de 1790, maintient aux corps leurs anciens drapeaux, avec cravate tricolore, remplaçant la blanche.

Le 30 juin 1791, un décret, complété par la loi du 10 juillet 1791, ordonne que :

1° Le premier drapeau de chaque régiment, sera tricolore ;

2° Les autres, auront les couleurs de l'uniforme particulier du régiment.

Une loi du 22 avril 1792, ordonne de brûler devant les troupes les anciens drapeaux pour les remplacer par des insignes aux trois couleurs (beaucoup de corps envoient leurs drapeaux, à Paris, où ils sont brûlés le 13 août 1793, en place de Grève).

Par décret du 21 février 1793, chacun des trois bataillons des Demi-Brigades, a un drapeau, porté par le plus ancien sergent-major du bataillon.

Par décret du 15 février 1794, le premier drapeau (bataillon du centre), a les trois couleurs, disposées en trois bandes verticales, bleue, blanche, rouge (le bleu à la hampe) ; au centre, R. F. entre deux branches de laurier.

Les deux autres drapeaux, étaient, quant à la disposition des couleurs, laissés au goût des colonels, comme par le passé.

Bonaparte, général en chef, en Italie, a le premier, l'idée, de placer sur les drapeaux, les noms des affaires où le corps s'est distingué (décembre 1796), idée désapprouvée, du reste, par le Directoire.

Le 17 mars 1803, le Ministère de la Guerre, adopte le modèle suivant : un carré blanc, divisé en quatre carrés ; chacun de ces carrés en deux triangles : deux de ces triangles sont bleus, les deux autres, rouges.

APPENDICE VI

Extrait d'un PROCÈS-VERBAL de séance de la CONVENTION concernant le sergent-major RICHARD qui avait sauvé, à Marchiennes, le DRAPEAU du Régiment [1].

La Convention Nationale, décrète la mention honorable, au procès-verbal de la séance, de la conduite de Richard, sergent-major au 1er bataillon du 102e Régiment, qui est resté nanti et a conservé, sous ses vêtements, pendant vingt-deux mois de détention, chez les Anglais, le drapeau de son corps, remis par lui à son retour aux représentants du peuple, à Bruxelles.

Le Comité de Salut public, est chargé de pourvoir aussitôt, à son avancement.

[1] Communiqué par M. G. Babpst.

Elle décrète également, la mention honorable du zèle des autres militaires prisonniers, de ce bataillon, qui ont constamment gardé le secret de cet objet.

Le Comité d'instruction donnera à cette action républicaine toute la publicité convenable.

Signé : Gomin.

Vu pour l'expédition :
Signé : L. Lemoine.

APPENDICE VII

102ᵉ DEMI-BRIGADE DE BATAILLE. — AFFAIRES D'ONEILLE ET ORMÉA (Avril 1794)

Extraits des Mémoires de Masséna

1º Les représentants décident, le 2 avril, qu'une Division de l'armée d'Italie, forte de 18 à 20.000 hommes, s'emparera d'Oncille et tournera Saorgio.

L'armée active est, pour ce faire, organisée en trois Divisions qui prennent les noms des points à occuper :

1ʳᵉ Division, dite de Saorgio. — 4.000 hommes sous les ordres du général Macquard, devant marcher sur le Mont-Jove et la Tour-d'Abeille.

2ᵉ Division, dite du Tanaro. — 5.000 hommes sous les ordres directs de Masséna, rassemblée près de Sospello en deux brigades : (A) brigade Hammel, devant marcher sur Menton et le mont Tanardo ; (B) brigade Lebrun, appuyant le mouvement de la première (A) par le mont Gordale. Cette bridage (B), est détachée du corps de Macquard, pour toute la durée de l'expédition.

3ᵉ Division, dite d'Oneglia (Oneille). — 6.000 hommes sous les ordres du général Mouret, en deux brigades (Bruslé et Cervoni), devant s'avancer par Bordighera et San-Remo.

4ᵉ En réserve : la brigade Franconi. — 5.000 hommes *(nulle part il n'est question de la 102ᵉ directement ou indirectement)*.

2º *Projet des mouvements à exécuter après la prise d'Oneille.* — Par ordre de Dumerbion et pour favoriser Masséna, les troupes du col de Brouis (2ᵉ et 3ᵉ bataillon de la 102ᵉ) descendront à la Ghiandola, pour soutenir l'attaque de Lebrun contre Saorgio. [*Ce qui prouve que pendant l'expédition d'Oneille, ces troupes n'avaient pas bougé (à ce moment Lebrun était colonne de gauche de Masséna)*].

Lebrun, après Oneille, se joint à la 3ᵉ Division marchant sur Ponte-di-Nava.

APPENDICE VIII

PASSAGE DU SIMPLON PAR LA COLONNE BÉTHENCOURT

(Troupes de Moncey venant opérer leur jonction avec l'armée de réserve, en Italie.)

Rapport de l'adjudant général Quatremère au général Berthier :

« Le 8 prairial (19 mai 1800), le général Béthencourt arrive, avec environ mille hommes, à l'un de ces points, où le passage n'est obtenu que par des pièces de bois dont une extrémité pose dans le rocher creux, l'autre est supportée par une poutre en travers. Cette espèce de pont, ayant été empêché, par un éclat de roche, parti de la plus grande élévation et qui avait tout entraîné dans un torrent, roulant avec le plus horrible fracas, le général Béthencourt qui avait vos ordres, déclara que nul obstacle ne devait arrêter et aussitôt il fut résolu d'employer le moyen suivant... » (on tend une corde au-dessus de l'abîme et les mille hommes, général en tête, passent ainsi, suspendus par les bras) « ...on les avait vus se servir de leurs baïonnettes, employer des crochets, pour pouvoir gravir des montagnes, dont l'escarpement semblait avoir banni à jamais les humains. Je dois vous les présenter ici, citoyen général, luttant contre les plus affreux périls, dans une attitude nouvelle, suspendus entre le ciel et le plus effroyable abîme, par l'insigne espoir de vaincre, par l'insigne envie de vous obéir.

« ...C'étaient des détachements de la 44e et 102e *Demi-Brigades* auxquels se joignent quelques compagnies de l'Infanterie Helvétienne. Les noms du général, des officiers de son état-major, tant Français qu'Helvétiens, qui ont donné l'exemple d'une telle audace, sont déjà gravés sur le roc, qui leur avait refusé le passage. Ils trouveront là, sans doute, le plus beau temple de mémoire, mais ils y trouveront de plus, cette force d'élan, qui leur a fait ensuite renverser, surprendre les postes autrichiens avec tant de bonheur ; ceux-ci dormaient, pour ainsi dire, appuyés sur cette barrière. Avec quelle stupeur, ils ont vu arriver les Français, sur leur front, sur leur flanc, et descendre le Simplon, lorsqu'ils les croyaient loin de pouvoir le gravir. »

APPENDICE IX

LE FORT DE MALBORGHETTO ET LA BATAILLE DE TARVIS. — PRISE DU FORT DE MALBORGHETTO (17 Mai 1808)

Extraits de Vignolle : Un document officiel porte : « Un bataillon du 102e était à la prise de Malborghetto, les autres assistaient au combat de Tarvis. » C'est une erreur, et le récit de Vignolle, chef d'Etat-major de l'Armée d'Italie, chargé de la rédaction du journal des opérations et, par conséquent, fort bien renseigné, le prouve parfaitement. Voici à cet égard quelques extraits caractéristiques :

« ...Les 3 compagnies du 62º... soutenues par le 3º bataillon de ce Régiment... sont vivement secondées par le 102º (Division Pacthod) ».

Un peu avant, on lit :

« La division Pacthod, prit poste en arrière de Malborghetto » ; depuis lors on ne voit pas une seule troupe de cette division quitter ses emplacements sous le fort. Le jour de l'assaut, le général Pacthod, avec une partie de ses troupes, exécute un mouvement tournant autour du fort et gravit les hauteurs qui les dominent.

Un peu plus loin, il est dit :

« Le général Pacthod pénétra avec le 1ᵉʳ et le 52º dans les blockhauss et s'en rendit maître. Le 102º efficacement secondé par ces régiments, parvint en même temps aux retranchements ennemis. »

Au combat de Tarvis (18 mai), on voit opérer : Dessaix, Baraguey d'Hilliers, Fontanelli qui, avec les Dalmates, les voltigeurs et le 112º de ligne (ce numéro est peut-être cause de l'erreur) exécute, sur la droite, l'attaque décisive, à laquelle ne prennent nullement part les troupes du Centre. Il est raconté au contraire que :

« Les deux Divisions des corps du Centre arrivèrent à Tarvis après l'action et n'y prirent aucune part. » — Voilà qui est concluant.

APPENDICE X

CITATIONS [1]

CAMPAGNE DE 1799

Mausot, grenadier, le 3 prairial an VII (22 mai 1799), à l'affaire de *Surzach* fit 12 Autrichiens prisonniers, sur 15 qui étaient dans une barque, sur le Rhin, mais le courant de l'eau, l'entraina sur la rive droite, avec les 3 qui y restaient.

ZURICH

Arrêté du premier consul en date du 29 vendémiaire an IX (21 octobre 1800), qui confirme les nominations, faites sur le champ de bataille, par le général Masséna, commandant en chef de l'armée du Danube, savoir :

Des capitaines Malzacher et Prévost, à l'emploi de chefs de bataillon, à dater du 13 vendémiaire an VIII (5 octobre 1709) ;

Du lieutenant Cochet (pénétrant à travers un bataillon ennemi, il s'y était frayé à coups de sabre un passage jusqu'au drapeau et l'avait enlevé), à l'emploi de capitaine à dater du 4 vendémiaire an VIII (26 septembre) ;

---

[1] Un grand nombre d'autres citations, ont été enregistrées, au cours de l'ouvrage (toutes celles de 1815 à nos jours). Baucoup, sont certainement omises, faute de documents.

Du sergent Robergeot et du sergent-major Ternot, à des emplois de sous-lieutenant à dater du 7 fructidor an VIII (25 août 1800) ;

De l'adjudant sous-officier Larroque, du sergent-major Callamaud, du sergent Vincent, à des emplois de sous-lieutenant, à dater du 1er vendémiaire an VIII (23 septembre 1799) ;

Du sergent-major Lacoste, à un emploi de sous-lieutenant, à dater du 4 vendémiaire an VIII (26 septembre 1799) ;

Le fusilier Armand, à la bataille de Zurich, s'élançant seul, au milieu d'un bataillon russe, avait tué trois hommes, défendant le drapeau, avait enlevé celui-ci ; rejoint par quatre camarades, avait fait mettre bas les armes, à quatorze officiers et 163 hommes. Il reçut un fusil d'honneur.

Bouchu, fusilier, le 4 vendémiaire an VIII, à Zurich, prit 1 pièce de canon à l'aide (sic) de 3 de ses camarades.

Gaudet, caporal, même citation.

Thiesson, fusilier, même citation.

Maubert, sergent, cité pour sa conduite au combat de *Muttenthal*, le 9 vendémiaire an VIII.

CAMPAGNE 1800-1801

Les 20 et 21 décembre, les chefs de bataillon et le capitaine Prévost, cités comme s'étant particulièrement distingués, dans les affaires de *Solférino*, *Cavriana*, *Mozambano*, reçoivent un sabre d'honneur, en vertu d'un arrêté du premier Consul, en date du 28 fructidor an X (15 septembre 1802).

Le 26 décembre 1800 (5 nivôse an IX), au *passage du Mincio*, Daufresne, grenadier, après avoir tué plusieurs grenadiers hongrois fait prisonnier un major ennemi et s'empare d'un obusier. Un arrêté du premier Consul en date du 28 fructidor an X (15 septembre 1802), lui décerne un fusil d'honneur.

Un arrêté du premier Consul, en date du 28 fructidor an X, décerne un sabre d'honneur au chef de bataillon Lecapitaine.

Barte, caporal de grenadiers, qui vient d'avoir l'épaule gauche enlevée par un boulet, à l'assaut de la position de *Valeggio* (26 décembre), s'aperçoit que le soldat qui le porte, a enlevé son chapeau, pour le soulager ; il se fait alors poser à terre et, sentant sa fin approcher, s'écrie : « Camarade, tourne-moi vers l'ennemi qui est ébranlé, afin que j'aie la consolation de le voir encore fuir ». Puis, montrant du doigt son plumet rouge : « Mets-moi mon chapeau, pour que je meure, au moins, coiffé en grenadier », et il expire en prononçant ces mots.

A *Ala* (3 Janvier 1801), le soldat Richaud s'est fait distinguer par son opiniâtreté. Au fort de l'action, où il s'est précipité au milieu d'un peloton ennemi, il a mis quatre hommes hors de combat et ramené 6 prisonniers.

Borrianne, soldat à la 102e, nommé caporal, avec éloges du général en chef.

Le chef d'Etat-major du corps français de Cisalpine au chef de la 102e Demi-Brigade :

« Le Lieutenant-général commandant en chef, instruit de la valeur que le citoyen

Borrianne, soldat dans le corps que vous commandez, a déployée dans tous les combats où (sic) il a pris part et de la rare générosité qu'il a manifestée, envers son chef de Brigade, lorsque l'un et l'autre étaient prisonniers de guerre, chez les Autrichiens, me charge de vous adresser une Commission de caporal, pour ce brave militaire, que vous voudrez bien mettre en possession à la première place vacante.

CALDIERO (1805)

Le général de Division Duchesne, en son rapport à Masséna, signale comme s'étant particulièrement distingués dans cette affaire :

Au 102e : M. Barré, capitaine d'une compagnie du centre.

M. La Roche, lieutenant aux voltigeurs.

Ces deux officiers ont été blessés, en combattant avec bravoure. Il les recommande pour l'avancement tous deux et pour légionnaires.

PRISE DE CAPRI (Octobre 1808)

Tronquoy, chef de bataillon ;
Hemmer, capitaine, commandant le 3e bataillon ;
Bettz, sergent-major ;
Sochet, voltigeur ;
Sont décorés de l'Ordre des Deux-Siciles.

PRISE DU FORT DE MALBORGHETTO (17 Mai 1809)

MM. Collard, chef de bataillon, Roustan, sous-lieutenant, sont cités ainsi que les Voltigeurs, comme s'étant particulièrement distingués.

BATAILLE DE RAAB (4 Juin 1809)

Gemi, sergent de grenadiers, tue avec sa fourche 21 Autrichiens, dont un capitaine. Deramé, caporal, se précipite au milieu d'un peloton ennemi et enlève un drapeau.

Le Prince Eugène, témoin de leur belle conduite, leur fait donner la croix de la Légion d'honneur.

A *Olot* (20 octobre 1812), le capitaine Robergeot, commandant le 3e Bataillon, rallie son bataillon, surpris, la nuit, par 3.000 Miquelets, qu'il chasse de la ville dont ils se croyaient maîtres.

A *Saffnitz* (7 octobre 1813), héroïque défense contre des forces triples qui sont repoussées (major Vautier, commandant Scharff, cités).

A *Parme* (2 mars 1814), l'adjudant-major, Rey, le lieutenant Dussert, le sous-lieutenant Couillé, les sergents Martin et Fraucart, les voltigeurs Cornet et Lafiteau, sont cités pour leur brillante conduite.

APPENDICE XI

LES FOURCHES

De 1796 à la fin de l'Empire, les sous-officiers de grenadiers du 102e furent armés de fourches, présentant l'aspect de deux baïonnettes, montées sur une douille, d'une longueur d'environ 2m10. Cet usage avait été conservé, pour perpétuer le souvenir de la belle conduite de deux compagnies du Régiment du Dauphin, au siège de Mons, en 1691.

Louis XIV, après la campagne de 1690, avait pris le commandement de l'armée de Flandre ; il la conduisit en 1691 au siège de Mons. La tranchée fut ouverte, le 17 mars ; le 1er avril, 8 compagnies de grenadiers, dont deux du Régiment du Dauphin, furent désignées pour s'emparer d'un ouvrage à cornes.

Dès que le feu eut cessé, les grenadiers s'élancèrent avec une grande vigueur. Les assiégés qui défendaient la brèche à coups de pertuisanes, de faulx et de fourches, durent, malgré leur nombre, lâcher pied. Les compagnies du Dauphin, firent le Commandant ennemi prisonnier et, se distinguèrent tellement dans cette journée, où elles prirent à leurs adversaires un grand nombre de fourches avec lesquelles elles les poursuivirent, que Louis XIV, ordonna que les sergents de grenadiers, au lieu d'être armés de fusils, se serviraient dorénavant de fourches.

Le Perche, formé en 1775 des 2e et 4e Bataillons du Dauphin, hérita de cet usage. Ce Régiment, devenu 59e, entra, comme on l'a vu, en 1796, dans la composition de la 102e Demi-Brigade qui conserva la prérogative et la légua en 1803, au 102e régiment.

Ces fourches versées à l'artillerie en 1815, disparaissent depuis cette époque. Une d'entre elles figure au musée des Invalides sous le n° 638.

Mayenne, Impr. Poirier-Bealu — 12250

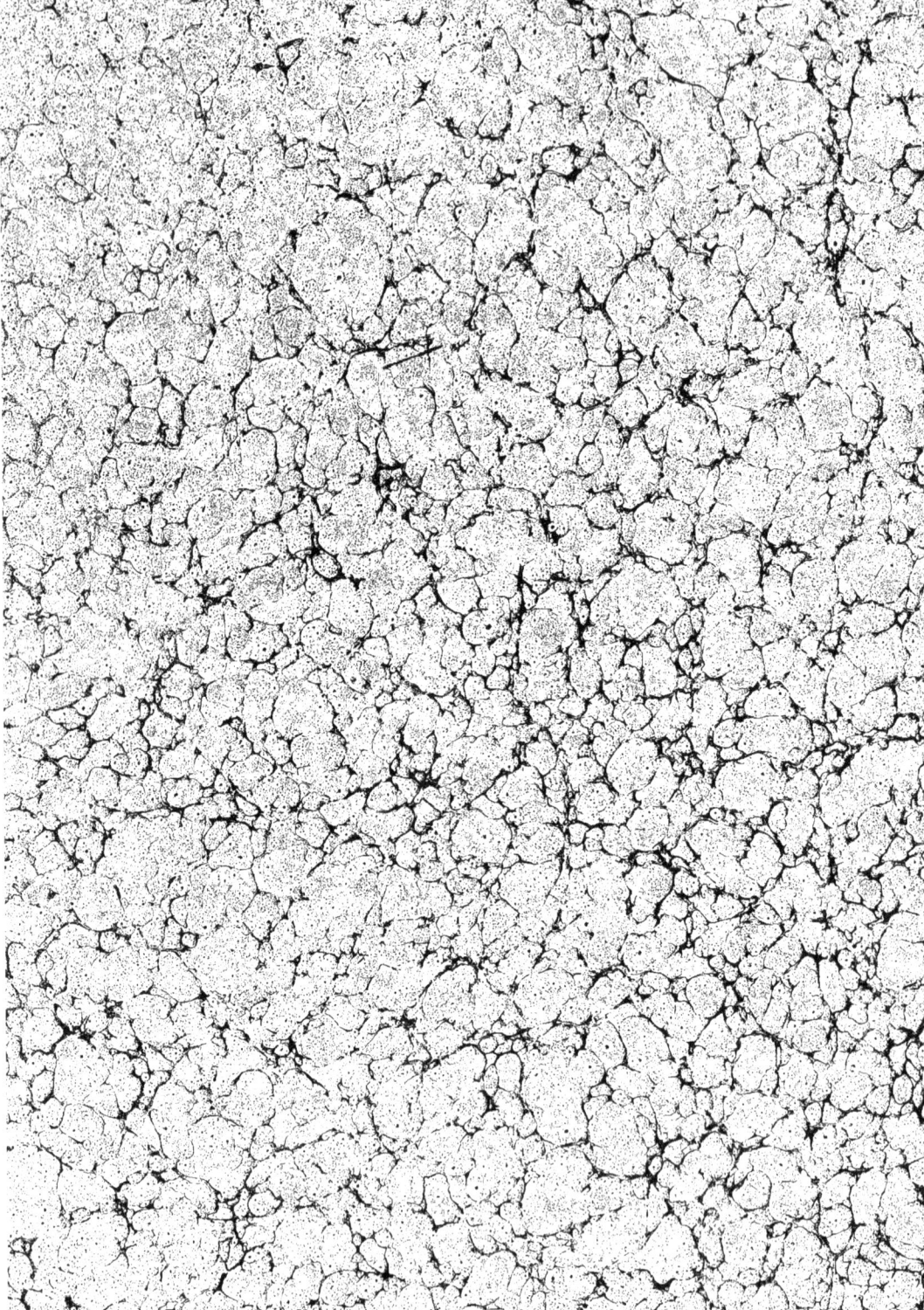

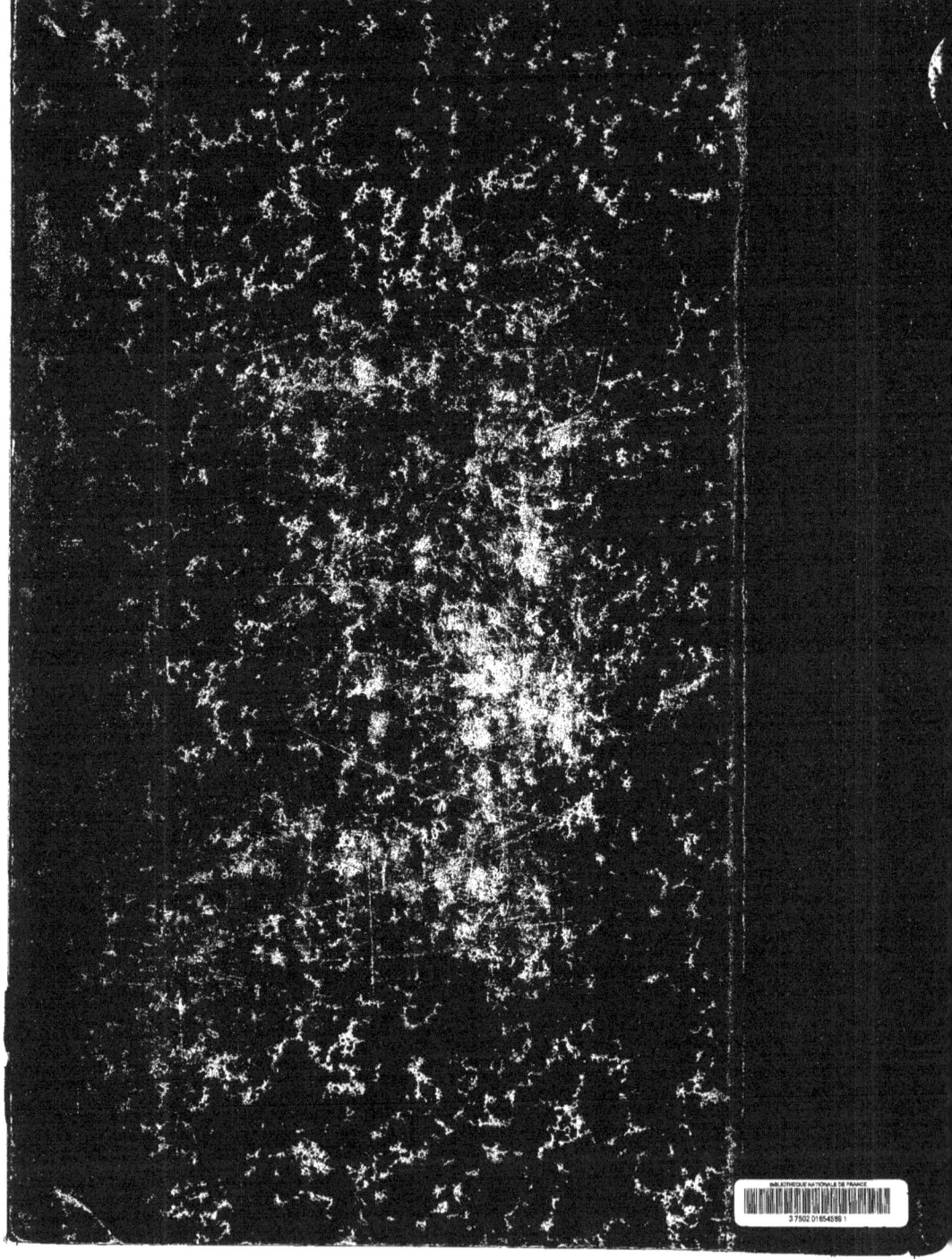

www.ingramcontent.com/pod-product-compliance
Lightning Source LLC
Chambersburg PA
CBHW071940160426
43198CB00011B/1483